《竹書紀年》與夏商周年代研究

張富祥 ◆ 著

目　錄

前言　001

一　汲冢竹書與古本《竹書紀年》　009
（一）汲冢竹書的出土和整理　009
（二）古本《竹書紀年》的敍錄及原書梗概　015
（三）古本《竹書紀年》的流傳、引用和輯佚　024

二　今本《竹書紀年》的纂輯和來歷　029
（一）引言：以往的研究情況和問題　029
（二）著錄和流傳情況的再檢討：南宋初年館閣所藏的一種《紀年》文本　040
（三）內容和義例：今本《紀年》出於南宋初館閣文本的推證　046
（四）今本《紀年》對古本的改編和增補（上）：「五帝」紀部分　051
（五）今本《紀年》對古本的改編和增補（中）：夏、商、周紀部分　055
（六）今本《紀年》對古本的改編和增補（下）：晉、魏紀部分　059
（七）關於今本《紀年》的纂輯時代和再編過程：一個新的推測　067
（八）結語：重新評估今本《紀年》的價值　082

三　《竹書紀年》的西周年代　085
（一）各家西周年代　085
（二）《史記·魯世家》的西周魯國紀年　088
（三）《世經》的西周年代　091
（四）今本《紀年》的西周年代　098
（五）由今本《紀年》推考古本《紀年》的西周年代　108
　　1. 武王、成王的年代　108
　　2. 康王、昭王的年代　116

    3. 穆王的年代　121
    4. 共王、懿王的年代　126
    5. 孝王、夷王的年代　130
    6. 厲王的年代　133
    7. 宣王、幽王的年代　143
  （六）西周年代小結　144

四　《竹書紀年》的商年代　147
  （一）各家商年代　147
  （二）關於商代積年　148
  （三）關於商王年的幾個具體問題　156
    1.《尚書・無逸》篇的記載　156
    2. 盤庚遷殷之年　166
    3. 武丁的年代　169
    4. 帝乙、帝辛的年代　174
  （四）商年代小結　178

五　《竹書紀年》的夏年代　181
  （一）各家夏年代　181
  （二）關於夏代積年與王年　182
  （三）夏始年參證上的幾個問題　192
    1. 關於禹時「五星聚」　192
    2. 關於仲康日食　196
    3. 夏始年的考古印證　199
  （四）夏年代小結　203

六　三代年代總結　205
  （一）夏商西周年代總表　205
  （二）關於《真誥》中涉及三代積年的幾項數據　208

七　校訂《竹書紀年》夏商西周大事年表　215
  夏　215
  商　223
  西周　235

附錄一	利簋銘文新釋	249
附錄二	《國語・周語下》伶州鳩語中的天象資料辨偽	261
附錄三	古史年代學研究的誤區 ——夏商周斷代工程金文曆譜問題分析	277

附表目錄

表一	各家西周年代表（共和以前） 085
表二	西周魯國年表 091
表三	《世經》所記西周年代表 092
表四	今本《竹書紀年》西周年代表 098
表五	今本《竹書紀年》西周干支年表 106
表六	校訂《竹書紀年》西周年代表 145
表七	各家商殷王年表 149
表八	校訂《竹書紀年》商年代表 180
表九	各家夏王年表 182
表十	校訂《竹書紀年》夏年代表 203
表十一	校訂《竹書紀年》夏商西周年代總表 206

前　　言

　　中國上古史的研究困難重重，其中首當其衝的是夏、商、周三代年代學的研究。

　　陳夢家先生說過：「年代是歷史的尺度，而先秦史的研究，尤須對此先有明確的規定，然後史事才可有所依附。不幸此事二千年以來，都在不定之中；學者所標定的先秦年代，都是根據不甚可靠的材料，擬構而成的。其中共和以前，年代尤為渺茫。」[1]

　　許倬雲先生也曾就西周年代指出：「西周年代學，已是周代歷史上的顯學。年代學本來也應是任何史學工作的基石。不幸，西周年代學有許多根本性的難題，這些難題至今仍難解決。」[2]

　　古史年代學研究的難處和困境是人所共知的。造成這些困難的原因大約不外乎這樣幾點：（1）文獻史料的缺乏；（2）古人紀年的模糊；（3）古曆法不能明。

　　從文獻方面看，中國古史紀年的萌芽本來也很早。譬如至今完整保存下來的夏、商、周三代王室世系，想來先前都應有各王的在位年數相伴記錄，當時的王室行政和曆法也需要有相對明細的年曆譜。可惜後來由於文獻的散佚，西周共和以前各代王年的原始資料差不多全都失落了，少量保存先來的記錄也往往因為輾轉傳抄而變得令人懷疑。後世公認的年代定點是西周共和元年（前841），自此以下的年曆雖仍有細節上的參差，而大框架已經固定下來，可以製成比較準確細緻的年代表；過此以往，則雖經歷代學者的艱苦探索，終難造成堪與共和以後相銜接的編年譜錄。共和年代的保存，實有賴於西周各諸侯國史的完善過程。這類國史原都是編年式的，其中除魯國史較早記錄具體

---

[1] 陳夢家，〈西周年代考・自序〉，收入氏著，《西周銅器斷代》外編《相關論著》（北京：中華書局，2004），頁496。初刊於1944年。

[2] 許倬雲，《西周史・前言》（北京：生活・讀書・新知三聯書店，2001），頁2。

的年數外，其餘大致都是到周厲王被流放前後才有具體的年數，故而可以通過相互比對，確定厲王奔彘與共和行政的正確年份。

　　古人的紀年方式，其源流還需要深入研究。《爾雅・釋天》說：「夏曰歲，商曰祀，周曰年，唐虞曰載。」唐虞時候的情況不能明，說其時用「載」字紀年，大約也只是因為傳世《尚書》的〈虞書〉部分用此字。商代甲骨文中的「歲」字多用以指稱收穫季節，「年」字則多用以泛指年景收成或表示若干個收穫季節的集合，還不完全是後世紀時系統上的年歲概念。甲骨文完整的紀時方式，先書干支日期，然後書「在某月、唯王某祀」，有的還再綴以周祭的祀季。這種紀時法實際還是以農曆和祀曆相混合的，「月」是農曆的月份，「祀」和「祀季」是周祭的劃分，「日」則兩套系統並用。然只書「唯王某祀」，不書王名或王號，在當時人自然很清楚是指哪一位王的哪一年，而在後人看來就模糊了，不知是指哪一位王的哪一年。周初金文的紀年尚多用「祀」字，後來則多稱「年」，然亦只記「唯王某年」，極少見到具體的王名或王號。這就為銅器斷代帶來了鉅大的困難，以致此種斷代之學成為年代學上的艱深學問，能夠掌握的人既少而又少，分歧卻多而又多，所以總難得出精確的結論。其實就紀年本身而言，古人的紀年方式是否只有一種，就像後人所理解的那樣，都從王即位記起，一年一年擺下來，直到他去世，對此也還不無疑問。譬如在特殊情況下，可能會有沿承前王紀年的，有分前元及後元的，甚至俗間可能還會有以時王的年齡紀年的；而新王即位是當年改元或次年改元，恐怕也不完全一律。這些都會造成年代學研究上的難題。

　　年代學研究是和古曆法研究密切相關的。從理論上說，充分利用傳世文獻和甲骨文、金文中的曆法資料，精密考證，審慎使用，是有可能為古史年代學的研究作出突破性的貢獻的。但是有關商周曆法的一些基本問題，如月首問題、月相問題、歲首問題、置閏問題等等，至今都不能考明；而且上古曆法粗略而多變，僅據現有的紀時材料和

殘存的曆日，要恢復商周曆法的原貌幾乎是不可能的。所以自戰國秦漢以來，學者試圖依據某種曆法，通過編制曆譜的方式推求古年代，都不能獲得成功；即使在科學發達的今天，此法也還難以成為古史年代學研究的基礎。

上古年代的失落無可奈何，但在夏、商、西周的歷史區間內，也不是都到了毫無蹤跡可尋的地步。零星的三代年代學資料還是散存著一些的，後人的整理和追述也往往可成系統。僅就現存的年代學文獻而言，涉及西周共和以前的古史年代系統而仍然比較完整的文本主要有三種：一是今本《竹書紀年》（下簡稱《紀年》）；二是《漢書‧律曆志》所保存的《世經》；三是《史記‧魯世家》以及〈十二諸侯年表〉所保存的魯國紀年。追尋三代的具體年代，都繞不開這幾種文獻。

《紀年》一書，原是先秦魏國的史書，具有編年體通史的性質，其史學價值按說並不亞於現存的魯國史《春秋》，尤其是它所保存的古史年代學資料是極可寶貴的。可惜此書古本在西晉初年出土時已有殘缺，後來又陸續散佚，僅在兩晉以後的載籍中尚存錄少量佚文。今本《紀年》的記錄還相當完整，從傳說中的黃帝一直記到公元前299年，上下兩千餘年，本末具備，年代詳悉。然而歷來學者對此本與《紀年》古本的關係並沒有搞清楚，近世學者又大都視為偽書而不之信，所以此本的價值迄今未得到公正的認識，其中的年代資料也未被很好地發掘利用起來。這正是目前研究古史年代學亟需檢討的事情。

《世經》是講述古帝王世系的，歷述太昊、炎帝、黃帝、少昊、顓頊、帝嚳、唐堯、虞舜的傳承脈絡，至夏、商而各有積年的總數；西周部分，則先擬定武王、周公、成王的年數，其下接以魯國的世系及諸公的年數。由於《世經》本為西漢末《三統曆》的輔助資料，其中夏、商、西周的年代資料或亦取自古籍，而推排驗證皆依據《三統曆》，因而大抵屬於擬測的性質，與古本《紀年》的記錄性質完全不同。

與上兩種史料相比，更可徵信的是《史記‧魯世家》中的魯國紀

年。據此種魯國紀年，中國古文獻有確切紀年之始，實可上推到公元前10世紀初，要較共和元年提前約150年。以往學者皆知魯國紀年的重要，但始終未找到使魯國紀年與西周王年聯繫起來的有效途徑。現在考求西周年代，這也是仍須進一步致力的課題。

以上幾種史料書中的古年代，我們在本書的相關部分還將分別作些介紹和評估。後來學者的探討，以西周年代為主，大抵主要參考這幾種史料，並擬合古籍中的其他零星記載，別出心裁，斟酌取捨，以成一家之言。近世學者雖更多地依據金文史料或利用特設的天象資料加以更定，而對以往大量有爭議的問題仍難拿出公認的解決方案。

近年以國家力量和社會力量組織實施的夏商周斷代工程，聯合眾多人文社會科學與自然科學的學者集體攻關，規模浩大，盛況空前。這對於廣泛開展三代年代學的研究是個鉅大的促進，對於培養年代學研究的人才尤其具有長遠的意義，其實踐成就應當充分加以肯定。不過工程歷時5年，所取得的「階段成果」從總體上看並不令人滿意。特別是作為工程階段成果總匯的《夏商周年表》，[3]基本上還只是個半成品，其中夏代和商前期部分都無各王的在位年數，商後期王年也多缺略，只有西周王年算是皆已到位，而問題也還不少。《夏商周斷代工程叢書》的出版說明認為，現有的成果「還不是三代年代學研究的終極目標，而是三代年代學研究步入新階段的標誌」[4]，這說法還是實事求是的。

筆者對三代年代學研究的興趣，首先是源於平時研習先秦文獻史學所積累的年代問題上的障礙，其次也由於學習斷代工程的《報告（簡本）》和有關文件及論文所引起的一些疑問。筆者為此曾寫過幾篇文章，包括：〈「走出疑古」的困惑──從「夏商周斷代工程」的失誤

---

[3] 見夏商周斷代工程專家組，《夏商周斷代工程1996-2000年階段成果報告（簡本）》（北京：世界圖書出版公司北京分公司，2000），頁86-88。下簡稱《報告（簡本）》。

[4] 夏商周斷代工程專家組，《報告（簡本）》，卷首。

談起〉(《文史哲》2006年第3期);〈《竹書紀年》與夏商周斷代工程西周王年的比較研究〉(《史學月刊》2006年第1期);〈魯國紀年與西周王年通考〉(《齊魯學刊》2006年第2期);〈古史年代學研究的誤區——夏商周斷代工程金文曆譜問題分析〉(《山東大學學報》2006年第2期);〈《國語・周語下》伶州鳩語中的天象資料辨偽〉(《東方論壇》2005年第3期);〈關於夏代積年與「五星聚」〉(《管子學刊》2005年第3期);〈今本《竹書紀年》纂輯考〉(《文史哲》2007年第2期);〈利簋銘文新釋〉(《山東大學學報》2010年第2期)。作者的初衷是想不揣譾陋,對斷代工程的階段性成果作一綜合的商榷性評述,但諸多內容要擠到一篇文章中,實在容不下,於是後來就不無匆忙地分別整理發表了。由此帶來的問題之一是同一主題分寫,聯繫性的內容不好作截然劃分,故各文詳略不同,敘述不免多有重複;同時作者在學習過程中,對問題的認識也不斷發生變化,往往拙作才披露而重讀一過,便覺有些史料運用不當,有些觀點需要更動,有些考證還可深化,粗略不是大問題,錯誤則不能自諒;又或懼言語過頭而失於主觀評價,或感辭不達意而不能交代清楚,故臨文之心,每致戰戰兢兢。畢竟冒昧涉足個人一向不太熟悉的領域,或所有文字都經不起推敲,僅博得大家之一哂與自身之汗顏而已。因之往來於心,數年不能放下,仍希望能有自我救贖與撥正的機會。

《夏商周斷代工程叢書》的出版說明一開頭就談到:「由於三代年代學涉及的領域相當廣泛,需要進行研究的問題很多,使得任何個人的力量都難以取得突破。」[5] 這是至理,但也是相對而言的。重大艱難課題的研究自然要倚賴於集體攻關,而個性化的理解仍有存在的餘地,哪怕僅在一點或幾點上有所啟發,也應受到鼓勵。這本小冊子即是想再清理一下作者近年來的思考,一併作個概要的總結,同時盡可能地

---

[5] 夏商周斷代工程專家組,《報告(簡本)》,書首。

彌補先前論證上的不足，改正認識上的錯誤，包括先前因檢索不周而造成的史料運用上的一些錯誤。

照我們的看法，學術界和社會各界對三代年代學的關注和研究，要在短時間內取得共識性的意見或結論還不容易。當下可行的路徑之一，應該還是在現存古文獻文本的基礎上，通過多方聯絡和考證，力求將已有的年代系統調整到目前能夠為大多數學者所接受的水平上，以便為今後的研究提供一些更為有效的借鑒。現代考古學與科學技術的日新月異，確為三代年代學研究的突破性進展乃至理想化的解決注入了新的動力，甚至可以說是開闢了一種誘人的前景，但在現有的條件下，它們究竟能為弄清夏、商、西周年代的具體細節提供哪些幫助，還有待仔細考慮。除非將來科技手段的提高能夠達到出人意料的程度，譬如見到甲骨文、金文就能準確無誤地測知它刻鑄於哪一年，並且測量結果的運用毫無窒礙，否則眾多問題的探索都不可能一勞永逸。而且即使如此，測量結果也仍然要與可靠的文獻記載相整合；完全沒有文獻記載對證的年代測定，縱然精確性很高，也仍當視為迫不得已而可以認同的合理參數，而不是絕對真理。有鑒於此，我們的基本思路是結合古本《紀年》的佚文，著重分析、考證今本《紀年》的記載，而以魯國紀年為主要參照系，力求恢復古本《紀年》原載的年代，同時盡可能地利用其他文獻史料和金文史料，以驗證《紀年》原載年代的可信性或失誤之處。現在還能瞭解其梗概的古史年代學著作，唯以《紀年》為最古，在搞清此書原本的年代資料之前，其他種種擬測都不免會給人以本末倒置之感。《紀年》古本自晉初出土後，晉唐間學者原不輕視，然自唐人收拾殘卷而改編為今本之後，問題叢生，馴至宋人乃大忽之，以致沉淪埋沒，不為人所知。明代後期今本《紀年》重現，至清代而整理研究者多，大都不甚懷疑此本；唯近世學者率指今本為偽書，因此治《紀年》者特重于古本佚文的輯錄，而於今本差不多皆棄置不顧。其實古人引書，通常並非照錄本文，現存的古本《紀

年》佚文決非是沒有問題的，倒是今本《紀年》還保存著更多的古本原文。看透了這一層，明白了古本《紀年》與今本《紀年》的傳承關係，始可言今本《紀年》的價值之所在。近些年已多有人為今本《紀年》「翻案」，然有待解決的問題尚多，特別是如何通過對今本《紀年》的系統研究，設法還原古本《紀年》原載的年代系統，仍是需要大力開展的課題。

　　基於上述思路，本書的結撰即主要圍繞《紀年》展開，目的在通過對《紀年》的爬梳、校訂和發掘，深入探討夏、商、西周的年代，故全書以「《竹書紀年》與夏商周年代研究」為總題。首篇〈汲冢竹書與古本《竹書紀年》〉，主要介紹古本《紀年》的出土、整理和流傳情況，皆概括言之，欲使讀者有個大概的瞭解，以為後面各篇的鋪墊。次篇〈今本《竹書紀年》的纂輯和來歷〉，大抵還是原作〈今本《竹書紀年》纂輯考〉的框架，文字也多同，但概述以往研究情況的部分作了較大改動，同時考慮到重新組織成書的結構問題，而將其中有關年代考證的具體內容移出，分別改編匯入了後面推求夏、商、西周年代的各篇。由於古本《紀年》早佚，現存的佚文又十分有限，而且多已失去紀年，因此現在要恢復古本《紀年》原載的年代，必須首先弄清今本《紀年》的衍傳源流，否則一切都無從談起。唯是相關問題甚為複雜，考證異常繁瑣，或致讀者生厭；若果如此，則有興趣的讀者可以檢視此篇，否則不妨只是流覽一下結論，繞過此文而徑看其他各篇。此下三篇分別考求三代的年代，但採取了由近及遠的編排，先西周，後商、夏，這也是歷來研究三代年代的一種習慣，亦即由已知推未知的一種程式。三部分的討論以西周為詳，商、夏較簡，無非是有可說則說，無可說則付闕。所有討論皆以《紀年》為主，然又不限於《紀年》，大凡前人的研究成果及相關爭議亦據所知擇要入之，故可看作是對三代年代學的一次綜合探討。所得結果仍落實於古本《紀年》，而這結果也就代表了作者目前對三代年代的一種基本看法。如此清理一番

後，又想到中國古史的編年並非是完全不可作的，本土學者亦無須在民族史學的年代學領域自卑，於是又編錄了〈校訂《竹書紀年》夏商西周大事年表〉一篇置後，稍備一格，以存息壞之念。

筆者先前的有關拙作，大部分內容都攝入本書了，但有幾篇為避免過於繁瑣，未入正文，故刪除重複，以附錄的形式綴於書後。原作中有關「疑古」及「走出疑古」問題的討論，因與年代考求的宗旨有異，故此書均略去未收。

古史年代學的研究，如果加大跨度，更上推到史前，恐怕永遠會處在摸索之中。就個人而言，由於材料和學識等方面的限制，本書在撰寫過程中常覺捉襟見肘，全部考證必定會有諸多缺陷和失誤，所得結果也至多不過是新添一家之見而已。方法上有無可借鑒之處，這要看學者怎麼理解。如此類課題，也許傳統的文獻考據和征實之學，其有效性並不見得比現代科技手段要低下，所以絕未可因為突出了後者就偏廢了前者。書中收攏來的，均為個人的學習體會，且一冊小書，不成氣候，尚望方家不吝批評指教。

一　汲冢竹書與古本《竹書紀年》

（一）汲冢竹書的出土和整理

自晉代以來學者習稱的「汲冢竹書」，是對西晉初年出土於汲郡汲縣（今河南汲縣）古墓中的一批先秦竹簡書籍的總稱。有關這批書籍的出土及整理等情況，現存的記載以下列較為具體。

《晉書‧武帝紀》咸寧五年（279）十月：「汲郡人不準掘魏襄王冢，得竹簡小篆古書十餘萬言，藏於秘府。」[1]

《晉書‧律曆志上》：「武帝太康元年，汲郡盜發六國時魏襄王冢，亦得玉律，則古者又以玉為管矣。」[2]

杜預《春秋經傳集解‧後序》（下簡稱〈左傳後序〉）：「大康元年（280）三月，吳寇始平，餘自江陵還襄陽，解甲休兵，乃申抒舊意，修成《春秋釋例》及《經傳集解》。始訖，會汲郡汲縣有發其界內舊冢者，大得古書，皆簡編科斗文字。發冢者不以為意，往往散亂。科斗書久廢，推尋不能盡通。始者藏在秘府，餘晚得見之。所記大凡七十五卷，多雜碎怪妄，不可訓知，《周易》及《紀年》最為分了。《周易》上下篇與今正同，別有陰陽說而無彖、象、《文言》、《繫辭》，疑於時仲尼造之於魯，尚未播之於遠國也。……又別有一卷，純集疏《左氏傳》卜筮事，上下次第及其文義皆與《左傳》同，名曰《師春》，師春似是抄集者人名也。」[3]

---

[1] 〔唐〕房玄齡等（舊題「唐太宗文皇帝御撰」），《晉書》（《二十五史》第 2 冊，影印清武英殿本，上海：上海古籍出版社、上海書店，1986）卷 3，〈武帝紀〉，頁 12。下引《二十五史》所收諸史皆為此種影印本。按：此處引文中的「不準」為人名，「不」讀作「否」，未詳為何人。

[2] 《晉書》卷 16，〈律曆志上〉，頁 53。

[3] 〔唐〕孔穎達等，《春秋左傳正義》（《十三經注疏》下冊，北京：中華書局，1980），頁 2187-2188。下引《十三經注疏》皆為此本。

《晉書‧束皙傳》:「初,太康二年(281),汲郡人不準盜發魏襄王墓,或言安釐王冢,得竹書數十車。其《紀年》十三篇,……蓋魏國之史書……。其《易經》二篇,與《周易》上下經同;《易繇陰陽卦》二篇,與《周易》略同,繇辭則異;《卦下易經》一篇,似《說卦》而異;《公孫段》二篇,公孫段與邵陟論《易》。《國語》三篇,言楚、晉事。《名》三篇,似《禮記》,又似《爾雅》、《論語》。《師春》一篇,書《左傳》諸卜筮,師春似是造書者姓名也。《瑣語》十一篇,諸國卜夢妖怪相書也。《梁丘藏》一篇,先敘魏之世數,次言丘藏金玉事。《繳書》二篇,論弋射法。《生封》一篇,帝王所封。《大曆》二篇,鄒子談天類也。《穆天子傳》五篇,言周穆王遊行四海,見帝臺、西王母。《圖詩》一篇,畫贊之屬也。又雜書十九篇:周《食田法》,《周書》論楚事,周穆王美人盛姬死事。大凡七十五篇,七篇簡書折壞,不識名題。冢中又得銅劍一枚,長二尺五寸。漆書皆科斗字。初,發冢者燒策照取寶物,及官收之,多燼簡斷札,文既殘缺,不復詮次。武帝以其書付秘書校綴次第,尋考指歸,而以今文寫之。皙在著作,得觀竹書,隨疑分釋,皆有義證。」[4]

〈左傳後序〉孔穎達疏引東晉王隱《晉書‧束皙傳》:「大康元年,汲郡民盜發魏安釐王冢,得竹書漆字科斗之文。科斗文者,周時古文也,其字頭粗尾細,似科斗之蟲,故俗名之焉。大凡七十五卷。」孔疏又云:「《晉書》有其目錄,其六十八卷皆有名題,其七卷折簡碎雜,不可名題。有《周易》上下經二卷,《紀年》十二卷,《瑣語》十一卷;《周王遊行》五卷,說周穆王遊行天下之事,今謂之《穆天子傳》。此四部差為整頓。汲郡初得此書,表藏秘府,詔荀勖、和嶠以隸字寫之。勖等於時即已不能盡識,其書今復闕落,又轉寫益誤。」[5]

《晉書‧荀勖傳》:「俄領秘書監,與中書令張華依劉向《別錄》

---

[4] 《晉書》卷51,〈束皙傳〉,頁166。
[5] 《春秋左傳正義》,頁2188。

一、汲冢竹書與古本《竹書紀年》

整理記籍 …… 及得汲郡冢中古文竹書，詔勖撰次之，以為中經，列在秘書。」[6]《北堂書鈔》卷 57 引王隱《晉書》：「荀勖領秘書監。太康二年，汲郡冢中得竹書，勖躬自撰次，吏部注寫，以為中經，列於秘書，經傳闕文，多所證明。」[7]

荀勖〈《穆天子傳》序〉：「古文《穆天子傳》者，太康二年汲縣民不準盜發古塚所得書也。皆竹簡，素絲編。以臣勖前所考定古尺度，其簡長二尺四寸，以墨書，一簡四十字。汲者，戰國時魏地也。案所得《紀年》，蓋魏惠成王子今王之塚也，於《世本》蓋襄王也。案《史記・六國年表》，自今王二十一年至秦始皇三十四年燔書之歲八十六年，及至太康二年初得此書，凡五百七十九年。其書言周穆王遊行之事。……汲郡收書不謹，多毀落殘缺。雖其言不典，皆是古書，頗可觀覽。謹以二尺黃紙寫上，請事平，以本簡書及所新寫並付秘書繕寫，藏之中經，副在三閣。」[8]

宋趙明誠《金石錄》卷 20 引《晉太公碑》：「大晉受命，四海一統，太康二年，縣之西偏有盜發冢而得竹策之書。書藏之年，當秦坑儒之前八十六歲。」[9]

《晉書・衛瓘傳》附《衛恆傳》引衛恆《四體書勢》：「魏初傳古文者，出於邯鄲淳。恆祖敬侯寫淳《尚書》，後以示淳，而淳不別。至正始中立三字石經，轉失淳法，因科斗之名，遂效其形。太康元年，

---

[6] 《晉書》卷 39，〈荀勖傳〉，頁 133。
[7] 〔唐〕虞世南，《北堂書鈔》（《四庫全書》文淵閣本影印本，第 889 冊，臺北：商務印書館，1986），頁 226。下引《四庫全書》所收各書皆為此種影印本。按：《北堂書鈔》此處引文中的「吏部」二字疑誤。《初學記》卷 12 引傅暢《晉諸公贊》無「吏部」二字，其餘與此文全同。疑「吏部」當作「隸部」，指以汲冢所出竹簡分隸部次，依其內容，使之各成一部書，然後加以校注繕寫，列入中經（皇室藏書），藏之秘閣。
[8] 〔東晉〕郭璞注，《穆天子傳》（《四庫全書》第 1042 冊）卷首，頁 248。
[9] 〔宋〕趙明誠，《金石錄》（《四庫全書》第 681 冊），頁 295-296。按：所錄〈晉太公碑〉為晉太康十年（289）汲縣令范陽盧無忌所刻，原稱〈太公望表〉，在縣治西南隅太公廟中。相傳姜太公為此地人，盧氏則自稱為太公裔孫。碑文見宋人董逌《廣川書跋》卷 6。

汲縣人盜發魏襄王塚，得策書十余萬言，按敬侯所書，猶有髣髴。古書亦有數種，其一卷論楚事者，最為工妙。恒竊悅之，故竭愚思以贊其美，愧不足廁前賢之作，冀以存古人之象焉。」[10]

《晉書・王接傳》：「時秘書丞衛恒考正汲冢書，未訖而遭難，佐著作郎束皙述而成之，事多證異義。時東萊太守陳留王庭堅難之，亦有證據，皙又釋難而庭堅已亡。散騎侍郎潘滔謂接曰：『卿才學理議，足解二子之紛，可試論之。』接遂詳其得失，摯虞、謝衡皆博物多聞，咸以為允當。」[11]

以上文字，對於汲冢竹書的出土時間記載不一，而有咸寧五年、太康元年、太康二年諸說；且同是《晉書》所記，前後亦互異。荀勗、杜預、束皙皆為當事者，荀、束皆言事在太康二年；杜預的〈左傳後序〉作於太康三年，其《春秋經傳集解》大約初成於太康二年，所說汲冢竹書的出土時間應與荀、束一致。趙明誠據《晉太公碑》考證說：「今以《晉書・武帝紀》考之，云『咸寧五年，汲郡人不準掘魏襄王冢，得竹書小篆古書十餘萬言，藏於秘府』，與此碑年月不同。碑當時所立，又荀勗校《穆天子傳》，其敘云太康二年，與碑合，可以正《晉史》之誤。」[12]大概竹書初因盜墓出土在太康元年十月，官車收送至京則在太康二年的三、四月間，故諸人皆言太康二年。《晉書・武帝紀》的咸寧五年十月可能是太康元年十月之誤，[13]否則若從此說，則竹書的收送在一年半之後，似嫌時間過長。又據《晉書・皇甫謐傳》，皇甫謐卒於太康三年，[14]而其生前已見竹書，是亦知其事不得晚於太康二年。《尚書・咸有一德》正義謂竹書出土於「晉太康八年」，「八」當是「二」字之誤。

---

[10] 《晉書》卷36，〈衛瓘傳〉，頁123。
[11] 《晉書》卷51，〈王接傳〉，頁167。
[12] 《金石錄》，頁296。
[13] 《晉書》卷3，〈武帝紀〉，頁12。
[14] 《晉書》卷51，〈皇甫謐傳〉，頁164。

一、汲冢竹書與古本《竹書紀年》

出土竹書的汲縣，戰國時屬魏地，戰國末年屢為秦所攻，最後於秦王政七年（前240）入于秦。晉世學者以為此汲冢是魏襄王（哀王）墓或安釐王墓，主要依據是《竹書紀年》記載「今王終二十年」（詳下節）。陳夢家先生認為：「魏自惠王至魏亡都大梁，帝王陵不當在汲，《竹書》出土於魏國大臣之墓，非必魏王之墓。」[15] 此言自有理據，然汲縣距大梁（今河南開封西北）不甚遠，如今在確實發現戰國魏陵之前，還不能排除此汲冢為魏王墓的可能性。

汲冢竹書的竹簡形制，荀勖謂《穆天子傳》所用者為2尺4寸簡，一簡40字。以戰國1尺約當今23.1釐米計算，其簡長55.44釐米，屬於「大冊」。這是先秦經書的規格，而一簡只寫40字，可見簡長而字大。[16] 是否汲冢竹書皆為此種規格，現在已不能知道；然《紀年》為當時魏國的國史，有如魯國的《春秋經》，亦必為此種「大冊」可以無疑。這批竹書用戰國晚期中原文字寫成，其字體介乎籀文與小篆之間而趨向於小篆，有如今日所見戰國晚期的銅器文字，尚不同於秦代主要由秦系文字統一規範的小篆。漢人多統稱先秦六國文字為「古文」，所謂「科斗（蝌蚪）文字」則只是漢末以來的俗稱。《晉書・武帝紀》稱汲冢書為「竹簡小篆古書」，趙明誠說：「其曰小篆書亦謬也。且其書既在秦坑儒八十六歲之前，是時安得有小篆乎？」[17] 此相對於秦篆言之，亦示六國文字尚不同於秦篆。

汲冢竹書的種類，如《晉書・束晳傳》所列舉，比較完整及尚存標題的有自《紀年》以至《圖詩》的15種，另有「雜書」19篇及折壞不識名題的7篇。傳中稱「大凡七十五篇」，杜預〈左傳後序〉及孔穎

---

[15] 陳夢家，《六國紀年》附〈汲冢竹書考〉，收入氏著，《尚書通論》附《外二種》（石家莊：河北教育出版社，2000），頁599。

[16] 1959年在甘肅武威出土的漢簡，以漢代1尺約當今23.3釐米計算，甲本木簡平均長度在55.5-56釐米之間，丙本綴合簡長56.2釐米，即為經典大冊的2尺4寸簡。其一簡所書，約在60字上下。參見陳夢家，《漢簡綴述》（北京：中華書局，1980），頁294、297。

[17] 《金石錄》，頁296。

達疏引王隱《晉書》亦均作「大凡七十五卷」,然今本《晉書·束皙傳》所列的 15 種實有 50 篇,外加「雜書」及折壞的 26 篇則共有 76 篇,多出 1 篇。當是《紀年》原分作 12 篇,唐初史官誤寫為 13 篇,連當時《紀年》所附的《竹書同異》1 卷也計算在內了,而總數又未改動。《隋書·經籍志》「編年類」的小序說:「晉太康元年,汲郡人發魏襄王冢,得古竹簡書,字皆科斗。發冢者不以為意,往往散亂,帝命中書監荀勖、令和嶠撰次為十五部八十七卷。」[18] 此言部數、種數皆誤。若只言 15 部,則當言 49 卷;若並「雜書」19 篇為 1 部而言 16 部,則當言 68 卷。蓋作者誤以 15 部為 68 卷,又加「雜書」19 卷則為 87 卷,而將折壞的 7 卷也包括在「雜書」19 卷之中了。

  汲冢竹書的整理,初由中書監兼領秘書監荀勖、中書令和嶠主持,主要任務是清理簡文、分篇編次、校正文字、繕寫成冊。繕寫已改用「今文」,即晉初已開始流行的楷書(當時及後來仍習稱「隸字」),而不是照摹「古文」。當時各書的校理應該有分工,而不是由一套人員完成的。現在所知《穆天子傳》的署名校者,除荀勖、和嶠外,還有主書令史譙勳、校書郎張宙、郎中傅瓚。此後秘書丞、著名書法家衛恒主要從文字上加以訂正,而工作未完即因政治鬥爭被殺。元康中佐著作郎束皙得以接觸汲冢竹書,遂再次系統地進行校訂和研究,並以之證經證史,剔誤抉疑,多所發明。後來流傳的《竹書同異》,估計主要出自束皙之手,為當時校語的結集,其中也包含了荀勖、和嶠、杜預、衛恒等人的研究成果。同時重視汲冢竹書的研究者還有王接、摯虞、謝衡等人。《晉書·儒林傳》記載兩晉之際的續咸撰有《汲冢古文釋》10 卷,[19] 則為現在所知最早的專治這批竹簡書的私家著作。續咸曾師事杜預,長於刑律之學,西晉末為地方官,後來沒於後趙,成為石勒的律學祭酒。其所作《汲冢古文釋》,應該是順承衛恒、王接的路

---

[18]〔唐〕魏徵等,《隋書》(《二十五史》第 5 冊),〈經籍志〉,頁 120。
[19]《晉書》卷 91,〈儒林·續咸傳〉,頁 275。

一、汲冢竹書與古本《竹書紀年》

數，仍以校釋文字為主。

　　全部汲冢書，自西晉末永嘉之亂後即漸次散失或變亂，到唐初官府所存已僅剩《紀年》、《周書》、《瑣語》、《穆天子傳》幾種（見《隋書‧經籍志》）；此外，《師春》也還有傳本，《史通‧申左》篇、《新唐書‧劉貺傳》、陸淳《春秋啖趙集傳纂例》尚引述之，而未見於官方的著錄。不過唐代所存的《周書》雖稱「汲冢書」，實際並不是汲冢原出土的「論楚事」的《周書》，而只是將汲冢《周書》、「雜書」19 篇及折壞的 7 篇等內容混補入脫誤嚴重的傳世《逸周書》之中，遂渾言此種合抄的本子為「汲冢周書」。這種本子現在仍稱《逸周書》，其中所存汲冢書的內容應該並不多。《瑣語》和《師春》二種，後來流傳的本子同樣闌入了汲冢其他雜篇的內容，而到宋明之際也逐漸失傳。明代以後，完整保存下來的只有《穆天子傳》，為郭璞注本。至於《紀年》一書，則因牽連及古本與今本的複雜爭議，其存亡還須另外看待，這也是本書討論今本《紀年》時重點關注的問題之一。

（二）古本《竹書紀年》的敘錄及原書梗概

　　在全部汲冢竹書中，《竹書紀年》是最值得重視的一種，當汲冢書出土時也被列在第一位。由於它既是後世難得見到的先秦諸侯國史，又是現在所知我國第一部具有編年體通史性質的史書，因此在中國史學史和古史年代學上都有著相當的地位和價值。從當初整理者的敘述來看，其書名本來只稱《紀年》，並且是原有的，「竹書」二字係出土後所加，所以我們在本書的敘述中一般亦只用《紀年》的簡稱。上節綜述汲冢竹書，在引錄各家之言時，有意省略了有關《紀年》的文字，是想在這裡集中作些解說，以見古本《紀年》的梗概。

　　《紀年》出土後，整理者已有綜合性的敘錄，但原文沒有保存下來。《史記‧魏世家》集解引荀勗曰：

和嶠云：「《紀年》起自黃帝，終於魏之今王。今王者，魏惠成王子。」案《太史公書》，惠成王但言惠王，惠王子曰襄王，襄王子曰哀王。惠王三十六年卒，襄王立十六年卒，並惠、襄為五十二年。今案古文，惠成王立三十六年，改元稱一年，改元後十七年卒，《太史公書》為誤分惠成之世，以為二王之年數也。《世本》惠王生襄王，而無哀王。然則今王者，魏襄王也。[20]

這應該就是當初荀勖等人敘錄《紀年》之文，而《魏世家》集解只節選了與魏世系相關的部分。

杜預最可稱是瞭解《紀年》價值的學者，並曾專對《紀年》作過注釋。其〈左傳後序〉實因汲冢竹書而補寫，且幾乎全是談《紀年》的。今亦節錄其原文如下：

其《紀年》篇，起自夏、殷、周，皆三代王事，無諸國別也。唯特記晉國，起自殤叔，次文侯、昭侯，以至曲沃莊伯。莊伯之十一年十一月，魯隱公之元年正月也。皆用夏正建寅之月為歲首，編年相次。晉國滅，獨記魏事，下至魏哀王之二十年。蓋魏國之史記也。推校哀王二十年，太歲在壬戌，是周赧王之十六年、秦昭王之八年、韓襄王之十三年、趙武靈王之二十七年、楚懷王之三十年、燕昭王之十三年、齊湣王之二十五年也。上去孔丘卒百八十一歲，下去今大（太）康三年五百八十一歲。哀王於《史記》，襄王之子、惠王之孫也，惠王三十六年卒而襄王立，立十六年卒而哀王立。古書《紀年》篇，惠王三十六年改元從一年始，至十六年而稱惠成王，卒即惠王也。疑《史記》誤分惠成之世以為後王年也。哀王二十三年乃卒，故特不稱諡，謂之「今王」。其著書文意，大似《春秋經》，推此足見古者國史策書之常也。文稱

---

[20]〔西漢〕司馬遷，《史記》（《二十五史》第 1 冊）卷 44，〈魏世家〉，頁 219。

一、汲冢竹書與古本《竹書紀年》

「魯隱公及邾莊公盟於姑蔑」，即《春秋》所書邾儀父「未王命」，故不書爵，曰儀父，貴之也。又稱「晉獻公會虞師伐虢，滅下陽」，即《春秋》所書「虞師、晉師滅下陽」，先書虞，賄故也。又稱「周襄王會諸侯于河陽」，即《春秋》所書「天王狩于河陽」，以臣召君，不可以訓也。諸若此輩甚多，略舉數條，以明國史皆承告據實而書時事，仲尼修《春秋》，以義而制異文也。又稱「衛懿公及赤翟戰於洞澤」，疑「洞」當為「泂」，即《左傳》所謂熒澤也；「齊國佐來獻玉磬、紀公之甗」，即《左傳》所謂賓媚人也。諸所記多與《左傳》符同，異於《公羊》、《谷梁》，知此二書近世穿鑿，非《春秋》本意審矣。雖不皆與《史記》、《尚書》同，然參而求之，可以端正學者……

《紀年》又稱：殷仲壬「即位，居亳，（命）其卿士伊尹」；仲壬崩，「伊尹放大甲於桐，乃自立也」；伊尹即位於大甲十（七？）年，「大甲潛出自桐，殺伊尹，乃立其子伊陟、伊奮，命復其父之田宅而中分之」。《左氏傳》：「伊尹放大甲而相之，卒無怨色。」然則大甲雖見放，還殺伊尹，而猶以其子為相也。此為大與《尚書》敘說大甲事乖異，不知老叟之伏生或致昏忘，將此古書亦當時雜記，未足以取審也？為其粗有益於左氏，故略記之，附《集解》之末焉。[21]

杜預此序闡釋較詳，對於瞭解古本《紀年》甚為重要。

《晉書‧束皙傳》中的概括較簡要，而特別列舉了《紀年》所記與《春秋》經傳大異的幾項事實：

其《紀年》十三篇，記夏以來〔王事〕，至周幽王為犬戎所滅，以〔晉〕事接之；三家分〔晉〕[22]，仍述魏事，至安釐王之

---

[21] 《春秋左傳正義》，頁 2187-2188。
[22] 此文「《紀年》十三篇」當作「十二篇」，已見上節。又「王事」二字及二「晉」字，〈束

二十年。蓋魏國之史書，大略與《春秋》皆多相應。其中經傳大異，則云：夏年多殷；益干啟位，啟殺之；太甲殺伊尹；文丁殺季歷；自周受命，至穆王百年，非穆王壽百歲也；幽王既亡，有共伯和者攝行天子事，非二相共和也。[23]

這段話當亦是束晳對汲冢竹書重加校釋時的敘錄之文，只不過史傳改以敘述的方式引用，未說明為束晳之言。

總觀荀、杜、束三家的敘錄，可以知道古本《紀年》是先記夏、商、周三代王朝的歷史，然後依次接記晉國、魏國的歷史，皆編年相續，其為魏國官修的史書可以無疑。不過三家的敘錄不甚一致，有關年代斷限等一些具體問題還引起後人的爭議，有待仔細辨析。

其一，《紀年》記事的起始問題，亦即汲冢原本有無「五帝紀」的問題。杜、束都說《紀年》的記事始於夏代，獨荀勖引和嶠云起於黃帝，似乎這一問題還在汲冢《紀年》最初定本時已有不同的主張。陳夢家先生以為，如杜、束所言，則「凡夏以前事諒不出於《紀年》」；如和嶠所言，「則似《紀年》經荀、和編定後自黃帝始」。陳先生又引《路史・發揮三》云「《竹書紀年》黃帝至禹為世三十」，以為「此當是附述於夏禹紀中，不能因此即說《紀年》有五帝紀」。[24] 方詩銘先生持類似的看法，認為：「杜氏所見自為荀、和本，是荀、和二人初次整理之本亦起自三代，與束晳重訂之本同。《集解》所引和嶠之說，乃係『荀勖曰』之語，此一段文字即《紀年敘錄》。則所謂和嶠云起自黃帝之語，為和氏一人之見，故荀勖《敘錄》特表出之。而荀、和本，如杜預所見，仍起自三代。朱右曾云：『豈編年紀事始於夏禹，而五帝之

晳傳）原文不載，文意及語氣皆不順。疑唐人修《晉書》時，所據舊史誤脫此四字，而修史者照抄未補。今以文意並參照杜預《左傳後序》補入。
[23] 《晉書》卷51，〈束晳傳〉，頁166。
[24] 陳夢家，〈六國紀年表敘〉，收入氏著，《尚書通論》附《外二種》，頁480。

一、汲冢竹書與古本《竹書紀年》

事,別為一編乎?』雖無確證,所測尚於事理頗合。」[25] 陳、方二家之說,大抵都傾向於古本《紀年》原無「五帝」部分。照我們的看法,荀、和、杜、束皆為汲冢竹書整理校注的當事人,依情理而言,他們對於《紀年》的起始年代這類最基本的問題本不應有異見。首先是應當認定古本《紀年》中原有關於「五帝」的傳說記錄,否則便不會有和嶠「起自黃帝」的說法,而且現存的古本《紀年》佚文中也有這類內容。其次,大概《紀年》敘「五帝」事蹟本來就甚簡,或者並無編年,而在出土後又因簡編散亂而僅剩片斷,所以在整理者看來,這部分內容只不過是附屬於「夏紀」的一種追述,並不能獨立成篇。這樣,以《紀年》全書的體制而言,可說其紀年始於「夏紀」;而以實際的記事而言,也可說始於黃帝。再者,古人著書以標題置於篇後,《紀年》原文既以有關「五帝」的少量條目與「夏紀」相接,則統歸之於「夏紀」並不違史法;同時在古史家的心目中,正式的編年至多始於夏代,史前的傳說本難於編年。按史前史的實際,大禹為盟主的時段也仍當歸屬於「五帝」時代,其事實脈絡還是與黃帝以來的傳說相承而不分的。荀勖的敘錄引及和嶠之說,強調的是他對作為《紀年》下限的「今王」的看法,而不是起於黃帝的問題。這個「今王」當時確實是需要加以界定的,大約和嶠首發「今王」為魏襄王之說,故荀勖的敘錄特表出之而不沒其發明,並以為一時之結論。關於「五帝紀」的問題,本書第二部分在討論今本《紀年》時還要敘及。

其二,《紀年》晉、魏部分的起迄問題。古本《紀年》的紀年體例前後不一,三代部分用王年,晉、魏部分用兩國君主之年。杜預謂《紀年》於三代之後「唯特記晉國,起自殤叔,次文侯、昭侯,以至曲沃莊伯」,又謂「晉國滅,獨記魏事」;束皙則謂《紀年》「至周幽王為犬戎所滅,以〔晉〕事接之;三家分〔晉〕,仍述魏事」。查今本《紀

---

[25] 方詩銘、王修齡,《古本竹書紀年輯證》(上海:上海古籍出版社,2005,修訂本),〈序例〉,頁2。(下簡稱《輯證》。)

年》於周宣王四十四年注：「晉殤叔元年丁巳。」又於平王紀年的開頭說明：「自東遷以後始紀晉事，王即位皆不書。」疑古本《紀年》的晉國紀年實始於晉殤叔元年，但在幽王時還是與王年並用的，只是到平王東遷後才專用晉國紀年。今本《紀年》記魏事，始於周考王元年「魏文侯立」，而於周安王十五年「魏文侯卒」下注：「在位五十年。」又於次年注：「乙未，魏武侯擊元年。」此下於周烈王六年又注：「辛亥，梁惠成王元年。」並於是年「韓共侯、趙成侯遷晉桓公於屯留」條下復注：「以後更無晉事。」所記魏文侯、武侯之年皆有誤，然據各條注文尚可推知，古本《紀年》用魏國紀年當始於魏武侯，只是其時還是與晉國紀年並用的，至魏惠王元年以後始專用魏國紀年。所以確切地說，古本《紀年》的「晉紀」部分與「西周紀」有交叉，「魏紀」部分也與「晉紀」有交叉。若必欲取其整齊，則可說「晉紀」始於平王東遷、晉文侯受命之年（前770），終於晉桓公被遷於屯留而晉亡之年（前370）；[26]「魏紀」則始於魏惠王元年（即晉亡之年），終於「今王」二十年（前299）。束皙謂「魏紀」始於「三家分晉」，實指晉亡之年，與杜預之說同。

其三，《紀年》記事之終的「今王」問題。這一問題直接涉及《紀年》的成書年代，故在《紀年》出土時已有爭議。《史記·魏世家》載惠王在位36年，下接襄王16年、哀王23年，哀王之下則為昭王19年、安釐王34年。《紀年》的問世打破了這一系統，使人們知道魏惠王的紀年原有前元和後元之分，《史記·魏世家》蓋誤將惠王后元的

---

[26]《史記·晉世家》索隱引《紀年》：「桓公二十年，趙成侯、韓共侯遷桓公於屯留。已後更無晉事。」今本《紀年》載其事在周烈王六年，即公元前370年。然今本《紀年》又于周安王十年（前392）下注：「晉桓公頎元年。」若此，則周烈王六年當晉桓二十三年。是否古本《紀年》原載晉桓公二十三年遷於屯留，《晉世家》索隱引為「二十年」而脫去了「三」字，這點尚不無疑問。《晉世家》載桓公在位十七年卒，其子靜公立，又二年而三家分晉，「靜公遷為家人，晉絕不祀」，與《紀年》大異，而《史記·六國表》所記桓公、靜公年份又與《晉世家》不同。今權取晉亡在公元前370年。今人或謂晉桓公二十年當周烈王七年，則晉亡在公元前369年。

一、汲冢竹書與古本《竹書紀年》

年數歸屬於《紀年》所稱的「今王」了。今本《紀年》載「魏惠成王三十六年,改元稱一年」,此即古本《紀年》之文,唐以前注家已多引之。據此,荀勖、和嶠以為惠王前元三十六年即後元元年,惠王卒於後元十七年;杜預則以為惠王於前元三十六年之次年改稱後元元年,惠王卒於後元十六年。這兩種說法都肯定惠王共在位 52 年,只不過前後元的劃分有當年改元與次年改元之別。[27] 因為《紀年》以「今王」元年接書於魏惠王卒年下,故荀、和按之於《史記‧魏世家》的世系,又據《世本》有襄王而無哀王,認定《紀年》的「今王」即魏襄王;杜預雖疑《史記》誤分惠成之世以為後王年,而仍謂「今王」指魏哀王,則是以為魏世系有哀王而無襄王,或者杜氏實認為襄王即哀王。《史記‧魏世家》索隱提出一種不同的看法,認為:「《系(世)本》襄王生昭王,而無哀王,蓋脫一代耳。孔衍敘《魏語》,亦有哀王。而《紀年》說惠成王三十六年又稱後元,一十七年卒。此文(指《魏世家》)分惠王之曆以為二王之年,又有哀王凡二十三年,紀事甚明,蓋無足疑。然則是《紀年》之作失哀王之代,故分襄王之年為惠王后元,即以襄王之年包哀王之代耳。」[28] 其意蓋以為《史記》的記載不誤,是《紀年》因為脫去了哀王一世,遂誤以襄王的 17 年為惠王后元的年數,又以哀王的 23 年為襄王的年數。明董說《七國考》卷 6《諡法》條,也說《紀年》脫襄王一代,又誤以襄王薨記作魏惠王薨,「今王」即哀王。[29] 清初閻若璩《四書釋地‧三續》卷下《孟子生卒年月考》條,也持同樣看法,因謂《史記》可信而《紀年》不可信;但也有學者反駁閻氏的看法,以為不能據《孟子》懷疑《紀年》[30]。今按《紀年》

---

27 關於魏惠王的在位年數及前後年份,因與晉亡之年有關係,今人尚有三說:(1)前 370—前 319 年,凡 52 年;(2)前 369—前 318 年,亦為 52 年;(3)前 369—前 319 年,凡 51 年。今暫從第一說。今本《紀年》載慎靚王二年「魏惠成王薨」,是年即公元前 319 年。

28 《史記》卷 44,〈魏世家〉,頁 219。

29 〔清〕董說,《七國考》(《四庫全書》第 618 冊),頁 878-879。

30 參見〔清〕陳逢衡,《竹書紀年集證》(宋志英輯,《《竹書紀年》研究文獻輯刊》,北京:

本為魏國之史記，於本國時王之紀年不應有失，惠王之有後元當無疑問。其繼承者或稱襄王，或稱哀王，應是本指一人。「襄」、「哀」二字形近易誤，但更可能的是其謚本稱襄哀王，單稱則曰襄王或哀王，遂致後人誤以為是二王。如是，則魏室當以惠王－襄哀王－昭王－安釐王為世系，《紀年》之「今王」實指魏襄哀王，荀、和、杜之說皆可從。「今王」既為魏惠王子，則以惠王卒於公元前 319 年計，「今王」之二十年即公元前 299 年，《紀年》的成書亦當在此時。《晉書·束皙傳》稱《紀年》述魏事「至安釐王之二十年」，則是以「今王」為安釐王，此不可解。〈左傳後序〉孔穎達疏云：「哀王是安釐王之祖，故安釐王之冢藏哀王時之書。」[31] 或束皙原有此說，但謂汲冢為安釐王墓，所用隨葬的竹書則是其祖哀王時書，而史家輾轉相述，竟訛為《紀年》記事截止於安釐王之異說。

　　先秦時代保存各諸侯國原始記錄的編年史書，歷經秦火而消亡殆盡，自來傳世者唯有《春秋》一書。至晉初而無獨有偶，忽見原本《紀年》出土，其文獻價值自為學者所重。杜預〈左傳後序〉敘此尤為深切著明。(1)他強調《紀年》之「著書文意，大似《春秋經》，推此足見古者國史策書之常」。也就是說，《紀年》的記事體例和《春秋》相倣，由二者的比較足可見早期官修編年史的常規義例。史書為事實的追述，追述者自有一定的立場和觀念，故亦講求記事方法和文辭修飾。如公元前 632 年晉楚城濮之戰後，晉文公挾戰勝之威，會諸侯於踐土，周襄王亦奉召蒞盟。《紀年》稱「周襄王會諸侯于河陽」，《春秋》則記為「天王狩于河陽」，二者都帶有尊周的傾向，然亦大抵「皆承告據實而書時事」，並不故為褒貶。後來的《公羊傳》和《穀梁傳》穿鑿附會，一意講求字字寓褒貶的「書法」，則大失古史記之本意。(2)《紀年》中的史實可與《尚書》、《左傳》、《史記》等史書互校者甚多，而

　　國家圖書館出版社，2010）卷首，〈集說〉，頁 84-93。
[31] 《春秋左傳正義》，頁 2188。

尤其值得注意的是與經傳大異者。杜預特別舉出了商初太甲殺伊尹之例加以說明，而束晳還列舉了多項，都可以通過參互考求，以端正學者的認識。《紀年》中的商周史料，有些是可以與甲骨文和青銅器銘文對看的，亦可見其書保存了不少很古的原始記錄。（3）杜預因注《左傳》而治《春秋長曆》，是格外重視《紀年》的年代學價值的，故其〈左傳後序〉首先指出了《紀年》的晉莊伯十一年十一月即《春秋》記事之始的魯隱公元年正月，又詳細列舉了魏哀王二十年所相當的周王年和各諸侯國之年。他特別談到《紀年》用的是夏正（以含有冬至之月的再下一月為歲首），這點對研究古曆法及古年代非常重要，證明三晉地區行用夏曆有著悠久的傳統，而《左傳》定公四年謂周初晉國始祖唐叔「封於夏虛，啟以夏正」亦非虛言。所以劉知幾《史通・模擬》篇說：「春秋諸國，皆用夏正。魯以行天子禮樂，故獨用周家正朔。至如書『元年春王正月』者，年則魯君之年，月則周王之月。」而自注云：「考《竹書紀年》，始達此義。而自古說《春秋》者，皆妄為解釋也。」[32]

《紀年》的編年體制是很特別的。它事實上既不是單一系統的王朝史，也不是單純的諸侯國史，而是以二者相混合的。其根源即在魏公室出於姬姓，由晉國分化而來，故尊晉而尚周；而周人又自認為與夏后氏屬於同一祖系，故共同追本於黃帝。然戰國史學早已擺脫原始部族史的羈絆，《紀年》的成書也和《尚書》、《左傳》、《世本》等一樣，以為自「五帝」時代以至夏、商、周的歷史都是一系發展而來的。這不一定全都符合上古部族歷史多元化的傾向，但相當典型地反映出華夏民族文化共同體歷史意識的成熟，在古史學上又是別一種收穫。

何炳棣先生說：「總而言之，《古本竹書紀年》不應只視為戰國時期魏國的史書，因為原書最重要部份是有關夏商周三代的帝王世系

---

[32] 〔唐〕劉知幾、浦起龍通釋、呂思勉評本，《史通》（上海：上海古籍出版社，2008）卷8，〈模擬〉，頁159。

和年代；即使原書逐步佚失之後，近代學人從未佚以前若干種類書及其他古籍輯錄的原文或史實依然是考證國史最早年代的彌足珍貴的史料。」[33] 研究古史年代，自然需要對古本《紀年》有這樣的史料通觀。

（三）古本《竹書紀年》的流傳、引用和輯佚

汲冢《紀年》出土後，在兩晉南北朝時期的流傳情況，今已不能詳知。正式的著錄自應始於晉初荀勖等人修成的《中經新簿》，東晉、南朝時的官私目錄也應有著錄，然而這些目錄書現今都已不存。《隋書‧經籍志》據隋世所藏，著錄為「《紀年》十二卷」，注云「汲冢書，並《竹書同異》一卷」。依此，則《紀年》本文原分為 12 篇，篇為 1 卷，王隱《晉書》亦記作 12 篇，今本《晉書‧束皙傳》作 13 篇者不確。《竹書同異》則如前所說，應是當時整理者校語的集錄，不能算在《紀年》的篇數之內。《舊唐書‧經籍志》和《新唐書‧藝文志》皆著錄「《紀年》十四卷」，注云「汲冢書」，所據實為唐開元間毋煚所編《古今書錄》，與《隋書‧經籍志》的著錄又不同。或疑開元間整理宮廷藏書時，已將《竹書同異》釐為 2 卷而入之。是否如此，尚不能必，有關推測留待本書第二部分最後一節再說。

晉、唐間存錄和援引《紀年》之文的書籍，大要可分為三類。一類是歷朝官私所修的大型類書，如南梁《華林遍略》、北齊《修文殿御覽》、隋及唐前期的《北堂書鈔》、《藝文類聚》、《初學記》等，於《紀年》之文皆多抄存。另一類是對前世史籍及其他古籍的私家注釋之作，如徐廣《史記音義》、郭璞《山海經注》、酈道元《水經注》、裴駰《史記集解》、司馬貞《史記索隱》、張守節《史記正義》等，引述《紀年》之文亦多；其他如顏師古《漢書注》、李賢《後漢書注》、李善《文

---

[33] 何炳棣，〈《古本竹書紀年》與夏商周年代〉，收入《四分溪論學集：慶祝李遠哲先生七十壽辰》（上）（臺北：允晨文化實業股份有限公司，2006），頁 12。

《選注》等，時亦引及之。還有一些專門性的書籍，如皇甫謐《帝王世紀》、干寶《搜神記》、陶弘景《真誥》、釋道宣《廣弘明集》、瞿曇悉達《開元占經》、陸淳《春秋啖趙集傳纂例》等，亦屢引《紀年》文字而或名或不名，可總歸為一類。因此劉知幾《史通・申左》篇曾說：「至晉太康年中，汲冢獲書，全同《左氏》。故束晳云：『若使此書出於漢世，劉歆不作五原太守矣！』於是摯虞、束晳引其義以相明，王接、荀覬取其文以相證，杜預申以注釋，干寶藉為師範。由是世稱實錄，不復言非，其書漸行，物無異議。」[34] 可見此書在盛唐以前雖也不見得人人都稱之為「實錄」，而流傳無礙，還是有不少學者視之為信史的。

　　然自中唐以後，《紀年》本書即漸無消息。宋初官修的《太平御覽》引錄《紀年》之文仍甚夥，但實際大都是由當時尚存的北齊《修文殿御覽》抄出的，而《修文殿御覽》又大抵抄自南朝梁《華林遍略》[35]。北宋學者的著作引及《紀年》者，以樂史《太平寰宇記》為最早，而援據較多的是劉恕《通鑑外紀》，零星的徵引又見於官修的《廣韻》、孫奭《孟子正義》（或說為南宋人所撰）、吳淑《事類賦》、王存等《元豐九域志》、董逌《廣川書跋》等；其中《通鑑外紀》所引較受後人重視，近世輯錄古本《紀年》佚文仍以此書為重要參考書之一。不過《紀年》本書不見於北宋中期官修的《崇文總目》。黃伯思《東觀餘論》卷下《跋師春書後》及《校定師春書序》，談到北宋末館閣尚存汲冢《師春》書，雖提及《紀年》，而亦未說到其時《紀年》尚存。[36]

---

[34] 劉知幾，《史通》卷14，〈申左〉，頁305-306。按：此處引文中的荀覬（別本或誤作荀凱），清人浦起龍注謂疑當作荀勖。據《晉書・荀覬傳》，覬卒於泰始十年（274），則不得見竹書。但若作荀勖，此置於王接之後，亦不倫。疑當作荀綽。綽為荀勖之孫，亦嘗沒於石勒，或曾助王接、續咸等撰成《汲冢古文釋》。

[35] 《修文殿御覽》的纂修原以《華林遍略》為主要憑藉，近世發現的一份敦煌石室唐抄本類書殘卷，羅振玉以為係《修文殿御覽》的遺文（見所編《鳴沙石室佚書》，1913），洪業則以為其原書應是《華林遍略》（見所作〈所謂《修文殿御覽》者〉，《燕京學報》第12期，1932）。參見胡道靜，《中國古代的類書》（北京：中華書局，1982），頁50-54。

[36] 〔宋〕黃伯思，《東觀餘論》（《四庫全書》第850冊），頁360、383。

是以近世學者多以為《紀年》古本散佚於北宋時，北宋學者的徵引當皆由他書轉錄。兩宋之際鄭樵的《通志‧藝文略》仍著錄「《紀年》十四卷」，注云「汲冢書，並《竹書同異》一卷，《隋志》作十二卷」。此乃照抄《新唐書‧藝文志》並參《隋書‧經籍志》的著錄而云然，非是鄭氏實有其書或曾目見的記錄。南宋學者引《紀年》，以見於羅泌《路史》的為最多，凡《路史》正文及注文所引，多至八十餘條。然羅氏亦基本上由前人的引述轉引，現在也還無法判定他是否確實見過古本或今本《紀年》。

自汲冢《紀年》的整理本失傳後，學者鑒於今本《紀年》的不可靠，於是有致力於輯錄古本佚文的工作。清人朱右曾輯有《汲冢紀年存真》2卷，是這方面的第一部書；至於近世，則又有王國維先生的《古本竹書紀年輯校》、范祥雍先生的《古本竹書紀年輯校訂補》和方詩銘、王修齡先生的《古本竹書紀年輯證》。[37] 方、王二先生的《輯證》後出，搜輯全備而疏證謹嚴，且附有王國維先生的《今本竹書紀年疏證》，便於使用。據方先生所撰《輯證‧序例》所說，其書所輯古本佚文斷自北宋前期，以《通鑒外紀》為殿，後此見引者概不入輯；同時於所據之書廣參各本，以求商榷朱、王、范三家，或正其失誤，或補所不足。[38]《輯證》對《紀年》記事起於「五帝」之說存疑，故以「五帝紀」佚文附於三代紀之後；[39] 另有附錄三種，包括「無年世可系者」、「《存真》《輯校》《訂補》等所引《紀年》存疑」、「《路史》所引《紀年》輯證」，置於全書之後。[40] 有此一編，可使研究古本《紀年》者得到許多便宜。

---

[37] 〔清〕朱右曾輯，《汲冢紀年存真》，（歸硯齋本影印本，《續修四庫全書》第336冊，上海：上海古籍出版社，1996）；王國維，《古本竹書紀年輯校》，（《王國維遺書》第8冊，上海：上海書店，1982）；范祥雍，《古本竹書紀年輯校訂補》（上海：上海人民出版社，1962）；方詩銘、王修齡，《輯證》。
[38] 方詩銘、王修齡，《輯證》，〈序例〉，頁1-2。
[39] 方詩銘、王修齡，《輯證》，頁65-69。
[40] 方詩銘、王修齡，《輯證》，頁166-201。

一、汲冢竹書與古本《竹書紀年》

輯佚的工作，意在恢復古籍原貌，但就古本《紀年》而言，這點尚難完全做到。一是現存的古本佚文，雖隻言片語搜羅無遺，數量也還極為有限，與可由前人敘錄推知的原本相較大不足用。二是前人的引用往往各取所需，隱括原文，甚或改換文辭、遺漏字句、變易年代、添加慣用語等，真正一字不漏不誤、全段全句完引者少。陳夢家先生就曾以具體的實例，指出晉宋間諸書徵引《紀年》，存在「引《紀年》而實不可據者」、「引《紀年》而改易年與諡者」、「誤以引述者的隱括語、案語、校語為《紀年》者」、「誤以諸書所引《竹書》、《汲冢書》皆為《紀年》者」、「誤今本後加部分為《紀年》者」等情況。[41] 因為有這些情況存在，所以對古本佚文亦當分別觀之，不可迷信。三是更根本的問題，在於今本《紀年》是否還保存著一些古本的原文。古書有名亡而實不亡者[42]，就是其書原本雖不傳世，而其基本內容仍包含在他書中，若他書尚存則其書亦可不謂之已亡。假如《紀年》的古本之於今本亦屬此種情況，亦即古本的基本內容還保存在今本之中，那麼首先要做的工作，就是釐清今本的記載哪些是古本原有的，哪些是經過後人改編或擅自添加的。今本仍稱《竹書紀年》，與古本同名，要說二者之間無聯繫，是難以令人相信的。古本輯佚的工作之所以受到重視，也緣於後人不相信今本，但若專注於古本佚文而放棄了對今本的清理，則不免會收之桑榆而失之東籬，終不能把正本清源的工作貫徹到底。

　　有鑒於上述，本書第二部分就專談今本《紀年》，重點是想通過系統的討論，弄清今本《紀年》的纂輯情況和來歷。這一問題不解決，有關古本《紀年》的種種遺留問題的考察，事實上也便無從著手；反之，若對二者之間的關係有個基本的把握，則可能會在一系列具體問題上收到豁然貫通之效，進而為三代年代學的研究打通一種文獻利用上的有效途徑。

---

[41] 見陳夢家，〈六國紀年表敘〉，頁 476-487。
[42] 宋代鄭樵的《通志・校讎略》有〈書有名亡實不亡論〉。

二 今本《竹書紀年》的纂輯和來歷

（一）引言：以往的研究情況和問題

　　《竹書紀年》的「古本」、「今本」之稱，大抵自清代以來才開始流行。「古本」原則上是指晉初荀、和等人的定本及稍後束晳等人的重訂本，有時也用以指稱先秦原本，現在則多用以兼稱後人從晉代以至北宋間的古書、古注中搜集本書佚文而編錄起來的輯本；「今本」則指現存的一種較完整的本子——它大抵自元、明以來見於流通，雖亦稱《竹書紀年》，然內容和文字跟當下所瞭解的「古本」差別甚大，並且至今學術界對其來歷也還沒有趨向一致的說法。美國漢學家倪德衛（David S. Nivison）教授主張《竹書紀年》應有「原本」、「今本」和「古本」之別：「『原本』可能早已亡佚（不排除殘本曾經長期流傳）；『今本』或出諸整理汲冢竹簡晉廷學者之手的未定本，而此本由於某種原因而倖存；『古本』則是指搜采古書所引《紀年》的輯本。」[1] 這樣三分的稱呼，在概念上自然更清楚一些。這裡為簡便起見，一般仍從傳統習慣，只稱「古本」和「今本」。

　　自清初雍正年間以至於今，整理和研究《紀年》而成專書的學者約有二十餘家，[2] 散存的單篇論文則更多。學術上的爭議，焦點在今本

---

[1] 引見邵東方、倪德衛主編，《今本竹書紀年論集》（臺北：唐山出版社，2002），邵東方，〈序一〉，頁 vi。又見邵東方，《文獻考釋與歷史探研》（桂林：廣西師範大學出版社，2005），頁 53-54。

[2] 陳夢家先生嘗列舉民初王國維先生以前治理《紀年》的著作 20 種，並大別之為三派。第一派，整理和考校今本而或兼為補遺者，計有：任啟運《紀年證傳》13 卷（雍正間刊本，陳先生原未錄卷數）、孫之騄《考定竹書》13 卷（雍正間刊本）、董豐恒《竹書紀年辨正》2 卷並《補遺》1 卷（乾隆元年自序本）、徐文靖《竹書紀年統箋》12 卷（乾隆間刊本）、張九鐔《竹書紀年考證》1 卷（乾隆間刊本）、張宗泰《竹書紀年校補》2 卷（嘉慶間刊本）、陳詩《竹書紀年集注》2 卷（嘉慶間刊本）、趙紹祖《校補竹書紀年》2 卷（嘉慶間刊本）、韓怡《竹書紀年辨正》4 卷（嘉慶間刊本）、鄭環《竹書紀年考證》（作於嘉

《紀年》的真偽問題。梁啟超先生曾談到：

> 今本《紀年》二卷，乃元明人搜輯，復雜采《史記》、《通鑒外紀》、《路史》諸書而成。清儒嗜古，研究此書者極盛，大約可以分為四派：一、並汲冢原書亦指為晉人偽撰者（錢大昕、王鳴盛等）；二、並今本亦信為真者（徐文靖等）；三、以古本為真，今本為偽者（郝懿行、章學誠、朱右曾、王國維等）；四、雖不認為今本為真，然認為全部皆從古本輯出者（洪頤煊、陳逢衡、林春溥等）。[3]

邵東方先生對這方面的情況有系統的爬梳，並曾專就梁先生的論說作

慶間，未刊）、陳逢衡《竹書紀年集證》48卷並《補遺》2卷（嘉慶間刊本）。第二派，將一切今本失載的佚文完全補入今本各條之內者，計有：黃奭《竹書紀年》1卷（輯本，光緒間《漢學堂叢書》刊本）、洪頤煊《校正竹書紀年》2卷（嘉慶間刊本）、郝懿行《竹書紀年校正》14卷（嘉慶間自序本）、雷學淇《考訂竹書紀年》14卷（嘉慶間刊本及道光間重校、光緒間補校本）、雷學淇《竹書紀年義證》40卷（嘉慶間自序本）、林春溥《竹書紀年補正》4卷並《本末》1卷、《後案》1卷（道光間刊本）。第三派，輯校古本及注疏今本竄亂來源者，計有：朱右曾《汲冢紀年存真》（陳先生原錄其書名作《竹書紀年存真》）2卷並《周年表》1卷、王國維《古本竹書紀年輯校》1卷、王國維《今本竹書紀年疏證》2卷。以上並見陳夢家，〈六國紀年表敘〉，頁468-470。《中國叢書綜錄》史部編年類尚錄有王仁俊輯《竹書佚文》1卷、任兆麟選輯《竹書紀年》1卷、王曰睿輯《竹書紀年雋句》1卷、《佚書拾存》另有姚東升《竹書紀年佚文》1卷，陳先生都沒有列入。《四庫全書》收有今本《竹書紀年》（內府藏本）及徐文靖《竹書統箋》，又以孫之騄《考定竹書》入存目；《四部叢刊初編》收有明天一閣所刊今本《紀年》的影印本，為現在所能看到的最早刻本；《四部備要》和《叢書集成初編》則收有洪頤煊的校本。近年發行的《續修四庫全書》（上海：上海古籍出版社，1995）第335、336冊，收有陳逢衡、朱右曾二家之書；《四庫全書存目叢書》（濟南：齊魯書社，1997）史部第2冊，收入孫之騄的考定本；《四庫未收書輯刊》（北京：北京出版社，1997）第3輯第12冊，又收錄韓怡、雷學淇、趙紹祖、陳詩、張宗泰五家之書，皆影印原刻。新近出版的宋志英輯《《竹書紀年》研究文獻輯刊》，全10冊，收有孫之騄、韓怡、徐文靖、趙紹祖、陳逢衡、洪頤煊、陳詩、張九鐔、張宗泰、姚東升、林春溥、郝懿行、雷學淇、董豐恒十四家之書，並錄上海涵芬樓影印天一閣本《竹書紀年》及王國維《古本竹書紀年輯校》、《今本竹書紀年疏證》，凡17種，多數為原刻影印本，便於參考：書後還附有〈《竹書紀年》研究文獻索引〉，截止於2009年。

[3] 梁啟超，《中國近三百年學術史》（北京：中國書店，1985），頁235。引文括弧內人名為梁氏原注。

二、今本《竹書紀年》的纂輯和來歷

過簡要的概括和補充。為避免重複敘述，這裡不妨節錄邵先生的序說如下：

> 持第一說（指梁先生所舉各派之說──引者）的人為數不多。王鳴盛（1722-1797）在《十七史商榷》裡，認定汲冢原書「必束晳偽撰」，無論後來竄亂之本。[4]……稍後的丁晏（1794-1875）在《尚書余論》中亦稱「《汲冢紀年》晉初之偽書也」。不過，錢大昕（1728-1804）云，「《紀年》出於魏晉，固未可深信」，明確指出「是書必明人所葺」。[5] 故梁啟超謂錢氏指《紀年》為晉人偽撰不確，或其偶疏耳。
>
> 持第二說者在清代大有人在。清初顧炎武（1612-1680）考證之學固為精核，然他在《日知錄》中卻常引「今本」《竹書紀年》以為據。在清中期，戴震（1723-1777）校《水經注》，也曾據「今本」《竹書紀年》改其中所引「古本」《竹書紀年》各條；以辨疑著稱的梁玉繩（1745-1819）亦篤信「今本」，據之以證史書。
>
> 第三說在清代中期以後漸成主流。清廷主持所修的《四庫全書總目提要》即視「今本」為明人偽纂。崔述（1740-1816）撰《竹書紀年辨偽》（1804年成書），列舉了六條證據以證「今本」之偽。時代稍晚的郝懿行（1757-1825）、朱右曾、孫詒讓（1848-1908）也都指出「今本」蓋經後人補綴而成。朱右曾在《汲冢紀年存真》的序中說：「不知何年何人，捃拾殘文，依附《史記》，規仿紫陽《綱目》，為今本之《紀年》，鼠璞琢渾，真贗錯雜，不有別白，安知真古文之可信，與今本之非是哉！」[6]

---

[4]〔原注〕〔清〕王鳴盛，《十七史商榷》（《叢書集成新編》第104冊，臺北：新文豐出版公司，1985）卷3，頁830。
[5]〔原注〕〔清〕錢大昕，《十駕齋養新錄》（上海：上海書店，1983）卷13，頁298。
[6]〔原注〕〔清〕朱右曾，《汲冢紀年存真》，〈序〉，頁2。

主張第四說的清代學者亦不乏其人，除了前引提到的洪頤煊（1765-1833）、陳逢衡（1778-1855）、林春溥（1775-1861）等人外，趙紹祖（1772-1853）和雷學淇皆從此說。他們相信「今本」非出於杜撰，雖「非復原本之舊矣，然其事實顯然，與經史印合」，[7] 可視為信史。林春溥甚至認為《紀年》未經後人修輯，其書法「皆依古簡本文，無所改竄」，非偽書可比，可以證經史之誤。[8] 19世紀中葉旅居香港的英國漢學家兼傳教士理雅各（James Legge，1815-1897）頗受這派中國學者（特別是陳逢衡）的影響，篤信「今本」《竹書紀年》，並加以注釋，譯成英文出版。[9]

由邵先生的序說可以知道，清人對《紀年》之書的看法儘管紛然不一，而大致自清中葉以來，占上風的意見是相信古本為先秦古書，縱然其內容亦有不盡可信之處，而原書決無偽撰之嫌；今本則為晚出的偽書，乃後人掇拾有關材料編成，非是晉時出土的原本。其他看法多少都與這一意見有關係。

方詩銘先生專論古本《紀年》的散佚及今本的源流，也曾提出從清代前期到近代，對待今本《紀年》的態度可以說經歷了四個階段：

第一階段，無條件的相信，以陳逢衡《竹書紀年集證》為代表。

第二階段，有條件的相信，以洪頤煊《校正竹書紀年》、雷學淇《考訂竹書紀年》為代表。

第三階段，相對的否定，以朱右曾《汲冢紀年存真》為代表。

---

[7] 〔原注〕〔清〕陳逢衡，《竹書紀年集證》（《續修四庫全書》第335冊），頁5。
[8] 〔原注〕林春溥，〈竹書紀年補證後案〉，《竹書紀年八種》（臺北：世界書局，1963），頁5。
[9] 以上均見邵東方、倪德衛主編，《今本竹書紀年論集・序一》，頁 ii-ix。

二、今本《竹書紀年》的纂輯和來歷

第四階段，絕對的否定，以王國維《今本竹書紀年疏證》為代表。[10]

王國維先生的《疏證》（1917）是今本《紀年》辨偽學上的分水嶺。前人對今本的成見之大，無過於王先生，其《疏證》序言說：

> 今本《紀年》為後人搜輯，其跡甚著。……一一求其所出，始知今本所載殆無一不襲他書。其不見他書者，不過百分之一，又率空洞無事實，所增加者年月而已。且其所出，本非一源，古今雜陳，矛盾斯起。既有違異，乃生調停，糾紛之因，皆可剖析。夫事實既具他書，則此書為無用；年月又多杜撰，則其說為無徵；無用無徵，則廢此書可。[11]

這些話揭發今本《紀年》的問題甚是尖銳，似乎證據鑿鑿，已無可辯駁，因而學者或說今本之不可信，至此殆成定論。如范祥雍先生便認為：「《今本紀年》之偽，經過清代以來學者們反覆考證，已為定讞，無須再買菜求益了。」[12]

呂思勉先生直到上世紀40年代，仍承清儒某一派的觀點，是連後世所傳的古本文字也懷疑的。他在所著《先秦史》（1941）中說過：

> 《竹書紀年》，此書傳出汲冢。世所通行之本，為明人所造，已無可疑。然所謂古本，經後人輯出者，實亦偽物。蓋汲冢書實無傳於後也。[13]

---

[10] 方詩銘，〈《竹書紀年》古本散佚及今本源流考〉，收入邵東方、倪德衛主編，《今本竹書紀年論集》，頁18。其文原載《紀念顧頡剛學術論文集》下冊（成都：巴蜀書社，1990）。

[11] 王國維，《今本竹書紀年疏證》（《王國維遺書》第8冊，上海：上海書店，1982），頁3。（下簡稱《疏證》）並參方詩銘、王修齡，《輯證》附錄本，頁202。

[12] 范祥雍，〈關於《古本竹書紀年》的亡佚年代〉，收入邵東方、倪德衛主編，《今本竹書紀年論集》，頁1。其文原載《文史》，第25輯（北京：中華書局，1985）。

[13] 呂思勉，《先秦史》（上海：上海古籍出版社，1982），頁17-18。

呂先生還以古本《紀年》所記「舜囚堯，復偃塞丹朱」及「伊尹放大甲於桐，乃自立」等為例，詳加分析，指出：

> 汲冢得書，當實有其事，然其書實無傳於後。《晉書》所云，乃誤據後人偽造之語，《杜序》則為偽物。蓋魏晉之際，篡竊頻仍；又其時之人，疾兩漢儒者之拘虛，好為非堯、舜，薄湯、武之論。造此等說者，其見解蓋正與魏文帝同，適有汲冢得書之事，遂付託之以見意也。唐劉知幾據之，又剌取古書中言堯、舜、禹、湯、文、武、周公事可疑者，以作《疑古》之篇。其說誠為卓絕，然《竹書》非可信之書；知幾所疑，亦有未盡。[14]

照邵東方先生所說，呂先生的觀點是受到古史辨學術的影響的，故「認為西晉學者借古書出土而製造偽書，以闡發他們的政治看法」[15]。

不過偽與不偽，亦有殊觀。譬如說，假定今本內容尚大略承古本而來，只是它「重編」較晚，那麼僅斥之為偽書就有諸多不宜。所以海內外另有一些學者，雖也承認今本《紀年》不是晉時原本，而堅持此本非偽，因而對其史料價值的評價也更高一些。邵東方先生對此亦有括述：

> 自80年代初起，海內外一些學者力辯「今本」《竹書紀年》非偽作，專門論證「今本」之信而有徵，以反駁王國維之說。例如，四川大學的陳力認為：「今本《紀年》雖有錯訛，然其主要內容與汲簡無異，其於考校古史、闡發幽微可資者

---

[14] 呂思勉，《先秦史》，頁76。
[15] 邵東方、倪德衛主編，《今本竹書紀年論集・序一》，頁 x。邵先生對呂先生的觀點有駁詰，詳見氏著，〈從思想傾向和著述體例論《今本竹書紀年》的真偽問題〉，收入氏著，《文獻考釋與歷史探研》，頁 2-3、26-28。

二、今本《竹書紀年》的纂輯和來歷

甚多，良可寶貴。」[16] 美國芝加哥大學的夏含夷（Edward L. Shaughnessy）也說：「此書『今本』基本上還是與戰國中葉墓本出土時的真本相去不遠，更絕非宋代以後之偽作。」[17] 儘管從事翻案的各家在具體結論上還有很多分歧，卻都一致認為，「今本」《竹書紀年》雖經後人改竄和增飾，卻與汲冢出土的《竹書紀年》原本是一脈相承的，因此具有很高的史料價值。大體言之，作翻案文章者企圖從兩個方面斷定《竹書紀年》的可靠性：一是在天文和年代學方面，主要代表是倪德衛和班大為（David W. Pankenier）；二是在文獻考證方面，主要代表是陳力、夏含夷和楊朝明。[18]

諸人的文章大都已收入《今本竹書紀年論文集》，可省學者許多翻檢之勞，這是要感謝編者的。其中倪德衛先生的看法是極為引人矚目的一種，雖然他主要著眼於西周末年以前的年代學方面。他說：

> 依照我的觀點，「今本」《竹書紀年》乃晉武帝時出土的《竹書紀年》原本的一個副本，其內容大部分真實但又不完整。即使此書是一部不完全的本子，其所記下逮西周末年的年代卻為原本所載之年代。以此而言，《竹書紀年》當為戰國之文獻，而其中的訛誤亦為戰國人有意之為所誤。[19]

在具體討論西周年代之前，他又說：「在以下的討論中，我將把『今

---

[16]〔原注〕陳力，〈今本《竹書紀年》研究〉，《四川大學學報叢刊》，第28輯（1985），頁13。

[17]〔原注〕夏含夷，〈《竹書紀年》與周武王克商的年代〉，《文史》，第38輯（1994），頁17。

[18]《今本竹書紀年論文集・序一》，頁 x-xi。按：楊朝明有〈《今本竹書紀年》並非偽書說〉，《齊魯學刊》，1997年第6期；〈沈約與《今本竹書紀年》〉，《史學史研究》，1999年第4期。二文又並收入氏著，《周公事蹟研究》（鄭州：中州古籍出版社，2002）的附篇部分（前者改題《今本竹書紀年》史料價值初議》），頁193-225。

[19] 倪德衛，〈論「今本」《竹書紀年》的歷史價值〉，收入邵東方、倪德衛主編，《今本竹書紀年論集》，頁41。

本」《竹書紀年》全書（除了年代符號上無關緊要的改動外）視作戰國時期的文本，即其中的各王在位年和所載年代一如入墓前的舊貌。」[20] 他在為《今本竹書紀年論集》所作的序言中還進一步強調：

> 依我之見，「今本」是真書，至少就它保存了戰國真本編年紀的年份和統治期而言（顯而易見，西晉出土的原本中肯定還包含更多的材料）。那麼證明此書不偽是否很重要？
>
> 我以為確實如此。假使一部類似「今本」《竹書紀年》的編年紀發現于某一戰國古墓，試想世界各地的學者將會是多麼的興奮！其實，倘若我們斷定「今本」《竹書紀年》是一部真書，那麼這無異就相當於上述發現。[21]

這一種看法，與前述呂思勉先生甚至連古本《紀年》文字都存疑的態度差不多是完全相反的，雖容易使人想到「矯枉過正」的古老話，而仍不失為包含真知灼見的一家言。

事實上，歷來治今本《紀年》的學者儘管看法不一，時或大相徑庭，而大都不認為此本全偽。所以王國維先生的《疏證》序言曾談及，「近三百年學者疑之者固多，信之者亦且過半」。其中信之者，在近代以前，陳逢衡的《竹書紀年集證》實集前此諸家之大成；而王國維先生為今本作《疏證》，乃謂「懼後世復有陳逢衡輩為是紛紛」，不免言之過重。

問題在於，論辨今本《紀年》的真偽是一事，考定此本的成編年代及其纂輯過程又是一事。迄今為止，學者對今本《紀年》的衍生源流仍限於推測，未有直接的證據。由於明代所刊《紀年》甚多，如范欽輯《天一閣奇書》、趙標輯《三代遺書》、吳琯輯《古今逸史》、何

---

[20] 倪德衛，〈論「今本」《竹書紀年》的歷史價值〉，頁 45。
[21] 邵東方、倪德衛主編，《今本竹書紀年論集·序二》，頁 xix。

二、今本《竹書紀年》的纂輯和來歷

允中輯《廣漢魏叢書》、汪士漢輯《秘書廿一種》所收此書，以及蔡文範校《五經翼》本、吳宏基校《史拾遺聞》本等，無一不是今本，因此清以來學者往往以為今本《紀年》出於明人。錢大昕首發此論，他先就古本與今本《紀年》所記的有關事實，論定「今之《竹書》，乃宋以後人偽託，非晉時所得之本」，又特別據今本《紀年》改晉、魏紀年為周王紀年的體例變動，推斷「惟明代人空疏無學而好講書法，乃有此等迂謬之識，故愚以為是書必明人所葺」，「蓋采摭諸書所引補湊成之」[22]。四庫館臣為《穆天子傳》所寫的提要大概即取錢氏之說，故曾明言「今本《竹書紀年》乃明人摭諸書以為之，非汲冢之舊本」[23]。後來姚振宗作《隋書經籍志考證》，則逕指今本《紀年》為天一閣主人范欽所托撰。他的理由是，此書不見於明代官修的《文淵閣書目》及陳第《世善堂書目》等，而唯獨見於《天一閣書目》，且《天一閣書目》謂閣中所藏刊本為「司馬公（范欽）訂」，則其正文即為范欽所輯錄，小字夾注亦為范欽所加。[24] 然據雷學淇所說，他曾於嘉慶二年（1797）在書肆得一《紀年》「大字本」，「首尾殘缺，唯舜紀以下至周顯王尚完善可讀，字體與元人所刻書相似」，「疑即楊慎《丹鉛錄》所稱，蓋元明間校刊本也」。[25] 陳夢家先生據以指出，若雷氏所說可信，則今本《紀年》「或編纂於元代，亦未可知」。[26] 范祥雍先生對此有認真的討論，既遺憾於雷氏「模稜其詞，不能肯定」，「未記明字數行款及紙質墨色」，

---

[22] 〔清〕錢大昕，《十駕齋養新錄》（上海：上海書店，1983）卷13，頁298。可並參陳逢衡，《竹書紀年集證》（《竹書紀年》研究文獻輯刊》第3冊）卷首，〈集說〉，頁97-103。

[23] 四庫館臣此語見於《四庫全書》所收《穆天子傳》卷前所附的提要原稿，《四庫全書總目》（北京：中華書局，1965）卷142所收《穆天子傳》提要已經刪改，無此語。

[24] 〔清〕姚振宗，《隋書經籍志考證》（《師石室山房叢書》，上海：開明書店，1936）卷12，頁219。

[25] 〔清〕雷學淇，《考訂竹書紀年・宋以後紀年傳本考》（亦囂囂齋刻本影印本，收入《四庫未收書輯刊》第3輯第12冊，北京：北京出版社，1997），頁13。按：雷氏所說「疑即楊慎《丹鉛錄》所稱」，意謂楊氏《丹鉛餘錄》所徵引的《竹書紀年》可能即元明間刊本，而楊氏在該書中實未談及所用之本為何本。

[26] 陳夢家，〈六國紀年表敘〉，頁488。

而仍然相信「這個本子是《今本紀年》現在所知的最早的刊本」，推測它「大概是明初刊本，或許是元刊本，肯定在嘉靖之前無疑」，故又謂「《今本紀年》的出現當在元明之際」。[27] 方詩銘先生也說：「『大字本』和明刻本是基本相同的。這個本子比較罕見，……僅從《紀年》有元明間刻本來看，天一閣等諸明刻，就決不是如錢大昕所說是明人偽作的，更不是如姚振宗所說為天一閣主人范欽所偽作。」[28] 陳力先生更認為：「就雷氏所引，大字本與天一閣本、漢魏叢書本、古今逸史本等頗有出入，堪稱善本。據此，《紀年》元末明初猶有刻本行世，及至清代尚有傳本。」[29] 不過雷氏所說是否可靠，還不能無疑問。

較之雷氏所說又有進者，是洪頤煊曾據其對《紀年》的校訂，發現南宋時「羅泌已見今本」。[30] 方詩銘、王修齡先生又據以指出，若洪氏所說可信，則此本的出現「最遲當在南宋時期」；又說：「今本《竹書紀年》中很多條也是從古注、類書中所引『古本』輯錄出來的，但是輯錄得很不忠實，並增加了一些顯然不是『古本』的佚文，又抄錄梁沈約的《宋書·符瑞志》，改頭換面，作為沈約的注。」[31] 嗣後方先生又別作考證，提出「今本《紀年》的前身，至遲應出現於北宋中期，今本決非明朝人的偽書。」[32] 陳力先生的研究，以雷學淇所稱元刊本為基準，又據宋人對《紀年》的徵引層層上推，最後據《太平御覽》所引，推定「今本《紀年》的編定成書不得晚於北宋初年」。[33] 可見近些年學者對今本《紀年》源流的追溯是逐漸提前的，已不囿於明人偽造的舊說。

---

[27] 范祥雍，〈關於《古本竹書紀年》的亡佚年代〉，頁 9-11。
[28] 方詩銘，〈《竹書紀年》古本散佚及今本源流考〉，頁 37。
[29] 陳力，〈今本《竹書紀年》研究〉，收入邵東方、倪德衛主編，《今本竹書紀年論集》，頁 146。
[30] 〔清〕洪頤煊，《校正竹書紀年》（《竹書紀年》研究文獻輯刊》第 7 冊）卷下，〈桓王十二年下〉注，頁 352。
[31] 方詩銘、王修齡，《輯證》（修訂本），〈前言〉，頁 2-3。
[32] 方詩銘，〈《竹書紀年》古本散佚及今本源流考〉，頁 36。
[33] 陳力，〈今本《竹書紀年》研究〉，收入邵東方、倪德衛主編，《今本竹書紀年論集》，頁 162-167。

二、今本《竹書紀年》的纂輯和來歷

方詩銘先生對今本《紀年》的基本看法，是認為「今本《紀年》是經過重編的，其中還保留了不少當時重編的痕跡」，其「重編」依據則是「當時還保存下來的古本《紀年》和《竹書》的殘本」，[34] 這個「重編」的觀點很值得重視。邵東方先生對雷氏所稱「大字本」的真實性持懷疑的態度，故謂「這樣一部來歷不清的『大字本』是不能作為《竹書紀年》在元明之際猶存的證據的」。[35] 他特別注意從思想傾向和古籍整理兩個方面分析今本《紀年》，此亦知人論世之旨，別開生面；同時也認為今本《紀年》是重編本，亦即「在搜輯舊文的基礎上加以推演，重加編次，甚至據己意添加材料，使之首尾俱備」而成的本子。邵先生還推測重編者是一位「博覽古書之士」，只是重編者為何人，其成書過程又如何，今已不可詳考；又推論重編者的作偽動機「很可能是為了滿足某種個人願望（補錄原書以充原著），或受某種心態（偽造古書以爭勝炫名）所驅使，因而故意掩其姓名」，「卻並未企圖代聖人立言」。[36]

　　應該說，研究今本《紀年》的首要問題在於確定其成編年代，並且盡可能地弄清其編者。這也是古籍考辨的一般規律和宗旨所在，否則真偽的裁斷便缺少應有的前提和依據。以往各家對這一問題的討論都包含精到的見解，相信集腋成裘，不斷刷新，終會得出逼近歷史真實的結論。因此下述就參考各家研究成果，再鉤稽相關史料，對今本《紀年》的原初纂輯情況和衍傳過程作一綜合的考察。

　　說是「纂輯」，可能不太確切。我們的基本意見是，今本《紀年》是從南宋初年尚見於館閣收藏的一種雜編的本子編訂而來的。這種雜

---

[34] 方詩銘，〈關於王國維的《竹書紀年》兩書〉，收入吳澤主編、袁英光選編，《王國維學術研究論集》（上海：華東師範大學出版社，1987），頁280。
[35] 邵東方，〈《今本竹書紀年》諸問題考論〉，收入邵東方、倪德衛主編，《今本竹書紀年論集》，頁180。
[36] 詳見邵東方，〈從思想傾向和著述體例論《今本竹書紀年》的真偽問題〉，收入氏著，《文獻考釋與歷史探研》，頁1-32。

編的本子原有不少超出《紀年》本文的文字，而今本《紀年》又一併纂入了本文之下；其中有相當一部分本文，也不是古本《紀年》的原文，而是經過了後人的改編和增補。這種改編和增補應該出於唐人，但改補得很不成功，且未有定稿，充其量只能算是半成品。所以現存的本子問題很多，年代錯亂百出，體例亦不整飭。不過它的大部分年代和基本的內容條目還是由所見古本的殘卷撮取而來的，故在古本原件已不可見的情況下，它的資料價值仍不可忽視，並且有可能利用它恢復古本《紀年》原載的年代框架。下面的論證能否解決問題，現在還不敢說，但求能夠提出一些新的思考，把問題的研究引向深入，或對澄清歷來積存的糾紛及減少利用現存《紀年》史料的障礙不為無益。

（二）著錄和流傳情況的再檢討：南宋初年館閣所藏的一種《紀年》文本

關於《竹書紀年》的著錄和流傳情況，前人檢索已周，但現在看來尚有討論和理解上的未盡之處，有必要再作些檢討。

上文已談到，汲冢出土的古本《紀年》到中唐以後即漸無消息。近人大都推測它佚於北宋或者更早，其實《紀年》之書到宋代還是有一種文本保存著的，只不過流通甚少，學者罕見。北宋館閣有無此書，現在還不能斷定，也許館閣本有而《崇文總目》漏錄，或因其書叢脞無雜抑或殘缺過甚而未錄。[37] 至於南宋初館閣尚存此種文本的殘卷，則

---

[37] 著錄北宋慶曆以前館閣藏書的《崇文總目》修成後，學者已批評其「然或相重，亦有可取而誤棄不錄者」（見〔南宋〕李燾《續資治通鑑長編》卷134）。如汲冢出土的《師春》一書，據《玉海》卷47引《中興館閣書目》：「《汲冢師春》一卷。案杜預云：『純集疏《左氏傳》卜筮事。』今雜敘諸國世系及律呂、謚法，末載變卦、雜事。嘉祐中蘇洵編定《六家謚法》，其表謂『采《汲冢師春》』者，即此書所載謚法。」是知其書在嘉祐以前尚有官本（已與汲冢同時出土的《生封》、《大曆》、《梁丘藏》、《易繇陰陽卦》等材料混雜抄集），而《崇文總目》亦未著錄。《紀年》的情況可能與《師春》相仿，皆屬「誤棄不錄」者。

是決無疑義的,《中興館閣書目》的著錄是其明證。章如愚《群書考索》前集卷 16 引《中興館閣書目》云:

> 《竹書》按《隋(書)‧經籍志》:晉太康中,汲郡人發魏襄王冢,得古竹簡書,帝命荀氏勖、和嶠撰次為十五部、八十七卷,多雜怪妄。其《紀年》用夏正,載三代事不及他國,時紀晉、魏事,終哀王,蓋魏之史記也。此本止有第四、第六及雜事三卷下,皆標云「荀氏敘錄」。一紀年,二紀令應,三雜事,悉皆殘缺。《崇文總目》不著錄。[38]

其文又略見於王應麟《玉海》卷 47〈晉竹書紀年〉條注:

> 《崇文目》不著錄。《中興書目》:止有第四、第六及雜事三卷下,皆標云「荀氏敘錄」。一紀年,二紀令應,三雜事,皆殘缺。[39]

此種文本的著錄和流傳,對於弄清汲冢《紀年》的衍傳源流實至關緊要,考察今本《紀年》的來歷亦須以此為關鍵。但《中興館閣書目》的敘釋過於含混,語意不清,故學者亦有不同的理解。趙士煒先生的〈中興館閣書目輯考〉錄有「《紀年》二卷,《雜事》三卷」,[40] 其下「釋題」即為《群書考索》所引文字。這種以《紀年》、《雜事》並列而共作 5 卷的書題,大概是由原目敘釋的「此本止有第四、第六及雜事三

---

[38] 〔南宋〕章如愚,《群書考索》(《四庫全書》第 936 冊)卷 16,頁 225。按:《隋書‧經籍志》所敘汲冢竹書「十五部、八十七卷」之數有誤,說已見前。又,此處引文中的「一紀年,二紀令應,三雜事」十字,《四庫全書》文淵閣本作「一紀年,一紀令應,二雜事」,今改從《玉海》注(見下)。

[39] 〔南宋〕王應麟,《玉海》(清光緒九年浙江書局刊本影印本,南京:江蘇古籍出版社、上海:上海書店,1987)第 2 冊,頁 890。

[40] 趙士煒,〈中興館閣書目輯考〉,收入許逸民、常振國編,《中國歷代書目叢刊(第一輯)》(北京:現代出版社,1987)上冊,頁 386。

卷」一語概括來的,未見妥當。范祥雍先生考求古本《紀年》的亡佚年代,即以趙氏《輯考》為據,又與《宋史・藝文志》著錄《竹書》3卷作比較,因而提出疑問:「第一,二卷(《中興目》)與三卷(《宋志》)之異。若以『此本止有卷二、卷六』解之,則當指『十四卷』《古本》中之二卷,而《宋志》之三卷不知為何卷,亦不知其是否包括卷二、卷六在內或別有殘卷。……其次,《雜事》三卷,不見於晉唐以來舊志,《宋志》亦不載,究屬何書,從其『皆殘缺』一言觀之,當是雜撮《竹書》殘文而名,非原有此題。內容可能有《瑣語》、《師春記》等殘文。或者《雜事》即《束皙傳》的《雜書》殘文。」范先生斷言:「《古本紀年》在宋代有殘缺,沒有全亡。《宋志》和《中興書目》著錄的《竹書紀年》是《古本》,非現行的《今本》。《古本》的全佚,要在宋以後。」[41] 方詩銘先生則認為,對於《中興館閣書目》的著錄,還是理解為一共3卷較為妥當,而不是5卷,即一卷為「紀年」,一卷為「紀令應」,一卷為「雜事」;又說這「是一個雜抄本,不過包括有《紀年》殘文而已,決不是《紀年》原書」,但「全書最少應有六卷,或者六卷以上,很可能就是《通志略》著錄的14卷本」。[42] 這已開始接觸到今本來歷問題的要害了,然以《通志・藝文略》溯其源流,恐怕不夠妥當(詳後)。陳力先生也以為《中興館閣書目》的著錄為3卷。[43]

我們的看法與各家有所不同。為清楚起見,這裡試分幾點作些分析和考求。

其一,《中興館閣書目》所說「此本止有第四、第六及雜事三卷下皆標云『荀氏敘錄』」,應該當作一句讀,意指其書各卷中尚存標題、卷第及標明「荀氏敘錄」四字的只有此3卷,非是說全本僅存此3卷。

---

[41] 范祥雍,〈關於《古本竹書紀年》的亡佚年代〉,頁5-8。
[42] 方詩銘,〈《竹書紀年》古本散佚及今本源流考〉,頁33-34。
[43] 陳力,〈今本《竹書紀年》研究〉,收入邵東方、倪德衛主編,《今本竹書紀年論集》,頁145。

二、今本《竹書紀年》的纂輯和來歷

大約其餘各卷皆已不完，故敘釋的撰寫者僅出此語而不及其他；或者更可能的是，館閣諸臣明知此本乃雜纂而成，非盡是汲冢《紀年》的本文，故特別指出大概只有此 3 卷尚接近於汲冢原本。如果全書僅剩此 3 卷，且每卷皆有殘缺，則根本不能成書，更不必登錄於國家藏書目錄。方詩銘先生說「全書最少應有六卷，或者六卷以上」，應是合理的推測。《中興館閣書目》編製於淳熙四年（1177）十月至次年六月間（秘書監陳騤主持），為當時館閣清理國家藏書的實際簿錄，且其編例亦仿《崇文總目》，於每書皆有敘釋；但因時間匆促，編目者往往並未仔細校閱原書即撰寫敘釋，故致敘釋多誤。[44] 此種《紀年》文本的敘釋當亦大抵如是，撰寫者不過粗加翻檢而綴以一二語而已，是以語焉不詳，莫得要領。

其二，《中興館閣書目》不著其書卷數，大概不但因為館閣藏本已殘而無總卷數可記，而且因為書中雜有汲冢他書及後人添錄的內容，已不是宋人所理解的古本《紀年》舊有的次第。其書總題，可能如《群書考索》所記，原只稱《竹書》而不稱《紀年》。《宋史‧藝文志》著錄「《竹書》三卷」，注云「荀勗、和嶠編」，當是照抄南宋理宗朝所修《中興四朝國史‧藝文志》（成書於 1254 年）而來的，而後者的著錄又據《中興館閣書目》[45]。大約《中興館閣書目》原本並未著錄《竹書》的卷數，只因其敘釋中有「三卷」二字，修志者遂誤以為此本只有 3 卷。陳夢家先生說，《宋志》「混稱《紀年》為竹書，在宋以前並

---

[44] 宋末陳振孫《直齋書錄解題》曾說，《中興館閣數目》著錄書籍雖多，「其間考究疏謬亦不免」；又批評嘉定間編成的《中興館閣續書目》「草率尤甚」。（《四庫全書》第 674 冊，頁 674）但二目所著錄者，基本上是南宋前期新搜訪的圖書，北宋舊本極少，與《崇文總目》的著錄差別極大。

[45] 〔元〕馬端臨，《文獻通考‧經籍考》總序引《中興四朝國史‧藝文志序》：「自紹興至嘉定，承平百載，遺書十出八九，著書立言之士又益眾，往往多充秘府。紹定辛卯（1231）火災，書多闕，今據《（中興館閣）書目》、《續書目》及搜訪所得嘉定以前書，詮校而志之。」馬端臨，《文獻通考》（北京：中華書局，1986）卷 174，頁 1510。《宋史‧藝文志》所錄南宋嘉定以前書籍即據此志，唯已刪除與北宋三種國史的《藝文志》重複的部分。

《竹書紀年》與夏商周年代研究

不如此」。[46] 此以著錄言之當是，以學者的援引言之則不如是。《山海經注》、《春秋啖趙集傳纂例》多只稱《紀年》為《竹書》，《真誥》、《水經注》、《文選注》、《廣弘明集》、《史記正義》、《新唐書・曆志》中亦有如此者。此可由各家所輯古本《紀年》佚文的出處檢查。宋人蓋不甚重視此書，故只用俗稱而名之為《竹書》。

其三，此種《紀年》文本的內容，按《中興館閣書目》的敘釋所說，至少應包括「紀年」、「令應」、「雜事」三部分。所謂「紀年」，應即《紀年》本文，但其中可能只有所說「第四」、「第六」兩卷基本上尚為宋人所知古本《紀年》的原文，其餘則皆已經過後人的改編或增補，故有標或不標「荀氏敘錄」之別。所謂「令應」，蓋猶言美徵、美兆、祥瑞、符瑞，應是集錄帝王符瑞的文字。《呂氏春秋・應同》篇云：「凡帝王者之將興也，天必先見祥乎下民。」高誘注：「祥，徵應也。」[47] 漢人亦習稱之為「符應」，屢見於《史記》、《漢書》。所謂「雜事」，不詳所錄，要亦應與《紀年》有關，大概是以校勘古本、考證和說明《紀年》史事為主的文字。這樣來看，此種《紀年》文本實是一部雜纂之書，已非汲冢原本，但包含了古本《紀年》的一些尚未佚失的內容，而且有一定次第，唯「令應」、「雜事」的部分仍單出附後。古人著述，往往以校勘、考證及補釋等文字單獨成編，此本以「令應」、「雜事」附後，也合乎古人的著述體例。其殘缺程度，亦未必如中興館臣的形容之甚；或者館臣所說的殘缺只是就他們所理解的古本《紀年》本文而言的，而不計後人抄補的內容在內。

其四，此種《紀年》文本不僅見於《中興館閣書目》，而且同時見於尤袤《遂初堂書目》，其目編年類下所錄第一部書即《竹書紀年》。尤袤（1124或1127－1494），字延之，為乾道、淳熙間名臣，而以抄

---

[46] 陳夢家，〈六國紀年表敘〉，頁483。
[47] 〔東漢〕高誘注、〔清〕畢沅校正，《呂氏春秋》（《諸子集成》第6冊，北京：中華書局，1954），頁126。下引《諸子集成》皆為此本。

二、今本《竹書紀年》的纂輯和來歷

書、藏書著稱,[48]而且他曾經多年供職館閣,所藏《竹書紀年》必由館閣所藏抄出。可惜尤目於所錄之書皆不綴卷數,故亦不知所抄《紀年》共有幾卷,但其書決不可能零落到不可閱讀的程度,這是可以斷定的。此外,徐文靖《竹書統箋》卷首上《雜述》引「朱子文集」云:「聞此間有《竹書紀年》,須借讀半年方得。」[49]此語不見於現在通行的朱熹(1130-1200)《晦庵集》及黎靖德等所編《朱子語類》,未詳所出,或為《朱子語類》之佚文;而《晦庵集》卷43〈答林擇之〉則另有明文云:「杜元凱〈左傳後序〉載《汲冢竹書》,乃晉國之史 …… 此間無《竹書》,煩為見拙齋(林之奇)扣之,或有此書,借錄一兩年示及,幸甚幸甚!」[50]這也透露出此種《紀年》文本曾在乾道、淳熙間流傳的消息,[51]並且也可反證此本當不止3卷。南宋紹興年間成編的晁公武《郡齋讀書志》不著錄《紀年》一書,蓋此本唯藏於館閣,初無流傳,故晁氏亦不及見。以此言之,北宋館閣亦未必無此本,可能此本久處塵封之地,直到南宋初年才從少量由北宋館閣繼承下來的故書中被發掘出來。[52]而在《中興館閣書目》及《遂初堂書目》著錄之後,其書流通仍不廣,故宋末陳振孫《直齋書錄解題》及元初馬端臨《文獻通考‧經籍考》也都沒有著錄。這些大抵緣於宋人原就以為《紀年》「多雜怪妄」而不甚重視,以致任其塵封而少有抄傳。

---

[48] 〔南宋〕楊萬里,《誠齋集》(《四庫全書》第1161冊)卷79,〈益齋藏書目序〉:「尤公延之為秘書丞 …… 每退則閉戶謝客,日計手抄若干古書。其子弟亦抄書,不惟延之手抄而已也;其諸女亦抄書,不惟子弟抄書而已也。…… 曰:『吾所抄書,今若干卷,將彙而目之,饑讀之以當肉,寒讀之以當裘,孤寂而讀之以當朋友,幽憂而讀之當金石琴瑟也。』」頁69。

[49] 〔清〕徐文靖,《竹書統箋》(《四庫全書》第303冊),頁56。又見〈《竹書紀年》研究文獻輯刊〉第2冊,頁77。

[50] 〔南宋〕朱熹,《晦庵集》(《四庫全書》第1144冊),頁262。

[51] 〔南宋〕林之奇(1112-1176),字少穎,號拙齋,亦曾供職於館閣,紹興末為校書郎。其卒年當淳熙三年,在《中興館閣書目》纂修的前一年。見《宋史‧儒林傳》本傳。

[52] 北宋國家藏書,幾乎盡亡於靖康之變,南宋紹興初恢復秘書省時,暫借一寺院安置省局,已僅有三間小屋以收藏館閣書籍。見張富祥點校,《南宋館閣錄、續錄》(北京:中華書局,1998),頁9。疑宋本《紀年》即靖康時焚劫之餘。

以上是對《中興館閣書目》的著錄所作的一種重新解釋。也許會有人不同意這樣的解釋，但原目既有敘釋，人們總要提出合理的解說才是，總不能對當時著錄者的話語棄置不顧，更不能忽視所錄文本的源流去向。現在所知宋代尚存的《紀年》文本只此一種，此外全無可徵。這就使人想到，今本《紀年》唯一可能的來源即是此本，否則更無從考求。不過當時館閣藏本已決非是古本《紀年》的原樣，這點是沒有疑問的。下文將論證，此本已對古本《紀年》作了大量的改編和增補，而這種改編和增補又很不成功，從而造成了今本《紀年》的眾多問題和缺陷。要說明這一問題，首先需要聯繫今本《紀年》的內容和義例作些分解，故下面另闢一節別為考證。

（三）內容和義例：今本《紀年》出於南宋初館閣文本的推證

今本《紀年》的內容結構，以文字性質言，大要可分為兩部分：一部分是編年記事的正文；另一部分是正文之外的注釋性文字。傳世文本的編排有一定格式，正文條目皆頂格書寫；注釋性文字則有兩種：一種與正文用同樣的字體低一格書寫；另一種則為小字夾注的形式。所有注釋性文字都類似按語，這裡為簡便起見，稱前一種形式為按語，後一種形式為小注。

今本《紀年》中的按語，據筆者統計，共有 91 條，內容不一。其中有 49 條是說明三代王名的，包括夏王 7 條、商王 30 條、西周王 12 條。夏王名皆出異文，如謂「杼或作帝寧，一曰伯杼」、「芬或曰芬發」、帝廑「一名胤甲」、帝癸「一名桀」等。商殷、西周各王，皆徑書其私名於帝號下，如「殷商成湯」下書「名履」、「帝辛」下書「名受」、「周武王」下書「名發」、「幽王」下書「名涅」等。東周平王至襄王亦用此例，而皆用小注出其私名，頃王以下則未注。這類條目都

較單純。另有 42 條按語，文字多較長，是以補注正文內容為主的，大致可分如下幾類：

（1）注瑞應。這類條目集中於「五帝紀」部分，凡十餘條，幾乎全出於南朝梁沈約所撰《宋書·符瑞志》，並且大都是照抄原文，僅少數幾條有節略。此外則在夏禹、商湯、周武王、周成王十八年條下，亦大段引用《宋書·符瑞志》。全書引《符瑞志》之文達 16 處。

（2）注事實。如帝堯紀年末按語：「帝子丹朱避舜於房陵，舜讓，不克，朱遂封於房，為虞賓。三年，舜即天子之位。」帝禹紀年末按語：「禹薦益於天。七年，禹崩，三年喪畢，天下歸啟。」商王太戊、祖乙、武丁、祖甲紀年之末都有反映各自功業的按語，文丁十一年下又有解釋「文丁殺季歷」之事的按語，等等。此類按語以相關傳說古史者為多。

（3）注人。如帝舜紀年末按語：「義鈞封於商，是謂商鈞。後肓（原文誤作後育），娥皇也。」這類內容在按語中較少，而小注中多見。如夏帝啟十一年「放王季子武觀於西河」注：「武觀即五觀也。」商「開甲」注：「《史記》作沃甲。」「祖甲」注：「《國語》作帝甲。」帝辛元年「命九侯、周侯、邘侯」注：「周侯為西伯昌。」周平王四十年「是為莊伯」注：「自是晉侯在翼，稱翼侯。」類此者多涉及人物名號之異同。

（4）注地。如帝舜紀年末按語：「鳴條有蒼梧之山，帝崩，遂葬焉。今海州。」這類條目亦時見於小注中。如夏帝啟五年「王帥師伐有扈」注：「有扈，在始平鄠縣。」又十一年下注：「觀國，今頓丘衛縣。」商帝辛五十二年下注：「伐殷至邢丘，更名邢丘曰懷。」類此者多涉及地名沿革。

（5）注年。這類按語有總括夏、商、西周積年諸條（詳後）。而注年文字更多的是在東周部分以小注的形式，注出晉、魏君主的元年於

該年所對應的周王年下；東周以上的同類小注，集中於夏代「無王」時期。

今本《紀年》中的小注，據筆者統計，共有93條。其內容如上附帶所說，大抵可與按語互補，只是文字較為簡單，一般僅有一語，極少援引他書。其中有一些是屬於文字校勘的性質，如周穆王十五年「王觀於鹽澤」注：「一作『王幸安邑，觀鹽池』，非是。」桓王二年「至相而還」注：「相一作桐。」惠王十七年「戰於洞澤」注：「洞當作洇。」所謂「一作」者，或是指典籍之異文，或亦指《紀年》的不同抄本或引文；所謂「當作」者，則明顯是與典籍的對校。有關人物異名的注語亦類是。

以上所謂按語和小注，基本上都是不加「按」字的，但其中有8條以「約按」的形式出現（按語中有7條，小注中有1條，後者見商「小庚」注）。舊稱今本《紀年》為「沈約注」者以此，且其書又多引《宋書‧符瑞志》。

現在試就上述結構分析，對今本《紀年》出於南宋初館閣文本的預設作一推論性的比較證明。有關今本正文的糾葛後面再談，這裡側重其注釋性文字的部分。

首先是所謂「沈約注」。清初《四庫全書總目‧竹書紀年》已指出：「所注惟五帝三王最詳，他皆寥寥，而五帝三王皆全抄《宋書‧符瑞志》語，（沈）約不應既著於史，又不易一字移而為此本之注，然則此注亦依託耳。」[53] 所說不悖情理，當亦合乎實際。夷考其實：一是載籍中並未言及沈約曾整理過《紀年》[54]；二是宋以前的著錄書中也從未言及《紀年》有所謂「沈約注」；三是注書有一定的體例，以沈約的博

---

[53] 〔清〕永瑢等，《四庫全書總目》（北京：中華書局，1965），頁418。

[54] 〔明〕方以智，《通雅》（《四庫全書》第857冊）卷31，引《法書苑》：「楚昭王墓在習池北。南齊建元中，盜發塚，得古竹簡，沈約得數篇，示劉繪，曰：『《周禮》逸文也。』」頁611。此為相傳沈約與出土古簡書有關的唯一事例，而今本《紀年》中的「沈約注」亦與此無涉。

二、今本《竹書紀年》的纂輯和來歷

學多識和史家本色，倘若他確實整理過《紀年》，也不至於留下此類不合注例的抄存文字及一鱗半爪的按語，尤其不可能把古本《紀年》弄得面目全非；四是今本所見的 8 條「約按」基本上不涉及瑞應，且有入於小注中者，亦非一時之筆。沈約生平多聚書，可以相信他曾經藏有《紀年》，然以《宋書・符瑞志》之文入於《紀年》殊為不倫，決非史家為之。我們推測今本《紀年》中的這類符瑞文字原在南宋館閣本的「令應」卷中，乃後人撮取《宋書・符瑞志》之文而又有添減的附錄性雜纂，而今本《紀年》的最後整理者又取以散附於其書本文之下，遂成現存的模樣。所謂「約按」，從內容來看，可能原在南宋館閣本的「雜事」卷中，而或闌入了「令應」的部分，今本《紀年》的整理者亦誤以為出於沈約，遂擅加「約按」二字附於各條。宋人本知這類文字非《紀年》原有，故以之與「荀氏敘錄」者相區別。後人不審，取附本文，則魚目混珠之嫌，又較之明方以智《通雅》卷 31 所說的以「《瑣語》亂《竹書》」者更甚。

　　南宋館閣本的「雜事」部分，大概原為傳世《紀年》文本的校釋考證文字的結集。其文很可能主要取自《竹書同異》及續咸的《汲冢古文釋》，而也有後人的添加。今本《紀年》中的大部分按語及全部小注都屬這類內容。其中凡是涉及事實、人名、地名同異及補釋的條目，當大都出自晉人，也是由宋本的「雜事」部分散附而來的；而大量干支紀年注語及周年與晉、魏年對應的注語，則為後來改編和增補《紀年》者隨文添注。小注的內容性質與按語並無明顯區別，不能僅憑字體判斷其為文的早晚。如商王「小庚」、「開甲」、「馮辛」名號下都有小注，分別指出《史記》作「太庚」、「沃甲」、「廩辛」；「文丁」名號下又夾注「《史記》作大丁，非」。這類小注應為《竹書同異》所原有。又如「有扈」、「觀國」、「洞澤」等地名下的小注，都見於《左傳》杜注，很可能杜預在注釋《紀年》時亦引之，其後並被編入了《竹書同異》。而周桓王二年文下注「相」地一作「桐」，當是根據《水經・洡

水注》所引《紀年》的「桐庭」之文而出的校語，則此注應出於北魏酈道元之後。周釐王四年「晉猶不與齊桓公之盟」下又引「《左傳》注」云：「晉侯緡是年滅。」王國維先生的《疏證》已指出：「杜注無是語，（孔）疏約言之。」[55] 則此注乃出於唐初孔穎達之後。這些又都可反證宋本的「雜事」部分原是雜集前人的考釋文字的，故已不用《竹書同異》的篇題。補注事實的按語和小注亦先後不一。如商王文丁十一年「王殺季歷」下有按語云：「王嘉季歷之功，錫之圭瓚、秬鬯，九命為伯。既而執諸塞庫，季歷困而死，因謂文丁殺季歷。」此文或本為晉人的校釋語。而其下又有小注云：「執王季於塞庫，羈文王於玉門，鬱尼之情，辭以作歌，其傳久矣。」注中「其傳」以上二十字見於《北堂書鈔》卷3，可能即由《北堂書鈔》抄出。所謂「鬱尼之辭」，見於陳沙門智匠所撰《古今樂錄》（《太平御覽》卷571引），而庾信《庾子山集》卷13〈周上柱國齊王憲神道碑〉又有「執箕子於塞庫（箕子疑季歷之誤），羈文王於玉門」之語，則此注語亦不能出於南北朝末造之前，而更有可能是出於唐人的轉錄。

　　從文本流傳和著錄內容上推校，我們以為今本《紀年》來源於南宋館閣存本是不成問題的。但這並非是說，此本即為宋人所造作。事實上，今本《紀年》由注釋性文字造成的問題還輕，由改編和增補古本所造成的問題卻重之又重。這種改編和增補應該在宋以前已經發生，因為宋人對古本《紀年》已不甚了了，則更無由憑空造作，所以宋本所存錄的不過是既有的資料而已。要說明這種改編和增補，非三言兩語所能濟事，故下面試就今本《紀年》的各個部分作些概要的檢視和分析。在這項工作完成之後，才有可能對今本《紀年》的來歷問題作出總的評估。

---

[55] 方詩銘、王修齡，《輯證》附錄本，頁269。

二、今本《竹書紀年》的纂輯和來歷

（四）今本《紀年》對古本的改編和增補（上）：「五帝」紀部分

前已論及，古本《紀年》中應有「五帝」內容，後人因荀勖復述和嶠之言所引起的爭議可能只是一個假問題。不過汲冢原本的這一部分，估計斷編殘簡，條目所剩無幾，內容不可能像今本所存錄的這樣多。

今本《紀年》的「五帝」部分，包括「黃帝軒轅氏」、「帝摯少昊氏」、「帝顓頊高陽氏」、「帝嚳高辛氏」、「帝堯陶唐氏」、「帝舜有虞氏」，除「帝摯少昊氏」之下僅有雜湊的按語而無正文外，其餘「五帝」共有正文六十餘條，而尤詳於堯、舜。現存古本佚文，若依方詩銘、王修齡先生《輯證》所附的「五帝紀」，則總共只有9目。這9目文字的主要內容如下（下引括注「並見」者文多不同）：

(1) 昌意降居若水，產帝乾荒。(《山海經・海內經》注引《竹書》)
(2) 黃帝仙去，其臣有左徹者，削木作黃帝之像，帥諸侯奉之。(《意林》卷4錄《抱朴子》引《汲冢書》，並見《太平御覽》卷79、396)
(3) 顓頊產伯鯀，是維若陽，居天穆之陽。(《山海經・大荒西經》注引《竹書》)
(4) 堯元年景（丙）子。(《隋書・律曆志》引《竹書紀年》)
(5) 昔堯德衰，為舜所囚也。(《史記・五帝本紀》正義錄《括地志》引《竹書》，並見《廣弘明集》卷1、《史通・疑古》)
(6) 舜囚堯，複偃塞丹朱，使不與父相見也。(《史記・五帝本紀》正義錄《括地志》引《竹書》)
(7) 後稷放帝子丹朱于丹水。(《史記・高祖本紀》正義錄《括地志》引《汲冢紀年》，並見《山海經・海內南經》注、《史記・五帝本紀》正義)

(8) 命咎陶作刑。(《北堂書鈔》卷 17 引《紀年》)

(9) 三苗將亡，天雨血，夏有冰，地坼及泉，青龍生於廟，日夜出，晝日不出。(《通鑒外紀》卷 1 引《汲冢紀年》)

這 9 目文字中，有 5 目見於今本《紀年》，而 (5)(6)(7)(9) 四目今本不見。或疑 (5)(6)(7) 三目載籍皆稱原出《竹書》，並非《紀年》之文。如陳夢家先生說：「《史通・疑古篇》『案《瑣語》云，舜放堯於平陽』，與《海內南經》『《竹書》亦曰，後稷放帝朱於丹水』同例，疑後者亦出《瑣語》。乃《史記・五帝本紀》及〈高祖本紀〉正義引『汲冢《紀年》云，後稷放帝子丹朱於丹水』則誤，《路史・後紀》十注引作《竹書》則不誤。」[56] 又 (9) 目之文，《通鑒外紀》卷 1 下原引作《隨巢子》、《汲冢紀年》云云，且又大致見於《墨子・非攻下》，或為前人校釋古本《紀年》的引語（如今本中的按語），亦未必是古本《紀年》的本文。見於今本《紀年》的諸目也有出於按語者，如 (2) 目即見於黃帝紀之末的按語：「帝王之崩皆曰陟。《書》稱『新陟王』，謂新崩也。帝以土德王，應地裂而陟。葬，群臣有左徹者，感思帝德，取衣冠几杖而廟饗之，諸侯大夫歲時朝焉。」宋以前人引《紀年》，往往不分《紀年》本文或注釋語。如此處「帝王之崩皆曰陟」七字，韓愈《昌黎文集》卷 31〈黃陵廟碑〉引之，亦稱出於《紀年》，而實為晉人概括《紀年》的體例之語。是則黃帝臣左徹的故事，《抱朴子》雖稱引自《汲冢書》，而在《紀年》中本為按語，非是本文，且此按語很可能原本於晉初張華的《博物志》。[57] 如此，則現在還能看到的可能出於古本《紀年》的「五帝」佚文就寥寥無幾了。

---

[56] 陳夢家，〈汲冢竹書考〉，頁 611。

[57] 左徹故事不見於今本《抱朴子》。〔晉〕張華，《博物志》(《四庫全書》第 1047 冊) 卷 8，〈史補〉云：「黃帝登仙，其臣左徹者削木象黃帝，帥諸侯以祭之。七年不還，左徹乃立顓頊。左徹亦仙去也。」頁 602。《太平御覽》(《四庫全書》第 893 冊) 卷 79，引《博物志》，又有「黃帝仙去，其臣思戀罔極，或刻木立像而朝之，或取其衣冠而葬之，或立廟而四時祠之」等語，頁 756。

二、今本《竹書紀年》的纂輯和來歷

戰國時代所傳的「五帝」系統，從《國語・魯語上》、《呂氏春秋・尊師》、《管子・封禪》、《禮記・祭法》、《大戴禮記・五帝德》及〈帝系〉、《史記・五帝本紀》等篇來看，大抵是指黃帝、顓頊、帝嚳、堯、舜。在黃帝與顓頊之間加入少昊，就目前所知，還僅見於《漢書・律曆志》所存錄的《世經》。今本《紀年》的「五帝」部分有「帝摯少昊氏」，可能即是由《世經》的編排而來的，而非古本《紀年》所原有，且今本此目下亦無正文。

　　綜觀今本《紀年》的「五帝」文字，我們以為這一部分必為後人增補無疑。以古史文例並參古本佚文考之，今本所載的下列內容或為古本所原有：（1）黃帝軒轅氏「居有熊」，「初制冕服」，「以雲紀官」；「昌意降居若水，產帝乾荒」（相傳黃帝妻嫘祖，產青陽及昌意）；「一百年，地裂，帝陟」。（2）帝顓頊高陽氏「居濮」，「初作曆象」，「作《承雲》之樂」；「帝產伯鯀，居天穆之陽」；「帝陟，術器作亂，辛侯滅之」。（3）帝嚳高辛氏「居亳」；「錫唐侯命」。（4）帝堯陶唐氏「居冀」，「命羲和曆象」；「帝使后稷放帝子朱於丹水」；「黜崇伯鯀」……「一百年，帝陟於陶」。（5）帝舜有虞氏「居冀」，「作大韶之樂」，「命咎陶作刑」……「居於鳴條」，「五十年陟」。這些都是起源很早的傳說，而其他條目或亦有如此類者，但不會太多。所以我們懷疑古本《紀年》所記的「五帝」事跡原皆為括述，或偶附傳說的古帝王在位年數，初未有編年。大約在其文殘缺之後，增補者乃援據古籍，添加條目，又納入《紀年》所本有以及汲冢他書所見的相關材料，而仿照夏、商、周諸紀的體例，一一為之編年。假如汲冢《紀年》原本的這一部分確有如此具體的編年，則當初整理諸人不應全無提及者，後來諸書的徵引亦不應全不見具體編年的痕跡。和嶠雖云《紀年》起自黃帝，亦未說到這一部分與夏、商、周諸紀同例。

　　今本《紀年》中的「五帝」內容，從王國維先生的《疏證》來看，除個別條目外，大致皆見於唐以前古籍，其中尤以見於《尚書》、《尚

書大傳》、《逸周書》、《大戴禮》、《左傳》、《史記・五帝本紀》等書篇中者為多；見於唐人的著作者，則涉及《隋書》、《史通》、《括地志》、《廣弘明集》、《開元占經》及《北堂書鈔》、《藝文類聚》等。以此言之，這一部分的增補當在中唐以前。中唐以後諸書，如《意林》、《韓昌黎集》及《太平御覽》、《通鑒外紀》、《路史》等，凡偶而涉及今本《紀年》的「五帝」內容者，實皆由唐以前古籍轉引，不能以此作為今本「五帝」部分出於中唐以後的根據。可與此對證之例，莫如今本堯「元年丙子」條與舜紀末附注的蒼梧之山在「今海州」之語。此「丙子」之年始見於《隋書・律曆志》，幾乎可以肯定是唐初天文曆算家根據當時的曆譜推校出來的；[58]「今海州」之語，亦大似唐人口氣。[59] 這些都使人懷疑今本《紀年》「五帝紀」的增補很可能在唐前期，甚至有可能在唐以前。

　　不過有一點還是不無疑問的，就是此種增補如果僅僅是捃摭群書而成，那麼增補者自為編年亦非易事。所以我們推測它更有可能是依據晉唐間某種古史紀年著作的「五帝」部分，又抄合汲冢竹書殘存的相關材料而來的，而今本《紀年》的纂輯者即以此補入了《紀年》。此亦有如唐人所稱的「汲冢周書」實為《逸周書》與汲冢竹書材料的合

---

[58] 今本《紀年》載堯在位一百年，舜在位五十年，而舜、禹又分別為堯、舜服喪三年後始即位，是禹之元年上距堯之元年共有 156 年。禹之元年，今本《紀年》作壬子，由壬子上推 156 年，則正為丙子年。今本《紀年》中的夏、商干支紀年，皆基於周武王始伐紂之年為庚寅年的預設，而此年在現存文獻中始見於《新唐書・曆志》所引的唐一行《大衍曆議》，故堯之「元年丙子」亦合於《大衍曆》。朱右曾《汲冢紀年存真》疑「丙子」二字為「荀勖、和嶠等所增」，無據，各家所輯古本《紀年》佚文亦全未有干支年（唯或以此丙子、庚寅年入之）。

[59] 王國維先生《疏證》云：「案《隋書・地理志》：『東海郡，梁置南、北二青州，東魏改為海州。』此附注如出沈約，不當有『今海州』語。考《困學紀聞》五云：『蒼梧山在海州界。』此作偽者所本。」方詩銘、王修齡，《輯證》附錄本，頁 211。按：王應麟所考係據北宋所修《九域志》，今《元豐九域志》卷 5 載海州東海縣「有蒼梧山、捍海堰」，則蒼梧山在海州之說不始於王應麟。《太平寰宇記》卷 22「東海縣」云：「蒼梧山在縣東北二里。古老相傳，此元在海中，後飛至此。」又云：「東捍海堰在縣東北三里，西南接蒼梧山。」是為《元豐九域志》所本，而《寰宇記》又當本於唐人所記。

二、今本《竹書紀年》的纂輯和來歷

抄本,並非是汲冢《周書》的原本。[60] 以古籍衍傳規律推之,今本「五帝紀」的抄合當在前,纂輯當在後;其中連篇累牘地附錄《宋書‧符瑞志》之文,當是纂輯者所為,意在疏通前此抄合的「五帝」傳說事蹟,而《宋書》正是唐初未重修的少數幾部前代正史之一。至於此種合抄的「五帝紀」所依據的紀年著作究竟是哪一部或哪幾部書,現在已無法查對,而以今本《紀年》所記的「五帝」年數與《通鑑外紀》相對照,仍可推測其編年可能出自《帝王世紀》的系統。[61] 這一系統的書籍,年代材料來源極雜,而大抵出於漢晉之際以前,其晚出者亦不能晚於唐。

(五) 今本《紀年》對古本的改編和增補(中): 夏、商、周紀部分

近世輯錄古本《紀年》佚文,於夏、商、西周部分一般分別冠以「夏紀」、「殷紀」、「周紀」之名,但這只是變通的篇目,古本原未有這樣明確的分篇標題。今本《紀年》的夏代部分始於「帝禹夏后氏」,其稱謂方式尚同於「五帝」,而以禹紀的標目兼作夏紀的標目,其下則

---

[60] 陳夢家〈汲冢竹書考〉:「其書(汲冢《周書》)亡於唐世,唐以後遂誤以《漢書‧藝文志》七十一篇之《周書》為「汲冢《周書》」。案七十一篇之《周書》,晉五經博士孔晁作注,《舊唐書‧經籍志》有『《周書》八卷,孔晁注』,不云出自汲冢。《新唐書‧藝文志》有『《汲冢周書》十卷』,又有『孔晁注《周書》八卷』,則孔注八卷本《周書》非十卷汲冢《周書》。唐人引《周書》無汲冢之稱。至宋世汲冢《周書》既亡,乃以七十一篇之《周書》冒充,析八卷為十卷以符合之。《宋史‧藝文志》:『《汲冢周書》十卷,晉太康中於汲郡得之,孔晁注。』此以孔晁注本改為十卷以冒汲冢書之名。然《玉海》卷三七有『孔晁注,或稱十卷,或稱八卷』。《文獻通考》引李燾曰:『孔晁注,或稱十卷,或稱八卷,大抵不殊。』可見八卷初分為十卷並行,而內容不異也。李燾謂孔晁注之《周書》『繫之汲冢,失其本矣』。」見氏著,《尚書通論》附《外二種》,頁 611-612。

[61] 今本《紀年》所記的「五帝」年數,凡黃帝 100 年、顓頊 78 年、帝嚳 63 年、堯 100 年、舜 50 年;《通鑑外紀》所采皆與此同,唯又記黃帝或云 110 年、帝嚳或云 75 年。不過《外紀》的紀年大抵出自《帝王世紀》的系統,而非是依據《紀年》,其所記夏、商、周諸王的在位年數,皆與《紀年》大不相同。這點本書後面各部分還將陸續言及。

分別以「帝啟」以至「帝癸（桀）」為標目；商代部分始於「殷商成湯」，西周部分始於「周武王」，也都以湯、武紀的標目兼作商、周紀的標目，其下則分別以典籍習見的商、周王號為標目。這也應是古本《紀年》的標目形式。各代轉換之際的紀年也是前後王並用的，如夏末以帝癸的紀年與商湯的紀年並用，商末以文丁、帝乙、帝辛的紀年與周文王、武王的紀年並用，所以今本的殷商部分始於成湯十八年（滅夏之次年），西周部分始於武王十二年（當作十三年，即滅商之次年），古本亦應如此。

　　古本《紀年》夏代部分的佚文，見於《輯證》所錄者凡34目，其中僅有「益干啟位，啟殺之」、「不窋之晜孫」及「夏桀末年，社坼裂，其年為湯所放」3目為今本所無，可見今本的這一部分保存了較多的古本內容。今本不見的3目，後兩目或本為汲冢《竹書》或《紀年》的注釋語而為載籍所泛引者；前一目則明為《晉書・束皙傳》所述見於古本《紀年》而與「經傳大異」者，當為傳抄或改編者故意刪去，而又易之以「二年，費侯伯益出就國」、「六年，伯益薨，祠之」云云。整理古籍而易其本文，此為學術大忌，然亦可見古本《紀年》之亡誠導源於所記某些重要史實與傳統儒家觀念不合。僅從史實上看，今本《紀年》的這一部分，以有關夏人與「九夷」關係的記錄最為可信，從中可以考見傳說的夏代初年夷、夏勢力的消長情況。對於古本的變動和增補，則除有關「益干啟位，啟殺之」的記載被完全改寫外，較為明顯的改編內容還可舉出如下各項：（1）仲康紀年載：「五年秋九月庚戌朔，日有食之。命胤侯帥師征羲和。」此據傳世本《尚書・胤征》而成文，然「庚戌朔」的日干支僅見於《新唐書・曆志》所載的《大衍曆・日度議》，無疑由《大衍曆》推出。（2）所謂「無王」階段（即「夷夏交爭」時期）的記錄，大致據《左傳》襄公四年、哀公元年所載擇要立目，又各為編年；而「少康自綸歸於夏邑」條後又有大段按語，仍雜取《左傳》及《楚辭》中有關少康身世的記載連綴成

二、今本《竹書紀年》的纂輯和來歷

文,以為正文條目的補充說明。(3)夏末孔甲紀年內有關「使劉累豢龍」及「作東音」各條,實據《左傳》昭公二十九年及《呂氏春秋·音初》篇的記載隱括立目,其下又有按語詳之。(4)帝癸的紀年,因多編入了商湯伐桀以前的事蹟,故條目較多,顯得蕪雜,不類早期編年史的體例,當亦多有增補。相比之下,「商紀」開篇的成湯編年內反無可述,如湯十九年至二十四年連續 6 年幾乎僅書「大旱」二字,乏辭之極,或有脫簡。

今本《紀年》的商代部分,在全書文字中最稱簡淨,其文例尤「大似《春秋經》」,應該基本上還是古本《紀年》的原文,即有改動當亦不多。可見其改動較少的證據如:(1)諸王名號,如小庚、開甲、馮辛、文丁,即是《史記·殷本紀》所記的太庚、沃甲、廩辛、太丁,而用字皆不同,應出於更早的典籍。「小庚」或是「大庚」之訛,甲骨文作大庚;「開甲」當本於《世本》,《史記》索隱引《世本》作開甲;「馮辛」與《漢書·古今人表》同,疑亦為《世本》異文;「文丁」則與卜辭「文武丁」相合。又廩辛之弟「庚丁」實為「康丁」之誤,商王無以兩日名相配為號者,甲骨文亦作康丁,而載籍皆訛作「庚丁」。(2)諸王名號下皆載有各自的私名(即後世所稱姓名之名),有的還可與甲骨文相對照,當亦出於古本,非後人所能添加。(3)《晉書·束皙傳》括述古本《紀年》記載「太甲殺伊尹」、「文丁殺季歷」。今本於前者載太甲元年「伊尹放太甲於桐,乃自立」、「七年,王潛出自桐,殺伊尹」云云,於後者載「王殺季歷」,皆未改古本。又太甲元年下引「約按」:「伊尹自立,蓋誤以攝政為真爾。」七年下又引「約按」:「此文與前後不類,蓋後世所益。」此類「約按」是以後世儒家的觀點衡量古本的記載,均未可從,然以疑辭存舊文,尚大不同於今本「五帝紀」、「夏紀」部分的逕自刪除古本「舜囚堯」、「啟殺益」之類。(4)以祖乙為「中宗」,史籍無徵,唯近世出土的卜辭可證,是亦為今本忠實保存古本舊文之一例。(5)其有異文者,如陽甲「西征丹

山戎」，祖甲「征西戎」，按《山海經・大荒北經》注引《竹書》，或本為一事而兩歧，當亦承舊記而來。（5）今本記商代王年，不像夏代紀年那樣，均用喪畢即位之說，這也為後人的利用和考求減少了不少麻煩。這些還都是顯而易見的例子，若仔細考證，當可發現今本繼承古本的更多事例。總起來看，大概唐以前古本的商代部分較少散佚，故今本整理者亦少有添加。《輯證》「殷紀」所錄的古本佚文凡 40 目，幾乎皆見於今本，唯「帝辛受時，天大曀」一語不見，或是今本脫去。不過今本《紀年》的帝辛部分，因與周文王、武王的事蹟並記，條目內容也顯得繁雜，可能有後人的增補。如帝辛「三十二年，五星聚於房」一條，當是極晚出的文字，便不可能見於古本《紀年》（詳本書附錄一）。

　　《紀年》的西周部分，今本和古本差別甚大，問題亦多。首先是傳世古本的這一部分殘缺嚴重。《輯證》所錄的「周紀」佚文凡 44 目，其中與今本所記全無關係者，只有「秦無曆數，周世陪臣」一目（此目亦《廣弘明集》隱括《紀年》之語，非是《紀年》本文）；然而在這 44 目當中，成王、共王時事竟無一字存留，懿王時事僅存一目，孝王時事亦在有無之間，[62] 其餘各王的條目亦有限。合起來看，這些佚文的總目數不足今本所載的六分之一（今本共有 280 餘條），估計今本所載的大部分條目當出於後人的補撰。相比較而言，今本成王的紀年多達 60 餘條，大約因古本全佚而皆出於後補；康王、昭王各有 10 餘條，亦有增補；穆王 36 條，增補較多；共、懿、孝、夷諸王皆不超過 10 條，應大致保存了舊文，特別是夷王的紀年，今本載有 7 事，尚有 5 事見於古本佚文；厲王 27 條，事實不足，故有 7 條僅記諸侯薨卒，5 條僅記「大旱」；宣王近 60 條，幽王約半之，可能亦有增補。古本西周部

---

[62] 朱右曾《汲冢紀年存真》及王國維《輯校》尚有「孝王七年冬，大雨雹，牛馬死，江、漢俱凍」一條，見於《太平御覽》（《四庫全書》第 900 冊）卷 878 所引「史記」，頁 706。而《輯證》未收，入於《存疑》。

二、今本《竹書紀年》的纂輯和來歷

分的殘缺,可能在古本出土時已然,蓋因簡編損毀所致,未必皆為後來失去。

　　本節以上所說,還僅是就今本《紀年》的三代記事粗略檢查並與現存古本佚文對照所得的大體印象。而今本《紀年》對古本三代部分的改編,更嚴重的問題還在於三代王年某些部分的重新編排。其中夏王年採取了新王為故王服喪畢始即位之說,此決非古本《紀年》所應有的舊例,從中可顯見改編古本的痕跡;而所設各王的服喪期又不一致,由此導致夏積年及王年問題上的諸多混亂。商王年可能變動較少,而所述古本「湯滅夏以至於受二十九王,用歲四百九十六年」之文亦有誤,與《紀年》實載的商王與商積年之數皆不相合。西周王年是更成問題的,由今本纂輯者所加的按語即可知道,所記西周王年都是經過重新編排的,以致突破了古本《紀年》原載的西周年代框架,造成了一系列古史年代學上的錯誤。因筆者本書的寫作重點在考察《紀年》中的夏、商、西周年代,故相關問題一併留待後面各部分再詳談,這裡權且從略。

（六）今本《紀年》對古本的改編和增補（下）：晉、魏紀部分

　　《紀年》的東周部分,今本與古本的最大不同之處,在於紀年體制的改變。古本大致自西周亡而接記晉事,晉亡又接記魏事,於晉、魏事皆用各自的紀年,不用周王室紀年。今本為求與三代王事的紀年體例一致,乃統改用王室紀年,遂因此而引起許多問題。這裡不妨但就條目較少的周景王紀年略為引述,以見其問題之所在。今本景王紀年內有如下各條:

　　（1）元年丁巳。

(2)十三年春,有星出婺女。
(3)十月,晉平公卒。
(4)十四年。(原注:庚午,晉昭公元年。)
(5)河水赤於龍門三里。
(6)十九年,晉昭公卒。
(7)冬十二月,桃杏華。
(8)二十年。(原注:丙子,晉頃公元年。)
(9)二十五年,晉頃公平王室亂,立敬王。

僅從這幾條文字,就可見《紀年》經過改編後,即使內容未變,也已發生不少弊端。

首先是紀年的名實關係問題。古本《紀年》本為魏國的史書,雖具有通史的性質,而東周部分仍以記晉、魏事為主,猶之《春秋》以記魯國事為主。今本改以周王紀年,則從體制上說,已似是王朝史,既有失諸侯國史的本意,也使原書所取的材料大受限制。如上列9條,有事實內容者實僅6條,而皆為晉史的記錄,非是王朝史的條目。最後一條雖關乎王室變亂,而晉史記之如此,王朝史記之則又當別觀,事同而意不同。古本的「晉紀」和「魏紀」本與夏、商、西周諸紀不同例,今本既統以周王為綱,而又非是系統記錄王朝史事,是有王朝史之名而無其實。

其次是由變更紀年體制而引起的文字上的問題。這有多種情況,而既要變更紀年,則記事條目中就必不可免地會增加和改換一些文字。如上列(1)條,僅記景王元年,並無內容,按古本原載是不須有的,今本改以周王紀年則必須加書。[63](4)、(8)兩條,則是改換晉公的元年為王年,王年的出現屬增文,原本正文反移為夾註。又諸條中的「晉」字,因古本以晉公繫年,原也不必有,而今本亦非加不可。此外,各

---

[63] 今本平王名號下有按語云:「自東遷以後始紀晉事,王即位皆不書。」此當是荀、和等整理古本時所加的按語。今本仍存此按語,而又補書各王元年。

二、今本《竹書紀年》的纂輯和來歷

王紀年末的「王陟」條也未必為古本所盡有，當多半是套用西周諸王以上的紀年文例而增入的。這類增改似乎無關大體，然有悖於整理古籍保持原貌的基本原則，且晉、魏部分皆如此，行文就較古本繁重得多。與此相反的是，有些文字不改，則與周王紀年相撞。如定王十八年「齊國佐來獻玉磬、紀公之甗」條，見於杜預〈左傳後序〉，自是古本原文；其事則見於《左傳》成公二年，乃齊人因晉師入侵齊邑而賂晉。今本照錄不改，貌似忠實於原文，然古本原繫於晉景公十一年，今本則刪去晉年正文，改繫於定王十八年，若依周王紀年理解，其事即成齊人貢獻金玉於王室。尤其「魏紀」部分的記事往往不加「魏」字，且多「我師」、伐我」等詞，與周王紀年相去更遠。這類文字上的問題，在今本《紀年》中不一而足，甚有害於所存舊文的價值。

其三，要說到更容易失誤的一點，即周王紀年與晉、魏紀年的換算問題。這點主要涉及古曆的歲首即建正問題。古本《紀年》原「皆用夏正建寅之月為歲首」，杜預〈左傳後序〉已明出此言；唐初古本《紀年》尚存，學者亦已熟知於此[64]。然今本在改晉、魏紀年為周王紀

---

[64] 前已引及劉知幾《史通・模擬》篇云「春秋諸國，皆用夏正」，並自注云「考《竹書紀年》始達此義」。又《史記・田世家》，司馬貞索隱云：「《紀年》：宣公五十一年，公孫會以廩丘叛於趙。十二月，宣公薨，於周正為明年二月。」頁223。此則特別提示《紀年》用夏正，不可混同於周正。一般地說，周正建子，以冬至所在之月（今農曆十一月）為歲首；殷正建丑，夏正建寅，歲首相繼延後一月（即今農曆十二月、正月）。不過上古曆法的形成和發展過程甚為複雜，夏、商、西周不盡用陰陽合曆，且同一朝代亦不盡建寅、建丑或建子。

附按：司馬貞援引的《紀年》「公孫會以廩丘叛於趙」事，《水經・瓠子水注》詳引之，自「田悼子卒」至「田布敗逋」云云，共48字，繫於晉烈公十一年，即周威烈王二十一年、齊宣公五十一年。今本《紀年》尚存此條，其文與《水經注》所引同（僅末句「田布」作「田師」），而置於周威烈王十七年下，另起一行，頂格書寫。疑今本整理者所見《紀年》之本，此條已佚去繫年，遂誤抄於威烈王十七年下。司馬貞索隱又云：「按《紀年》：齊宣公〔四〕十五年，田莊子卒；明年，立田悼子；卒，乃次立田和。是莊子後有悼子，蓋立年無幾，所以作《系（世）本》及記史者不得錄也。而莊周及鬼谷子亦云田成子殺齊君，十二代而有齊國。今據《系（世）本》、《系（世）家》，自成子至王建之滅唯只十代；若如《紀年》，則（有）悼子及侯剡，即有十二代，乃與《莊子》、《鬼谷》說同。明《紀年》亦非妄。」如所引，則古本《紀年》原又有田莊子卒、田悼子立及田和立諸條，而今本皆無。古本「田悼子卒」條後，大約又以「十二月，宣公薨」單為一條，今本亦不存。

《竹書紀年》與夏商周年代研究

年後，凡涉及月份的條目仍皆承古本原文，則不免與周王紀年不符。如上列（7）景王十九年「冬十二月，桃杏華」條，古本原繫於「〔晉〕昭公六年十二月」（《太平御覽》卷968引），為夏正之年末；今本既改用周王紀年，則按周正即應改繫於景王二十年二月。又如貞定王「四年十一月，於越子句踐卒」條，古本原繫於「晉出公十年十一月」（《史記·越王句踐世家》索隱引），今本改繫於貞定王紀年下而不改月份，則是以夏正的十一月為周正的十一月。惠王「二十五年春正月，狄人伐晉」條，亦等同於古本的「晉獻公二十五年正月」（《水經·涑水注》引），屬於同樣的問題。再如顯王「四年夏四月甲寅，徙邦於大梁」條，古本原繫於「梁惠成王六年四月甲寅」，今本既不按周正改月份，又不於「徙」上加「魏」字，文例尤舛於周王紀年。是否周人全用周正，還有待仔細查考，但這是另外一個問題。此外，古本《紀年》還有個別條目，尚存日干支而失去月份，如顯王「二十二年壬寅，孫何侵楚，入三戶郛」條，「壬寅」為日而非年，可由今本所推排的顯王元年為癸丑年知之；《水經·丹水注》引「壬寅」以下十字全同，然不云何年（或誤以壬寅為年），可見古本已並年、月皆佚去，今本繫於顯王二十二年亦可疑。其誤以晉年為王年者，如平王「二十一年，晉文侯殺王子余臣於攜」條，實當繫於晉文侯二十一年，即周平王十一年；然《左傳》昭公二十六年孔穎達疏引《紀年》，亦只謂「二十一年，攜王為晉文侯所殺」，或古本已誤以為平王二十一年。今本中也有用周正的條目，如平王紀年末載：「五十一年春二月乙巳，日有食之。三月庚戌，王陟。」桓王紀年末載：「二十三年三月乙未，王陟。」此類皆照抄《春秋》而增入，唯改「崩」字為「陟」。

改晉、魏紀年為周王紀年不始於今本。陳夢家先生已指出，東晉干寶《搜神記》卷6所述，可知其出於古本《紀年》的幾條材料已如是：

（1）周隱王二年四月，齊地暴長，長丈余，高一尺五寸。（《太

平御覽》卷880引《紀年》略同,唯無「四月」、「五寸」四字)

(2)周哀王八年,鄭有一婦人生四十子,其二十人為人,二十人死。(《開元占經》卷113引《紀年》作晉定公二十五年)

(3)周烈王六年,林碧陽君之御人產二龍。(《開元占經》卷113引《紀年》作今王四年)

這幾條材料,(1)見於今本《紀年》(繫年亦合),(2)、(3)不見。照陳先生所說,後二條改周年並誤:「據《史記》年表,晉定公二十五年當周敬王三十三年、魯哀公八年,魏哀王四年當周慎靚王六年。」[65] 然後來載籍引古本《紀年》者,晉、魏部分罕見有周王繫年。這裡特別值得注意的是「隱王」之稱。今本有小注云:「《史記》作赧王,名延,蓋赧、隱聲相近。」學者或說古本《紀年》不會有「隱王」之稱,[66] 但《搜神記》及《御覽》皆引此稱,後者又並非轉錄自前者,則此稱必出於古本《紀年》無疑,後人實無由造作此種絕無僅有的西周王號,且亦不會出於抄誤。依此而言,我們懷疑古本《紀年》在晉、魏君主的元年之下,原都是附注周王年的。此種附注可能為晉初整理者所加,而也可能為古本正文所原有的並書文字,因為晉人亦不知曾有「隱王」之稱。[67] 誠如是,則今本改晉、魏紀年為周王紀年亦非無來歷,只不過顛倒其次序,將以周王紀年注晉、魏紀年,調換為以晉、魏紀年注周王紀年。此一調換,問題多多,然王年與晉、魏年的對應仍基

---

[65] 陳夢家,〈六國紀年表敘〉,頁480。
[66] 范祥雍,〈關於《古本竹書紀年》的亡佚年代〉,頁13。
[67] 《搜神記》引《紀年》所見的周王紀年,可能即是由這種附注而來的。邵東方先生認為現存本《搜神記》已非晉時原書,是明人胡應麟從唐宋類書中綴輯出來的,所以書中的周王紀年不可能是干寶所加(見〈《今本竹書紀年》諸問題考論〉,頁185)。這點還需要研究。北宋以前載籍所引《紀年》之文,大抵出自汲冢整理本,晉、魏部分仍皆從其正文用二國紀年。若說現存《搜神記》中的周王紀年為類書纂輯者或胡應麟所加,似乎亦不太可能。

本上遵從所知古本，並非另排一份年表，是以周與晉、魏對應之年多與《史記》年表有異。今本記事的繫年多有誤，或與歷史實際有距離，這也是另一問題。事實上，古史年代從未有各家都一致的定譜，即古本《紀年》亦如此，故又不得專以今古言之，是古而非今。

今本《紀年》的晉、魏部分，就內容而言，大概缺略較多。《輯證》所錄的古本佚文，「晉紀」凡 81 目，今本所缺的有 27 目；「魏紀」凡 131 目，今本所缺的有 44 目。僅與現在所知的古本佚文比較，二者的缺佚已都在四分之一以上；若與古本原載的全部內容比較，則今本缺佚的比例當更大。特別是「魏紀」的後半部分，有十好幾年僅存年份，其下既無內容，也無小注，恐怕多半是內容失掉了。如慎靚王三年書「今王元年」，其下四年、五年即「今王」二年、三年，作為魏史記錄「今王」時事，決不應空缺，而今本一字無存。再下隱王十年、十一年、十四年，即「今王」十四年、十五年、十八年，距所記「今王終二十年」僅數年，亦竟全無內容。這已是無可彌補的損失。

不過今本晉、魏部分的現存內容，大多數條目應該基本上還是古本文字，即使有改變和增補也不會太多（權且不計因紀年體例的變動而增出的文字）。一是晉、魏史事多見於春秋以後載籍，若一一作補將補不勝補，今本缺佚較多也正可反證其增補較少。二是記事條目大致因襲舊文，雖多不合於改用周王紀年後的體例，而反有益於保存古本內容。三是人物名諡，如於越子（越王）、韓共侯（韓懿侯）、鄭釐侯（韓昭侯）、邯鄲成侯（趙成侯）、梁惠成王（梁惠王）等，亦仍用古本舊稱，並未如後人所引，多改為後來通行的習慣稱呼（即上面括弧內的稱呼）。[68] 四是有些內容尚存而缺去繫年的條目，今本或推估以補繫

---

[68] 《新唐書》（《二十五史》第 6 冊）卷 132，〈劉子玄（知幾）附劉貺傳〉載：「既嘗以《竹書紀年》序諸侯列會皆舉諡，後人追修，非當時正史。」頁 469。這是說《紀年》記人物生時事蹟往往用諡號，不合史法，然《紀年》本為後世所修，並不盡用當時史文。同時對上古所謂「諡號」，現在也還有不同看法。如商王武丁之號，按現有的認識，「武丁」應該還是生時美稱（從王國維說），而不是死後才有的。今本《紀年》記小乙六年「命世

年,而用小注加以說明。如顯王「三十一年,秦蘇胡帥師伐鄭,韓襄敗秦蘇胡於酸水」條(與烈王二年重出)及「三十五年,楚吾得帥師及秦伐鄭,圍綸氏」條,均夾注「不知何年,附此」;隱王「七年,翟章救鄭,次於南屈」條,又夾注「此年未的」。這類小注既有可能為今本纂輯者所加,而也有可能本為晉初古本整理者的注語。《水經・河水注》云:「《穆天子(傳)》、《竹書》及《山海經》皆薶緼歲久,編韋稀絕,書策落次,難以緝綴,後人假合,多差遠意。」[69]是知古本原極難整理,「假合」在所不免,故須有注。這些都說明,今本在成書過程中,纂輯者還是曾經考慮到儘可能保存舊文的,並非皆憑主觀臆造。

今本中有些可疑的條目,是需要仔細分析的。如敬王「四十三年,宋殺其大夫皇瑗於丹水之上,丹水壅不流」條,王國維先生《疏證》云:

> 《水經・獲水注》引《紀年》曰:「宋殺其大夫皇瑗於丹水之上。」又曰:「宋大水,丹水壅不流。」本是二事,此誤合為一。又本不繫年,此據《左・哀十七年傳》定之。[70]

子武丁」,雷學淇所稱「大字本」則作「命世子昭」,以武丁私名之「昭」字易其日名稱號,大概就是傳抄者泥於後世諡法而擅作的改動。劉眴所說的《竹書紀年》,當仍是唐初尚存的古本殘卷。朱右曾《汲冢紀年存真・序》說:「《紀年》本不講書法,故王季、文王亦加王號,魯隱、邾莊皆舉諡法。今本改王季為周公季歷,改文王為西伯,改許文公為許男,改平王為宜白,可疑十也。」這看法粗略言之可能是對的,但《紀年》自有當時的記事稱名之例,也不可能完全不講書法,只是不像後人所設想和界定的那樣整齊。如今本稱季歷為「周公」而不稱「王」,可能出於後人所改;而稱文王為「西伯」,也有可能還是古本舊文,用的仍是商末人的習稱。今本周武王、成王紀內又稱周公旦為「周文公」,這稱呼也受到學者的注意。不過此稱屢見於《國語・周語》及《魯語》,應該至遲到春秋時已有。在西周金文中,作器者往往稱其先祖為「前文人」,《尚書・文侯之命》亦有「前文人」之稱。所謂「文王」、「周文公」之「文」,在初應該還類同「前文人」之「文」,實為一種美稱,還不是正式的諡號。今本《紀年》武王、成王部分的條目多為後人增補,「周文公」之稱可能是編纂者抄錄典籍而來的,但今日討論此稱的來歷,仍不宜把它當作正式的諡號看待,正如不能把商周之際的文、武、成、康等王號都看作制度化的諡號一樣。

[69] 〔北魏〕酈道元,《水經注》(《四庫全書》第573冊),頁23。
[70] 方詩銘、王修齡,《輯證》附錄本,頁274。

按：王先生此疏似失考。查《四庫全書》本《水經注》於「宋大水」下有按語云：「原本及近刻並訛作宋大夫。」[71] 然以事理言之，作「宋大夫」當不訛，作「宋大水」乃訛，因大水而導致「丹水壅不流」，說不通。疑古本《紀年》原作：「宋殺其大夫皇瑗於丹水之上。宋殺其大夫，丹水壅不流。」復出「宋殺其大夫」五字，以明災異之因，而含有不專指皇瑗事之意。原文或與皇瑗事分作兩條，故酈道元兩引之。傳世《水經注》本之訛，當是後人傳抄誤脫復出的「殺其」二字，又擅改「大夫」為「大水」。今本《紀年》不存此五字，或以其辭復而刪之，或亦因傳抄而脫漏，雖不盡同古本之文，而大意未失，當不是誤合《水經注》所引而來的。其繫年亦非本於《左傳》，因《左傳》原載是年「春，宋殺皇瑗」，而今本《紀年》並未有「春」字。

另有一例，即周顯王二十四年（梁惠成王二十六年）「魏敗韓馬陵」條，則頗費思量。陳夢家先生考證說：

《史記魏世家索隱》云：「按《紀年》云，二十八年與田齊田朌戰於馬陵。又上二年魏敗韓馬陵，十八年趙又敗魏桂陵。桂陵與馬陵異處。」此條「又上」以下並非引《紀年》，乃《索隱》作者引《魏世家》所述梁惠王二年和十八年馬陵與桂陵兩役，以證兩地異處。《今本竹書紀年》的編者不解《索隱》，誤將司馬校語認作《紀年》，故列《紀年》魏、齊馬陵之役于周顯王二十六年，又列魏、韓馬陵之役於前二年，即周顯王二十四年。此實大誤。陳逢衡的《集證》雖指出「又上二年」當作梁惠王二年解，而不知《索隱》「又上」以下並非《紀年》原文。[72]

按：「魏敗韓馬陵」及「趙又敗魏桂陵」二事雖實有，而僅以文辭言

---

[71]《水經注》，頁364。
[72] 陳夢家，〈六國紀年表敘〉，頁478。

之，皆為括述，顯非《紀年》原文。王國維先生《輯校》仍收此二事，分入梁惠成王二十六年及十八年，與今本《紀年》合；方詩銘、王修齡先生《輯證》則列入《存疑》，亦主張「非《紀年》文」。這一細節涉及今本《紀年》的纂輯問題。若認定今本《紀年》本於司馬貞的按語而立條，且因誤解而導致繫年失實，則今本《紀年》的纂輯當在司馬貞的《史記索隱》成書之後。但看司馬貞所述「上二年」云云，實甚似《竹書同異》之語，或今本整理者原是據《竹書同異》立條的，未必曾參考《史記索隱》。陳夢家先生說：「司馬貞所據《紀年》，或者是《隋書・經籍志・紀年》十二卷下所云『《竹書同異》一卷』，似晉人已作過一番比較工夫，故《索隱》所引王劭、樂資據《紀年》以論《史記》異同者，或出於此。」[73] 如此說來，司馬貞所述「上二年魏敗韓馬陵」云云，亦未必不是引自《竹書同異》。

（七）關於今本《紀年》的纂輯時代和再編過程：一個新的推測

在重新審查《紀年》的著錄和流傳情況，並逐一考察今本的各個部分之後，我們對今本《紀年》的總體印象是：此書是由本已殘缺不全的古本《紀年》改編、增補和纂輯而來的，並非純出於晚近學者的輯佚式「搜輯」，因而也不好視為偽書。

研究今本《紀年》的基本方法，是以其內容條目與現在所知的古本佚文相對照，看這些條目是不是與古本佚文相同、一致或相合，同時從體例上檢查它是不是還保存著或部分地保存著古本《紀年》的原貌。體例上的問題其實是容易看出的，並且最容易被作為判斷一書真偽的證據。如《紀年》之書，僅以今本的晉、魏部分已改換晉、魏紀

---

[73] 陳夢家，〈六國紀年表敘〉，頁474。

年為周王紀年，就可判定它決非古本原樣。不過體例上的問題可以通融，人們更關心的還是它的內容價值。以內容價值言，調查它的條目出處便是首先要做的工作。王國維先生的《疏證》序言說：「昔元和惠定宇征君（惠棟）作《古文尚書考》，始取偽《古文尚書》之事實文句，一一疏其所出，而梅書之偽益明。仁和孫頤谷侍御（孫志祖）復用其法，作《家語疏證》，吾鄉陳仲魚孝廉敘之曰：『是猶捕盜者之獲得真贓。』」故王先生亦用此法，而為今本《紀年》作《疏證》。

《疏證》之功，要在總結前人成果，廣引博徵，首次集中而簡明地疏錄了可與今本《紀年》各條直接對校的古本佚文資料及其他古籍資料，便於研究者的檢討和甄別；同時對今本的事實和年代也時有考訂，可與所作古本佚文的《輯校》相輔相成。不過《疏證》之作，主於證偽，似有一個預設的前提，即今本《紀年》的出現不會早於元、明。假如這一預設是真確的，那麼就證偽本身而言，《疏證》所使用的方法自然是大體可行的，即使有懸隔亦不會太遠；但是反過來說，假如這一預設是不周延的——譬如說，今本《紀年》不是僅見於元、明，而是始出於宋代甚或唐代——那麼《疏證》的證偽方法就還是可商的。就中顯而易見的是，在後一前提之下，僅據現存宋以前各種書籍中所徵引的古本《紀年》之文，以決今本內容和條目的出處，就不一定可靠，因為今本的纂輯者當操觚之時，還完全有可能看到古本殘卷或某種雖有改編而保存古本原文尚較多的抄本，而不必盡就諸書搜輯古本佚文而為之。

古本究竟散佚於何時，以及在特定時段散佚到何種程度，就跟今本到底纂輯於何時，以及如何成書等一樣，至今不能為人所確知。在這樣的情況下，即使確知某書所引必定為古本《紀年》之文，也難以遽斷今本某條就一定本於某書；況且前人的徵引往往引其事而不引其辭，且常有錯誤，故僅以所引與今本的異辭決是非、定真偽，通常是大成問題的。再放寬一些史料範圍來說，今本所載而又不見於古本佚

文的條目，但以某條內容見於某一古籍，抑若文辭相同或相近，即謂今本之某條必本於該古籍，亦無十分把握。這要分清不同的情況：如果能夠認定今本的某些部分確出於後人的增補而非古本所原有，那麼這些部分即有可能雜采古書而立條；否則雖有疑問，而尚不能認定今本的某些條目必為古本所無，那就無法援引古籍以確定其出處。《紀年》本為史書，雖只是難得流傳下來的先秦編年史之一，而其中的史料有與他書相同或相近者亦在所必然。即以今本的晉、魏部分為例，其主要內容「大略與《春秋》皆多相應」，固不可因為其條目多見於《春秋》、《左傳》等書，就一定認為這一部分皆掇拾諸書而偽撰。蓋魏史與魯史本相類，有些史事同見於兩國史記並不奇怪；而《左傳》的成書，一般認為在戰國初年，並且最早在魏國流傳，因此即使認為修撰《紀年》的魏國史官曾參考《左傳》，亦不必詫為異論。至於更早的傳說史料，則傳世古籍本多輾轉抄引或「層累地」改造，尤不可以為今本所載乃「無一不襲他書」，處處非古本之文。現存古史資料的總量，自然遠非《紀年》之書類似「斷爛朝報」的載錄可比，所以要從其中爬梳見於今本《紀年》的史料，雖亦不易，亦不致大難（尤其有清初以來的各家考據之作可以參考）。[74]

　　基於以上看法，我們以為王國維先生的《疏證》之文，言之今本《紀年》與古史記載的比較研究則功不可沒，而遂以為所言皆為今本《紀年》作偽的「真贓」則不可。毋寧說，《疏證》的大部分證語都不可作為裁定今本《紀年》條目出處的實據，而且還有一部分條目未加疏證，或雖有疏證而甚牽強。其癥結則仍在今本《紀年》的纂輯時代問題。

---

[74] 傅斯年先生在所藏《海甯王忞公遺書三集》（戊辰孟春校印）〈今本竹書紀年疏證序〉的最後曾有批語云：「此書之輯，或以有徐位川、陳逢衡輩之書為之會集材料於前，並非難事，未可擬於惠君之疏偽書也，至徐、陳諸人之愚陋則不待證。」「又此書大體，比之孫氏所疏增益不多，孫氏之力，何可略也？」轉引自王汎森〈王國維與傅斯年〉一文的「附錄」，原文載《學術思想評論》第三輯（瀋陽：遼寧大學出版社，1998）。徐位川（當作位山）即《竹書統箋》作者徐文靖；「孫氏所疏」指孫之騄《考定竹書》。

在通常的意識之下,可能會以為像《紀年》這樣的出土、整理、流傳和散佚都較晚近的書,後來的偽託也只是出於一時或一人之手。但由本文的推考來看,問題似乎並不這麼單純。我們傾向於認為,今本《紀年》的成書至少經過兩次整理:一次是由出土時本已不完而後來又有缺佚的古本《紀年》,經過重新整理、改編和增補,並附錄前此流傳的《竹書同異》及主要錄自《宋書・符瑞志》的「令應」材料,而形成南宋初年所見的類似雜纂的館閣本;二是以館閣本的傳世抄本為底本,再加整編和條理,而定型為現今所存的今本《紀年》。前者當出於唐前期,非宋人所編;後者則多半出自元明之際。下面分幾點述之。

其一,今本《紀年》的干支紀年,就現在所知,蓋全本於唐僧一行的《大衍曆》。對於這一點,天文學家張培瑜先生已作過很好的論證:

> 今本《紀年》增加的年月歲名,確有許多與《大衍曆議》相合。仲康日食的記載就是一例。……
>
> 今本《紀年》和《大衍曆議》兩書中夏商周50多位國君中有九人歲名相同,說明二書的紀年干支體系有可能是統一的,那麼,它們之間有著怎樣的關係,是《大衍曆議》引自《竹書紀年》,還是相反?另外有沒有可能兩者同出一源?
>
> 《大衍曆議》沒有提到古本《紀年》記載的帝堯元年丙子。它明確註明「十一年庚寅周始伐商」出自《竹書》。其他紀年歲名皆未書出處。但它採用夏432年,商628年,顯然源於劉歆《三統曆》,與古本《紀年》夏年471(今本實為431年),殷年496年都不合。由此看來,不大可能是《大衍曆議》沿襲今本《紀年》。
>
> 仲康紀年和日食,《唐書志》明是一行據《書經・胤征》用

大衍曆推算而得,並謂〈胤征〉惟仲康「肇位四海」乃復修
大禹之典,而非日食之年。「其五年,羲、和失職,則王命徂
征。虞鄺以為仲康元年,非也。」可見,「仲康五年癸巳歲九
月庚戌朔,日蝕在房二度」,是一行推得,而非出自或證實
《竹書》。

由此兩點可以看出,《大衍曆議》與今本《紀年》歲名相同,
並非前者引自後者。而反過來,因夏商積年兩書不一,確似
可證今本《紀年》沿襲《大衍曆議》。……[75]

這一問題直接涉及古本《紀年》的年曆推排問題。以干支紀年法推校
古本《紀年》的年曆不始於唐人,杜預〈左傳後序〉已推定魏哀王
二十年太歲在壬戌,並以是年與周王年及各諸侯國紀年相對照。這是
由於自習稱的西周共和元年以來,史所記載的年曆已有定數,故干支
年的推排也已固定。然共和元年以前的歷代王年,各家之說不同,則
王年與干支年的對應亦不同。今本《紀年》中最早的干支年是堯元年
丙子。《隋書‧律曆志中》載:

> 《尚書》云:「日短星昴,以正仲冬。」即是唐堯之時冬至之
> 日,日在危宿,合昏之時昴正午。案《竹書紀年》,堯元年景
> (丙)子。今以《甲子元曆》術推算,得合堯時冬至之日,
> 合昏之時,昴星正午。[76]

以堯元年為丙子年,唐以前無說;而看《隋書‧律曆志》之文,則似
唐初已有為《紀年》排定的干支年譜。《隋書‧律曆志》出於天文學
家李淳風之手,所引《甲子元曆》(即《麟德曆》)亦為李氏所作,只

---

[75] 張培瑜,〈《大衍曆議》與今本《竹書紀年》〉,收入邵東方、倪德衛主編,《今本竹書紀年論集》,頁 238-243。其文原載《歷史研究》,1999 年第 3 期。
[76] 〔唐〕長孫無忌等,《隋書》(《二十五史》第 5 冊),頁 55。

是現存材料未見其引及《紀年》的其他干支年。《新唐書・曆志》所載的《大衍曆議・日度議》未提及「堯元年丙子」，而有多條夏、商、西周的干支年材料，如夏「仲康五年癸巳」、商「太甲二年壬午」、周武王「十一年庚寅」及「康王十一年甲申」、「康王十二年，歲在乙酉」等。[77] 這些皆與今本《紀年》的干支年相合，則今本《紀年》的年曆推排實本於《大衍曆》而非《麟德曆》。[78] 疑唐初天文曆算家對《紀年》的年曆已有共識性的推排，而《麟德曆》與《大衍曆》的干支年系統亦同（其差異主要在日度的推算）。其法是根據他們所確定的西周年代框架（即以西周積年共281年為准），由共和元年上推，確定武王伐紂年為庚寅年（這與西漢末劉歆據《三統曆》推排的結果不同）；又根據古本《紀年》所記載的夏、商積年，自庚寅年繼續上推，直到推至舜元年己未、堯元年丙子。堯以前的年曆，按今本《紀年》所記的古帝王在位年數，其實也還可以上推，大約編者自己亦以為古史渺茫，再上推更無從取信了，故不再繫以干支紀年。

要而言之，《紀年》的干支年系統必為唐初天文曆算家所增，且最終依據《大衍曆》排譜，這應該是沒有疑問的，所以目前所見唐以前徵引古本《紀年》的文字還絕無以干支紀年之例。據《新唐書・曆志》：「開元九年，《麟德曆》署日蝕比不效，詔僧一行作新曆，推大衍數立術以應之，較經史所書氣、朔、日名、宿度可考者皆合。十五年草成，而一行卒，詔特進張說與曆官陳玄景等次為《曆術》七篇、《略例》一篇、《曆議》十篇。玄宗顧訪者，則稱制旨。明年，說表上之，起十七年，頒於有司。」依此而言，今本《紀年》干支年系統的最後排

---

[77] 《新唐書》卷 27 上，〈曆志〉，頁 71-72。
[78] 《日度議》另有夏「太康十二年戊子」一條，與今本《紀年》不合。今本《紀年》載太康元年癸未，在位僅 4 年。按：《日度議》下文實辯仲康「季秋月朔」日食事，疑此處「太康十二年」乃「仲康二年」之誤書。今本《紀年》載仲康有 2 年「服喪期」，又以己丑年為仲康元年；若去此「服喪期」，以丁亥年為仲康即位之年，則戊子年即為仲康二年。

二、今本《竹書紀年》的纂輯和來歷

定應該不早於開元十六年（728）。然其事亦不大可能晚於開元、天寶年間，因為《大衍曆》只行用三十餘年，至寶應元年（762）代宗即位後，即已改用《五紀曆》（與《大衍曆》小異）。

其二，由干支紀年推考今本《紀年》的纂輯，便大可使人想到其事應始於唐初，因為後世一般學者鮮能具備上述特定的曆法背景。我們曾疑心今本《紀年》原為唐初天文曆算家的手冊，是使用者為適應修訂曆法的需要而改編的。但現在看來，李淳風、一行等人重視的是《紀年》的年代，未必會專注於《紀年》內容的系統整理。這裡提出另一種看法，即《紀年》的改編、增補和纂輯更可能出於玄宗開元年間對國家藏書的大規模整理。玄宗重視圖書之業，大抵自開元三年（715）至二十八年間，曾先後於首都長安及東都洛陽設立四處集賢院，又先後以馬懷素、褚無量、元行沖及張說、徐堅等主之，諸學士皆通籍出入，長年從事圖籍搜訪與整理。唐代國家藏書的整理寫校，以這一階段為最盛。[79] 唐初汲冢竹書尚存數種，《紀年》是其一，開元間應該曾加整理，故《舊唐書・經籍志》和《新唐書・藝文志》仍皆著錄《紀年》14卷。然整理者究竟是誰，今已無從考求。合理的推測是，由於張說精通天文曆法，《大衍曆》亦由他在一行去世後編次奏進，而今本《紀年》的干支年系統又本於《大衍曆》，因此《紀年》的整理最有可能在張說主持修書時（開元十年至十七年前後）。[80] 整理者可能不止一人，也許先前李淳風、一行等人已先後對當時僅存的古本《紀

---

[79] 唐開元間搜訪和整理圖書事，散見於新舊《唐書》及《唐會要》等書。綜合的敘錄，可參《玉海》卷52，「唐乾元殿四部書」至「唐十二庫書」諸條。

[80] 唐開元間整理圖書的目錄，曾於開元九年（721）十一月總編為《群書四部錄》200卷，其後毋煚又簡化、修正、補充為《古今書錄》40卷（見《舊唐書・經籍志》總序）。《古今書錄》大約成書於開元末，已較《群書四部錄》增加新整理圖書六千餘卷，《舊唐書・經籍志》即據《古今書錄》著錄，《新唐書・藝文志》則在舊志的基礎上又增入唐人的著作。就《紀年》的干支年系統皆本於《大衍曆》而言，兩《唐志》所錄《紀年》應該是《古今書錄》新增之書，非《群書四部錄》所原有，因而《紀年》的整理也應在開元九年之後。

年》殘卷有所清理,而到開元間始由集賢院修書者總匯有關資料並加改編,才成為現在仍大致見於今本《紀年》的模樣。

　　我們在上節末提到,學者或據今本《紀年》的「魏敗韓馬陵」條,懷疑今本的纂輯曾參考司馬貞所撰《史記索隱》。對此還無法作出肯定的判斷,然司馬貞為開元間名士,曾任國子祭酒,官至朝散大夫、弘文館學士,亦為當時修書學士之一。假定其《史記索隱》確曾為今本《紀年》的編者所參考,倒正可成為今本《紀年》始纂於開元間的證據之一,而不是相反。司馬貞是否也曾參與過《紀年》的整理,今亦不知,其《索隱》所引《紀年》文字只為與《史記》有異者,從中也看不出可能與今本《紀年》有關係之處,或者所引還只是當時尚殘存的晉初整理本之文。

　　其三,假如肯定今本《紀年》的纂輯始於唐初,那麼由上述對今本各部分的分析可以看出,這次整理事實上並不是僅就當時尚存的古本文字校訂寫錄,而是作了大量的改編和增補。增補最重的是「五帝」紀和西周紀的成王部分,大約「五帝」紀到唐初已失落殆盡(可能出土時相關材料即不多),周成王部分則全佚,故纂輯者欲全其體制而擅補之;其餘部分的增補亦多少不等,而改編最重的則是夏王年、西周王年及晉、魏紀年。保存古本舊文最好的是商代部分,但夏代、西周及晉、魏部分的大多數條目也承舊文,條目內容和文字未曾擅改的痕跡也很明顯。這樣的改編和增補本,較之《紀年》原本的距離顯然已不可以道里計,然必欲謂之為偽撰則不可,唐初尚存的古本內容當時應該都已納入其中。清初《四庫全書總目》曾舉出一系列古本《紀年》佚文為今本所無的例證,認為今本《紀年》不可能出於唐、宋。這種考據還不是嚴密的邏輯推證,因為唐、宋以前所見的古本佚文,今本也可能原都保存著,只是後來有一些又因今本的殘缺又散佚了。

　　其四,據前文所考,我們認定今本《紀年》必出於南宋淳熙間《中興館閣書目》所著錄的館閣本。而由館閣本進一步上溯,我們懷疑此

二、今本《竹書紀年》的纂輯和來歷

本實即兩《唐志》所著錄的《紀年》14卷本。可惜兩《唐志》所錄無敘釋，不知其詳；而館閣本雖有敘釋，又言之不明，且不著卷數。不過館閣本既分「紀年」、「今應」、「雜事」三部分，則仍可據以推測此本與兩《唐志》所錄14卷本的關係。純就卷數言之，古本《紀年》原分為12卷，並《竹書同異》共有13卷，若添入「今應」1卷，又以《竹書同異》入「雜事」，則適可足成14卷。如是，則兩《唐志》所錄14卷本的去向不須深求，即可定以為宋代的館閣本。唐以後傳世的所謂「竹書」，大約不外《紀年》、《瑣語》、《師春》幾種，而從《師春》到宋代尚存於館閣的情況來看，《紀年》和《瑣語》似乎也應該如此，並且所存都應是唐人的整理本。此種14卷本的《竹書紀年》已非古本舊觀，然「紀年」部分仍為12卷，唯已附錄「今應」、「雜事」各1卷於後。所謂「今應」、「雜事」，乃宋人概括語，未必是原有的標題；同時這類材料，即使出於《竹書同異》之外者，也可能在唐初所存的古本《紀年》之後已有附錄，而不一定都出於唐人的集錄。即如《瑣語》、《師春》之書，唐以後所傳已皆非晉初汲冢原本，其中有些文字亦明顯出於唐以前。[81]

宋代館閣本《竹書》久處塵封之地，罕為學者所知。唯《路史・國名紀戊》於「魏」下注引《紀年》云：「桓王十二年秋，秦侵芮。

---

[81]《玉海》卷47引顏之推云：「《汲冢瑣語》乃載《秦望碑》……非本文也。」頁890；原文見《顏氏家訓・書證》篇（《諸子集成》第8冊），頁37。則其書在唐以前已有竄補。《隋志》及兩《唐志》皆著錄《瑣語》4卷，當亦經過唐人的整理。而北宋館閣所存的《師春》，據〔北宋〕黃伯思《東觀餘論》（《四庫全書》第850冊）卷下〈校訂師春書序〉所說，內容已與晉初杜預所敘錄者全異，且記歲星事而稱「杜征南（杜預）洞曉陰陽之語」，頁383。照陳夢家先生的判斷，這種本子的《師春》「係雜抄汲冢書而成，其中十二歲星出《大曆》，諸國世次出《生封》及《梁丘藏》，易象變卦出《陰陽說》，卜筮出《師春》，因係晉人所抄集，故有'杜征南洞曉陰陽'之語」（〈汲冢竹書考〉，頁614）。《隋書・經籍志》及兩《唐志》未著錄《師春》，大約因開元間不曾整理，或雖曾整理而不果，初不見於毋煚的《古今書錄》。古書多亡，晉、唐間已有自作書以補亡的風氣，如玄宗天寶年間賜號《亢倉子》為《洞靈真經》，求之不獲，襄陽處士王士元乃「取諸子文義類者補其亡」，撰為《亢倉子》2卷上之（見《新唐書・藝文志》）。《紀年》、《瑣語》、《師春》的整理改補或「抄集」不屬於此類，然補亡的意識有相近之處。

冬，王師、秦師圍魏，取芮伯而東之。」又於「巴」下注引《紀年》云：「桓王十七年，楚及巴伐鄧。」這兩條都用周王紀年，而前一條見於今本《紀年》，且文字大體無異，故洪頤煊《校正竹書紀年》以為「羅泌已見今本」。《路史》成書於南宋乾道六年（1170），其時可能已有館閣本《竹書》的抄本傳出，疑洪氏所說或是。羅泌生平下及淳熙、紹熙年間，或者他後來又據所見館閣本《竹書》為《路史》作添注也是可能的。而《路史》實為羅泌與其子羅蘋的共業，書中注文即題為羅蘋所撰；這點似乎不可全信，但如果書中注文確有出於羅蘋之手者，那麼他能見到館閣本《竹書》的傳抄本就更不成問題。《路史・國名紀丁》於「綸」下還有一注，謂「秦、楚伐鄭，圍綸氏」之文出於「《汲紀年》三」，似更值得注意。《輯證》從《訂補》之說，疑「三」為「云」字之誤；[82] 陳夢家先生則謂「《汲紀年》三」似提《宋志》所錄的「三卷本之《竹書》」。[83]《宋志》錄《竹書》作 3 卷乃誤書，不足憑；筆者懷疑此「三」字乃「一二」二字之誤合。若此注確指《紀年》之卷 12，則以為羅泌或羅蘋曾見宋本《紀年》便非無據，且可為宋本正文原有 12 卷提供一旁證。今本《紀年》的「圍綸氏」條繫於周顯王三十五年，亦在全書卷末。

其五，14 卷本的《紀年》可能直到明末仍有抄存。錢謙益《絳雲樓書目》卷 2 即記載：「《竹書紀年》，沈約注，十四卷。」方詩銘先生考證說：

> 錢氏所藏的 14 卷本《紀年》，應該是一部頗為名貴的古寫本，否則是不可能入藏於絳雲樓的。因此，我們有理由相信，這即是《通志略》所著錄的那個本子。值得注意的是，這部十四卷本有所謂「沈約注」，這就為我們提供了十分重要的線

---

[82] 方詩銘、王修齡，《輯證》（修訂本），頁 201。
[83] 陳夢家，《汲冢竹書考》，頁 610。

二、今本《竹書紀年》的纂輯和來歷

索，說明《藝文略》所著錄，絳雲樓所收藏，儘管卷數與兩《唐志》相同，這部《紀年》仍決不是古本，只能與包括有「沈約注」的今本具有密切的關係，和《竹書》相同，這也是今本的前身。[84]

方先生判斷錢氏所藏非古本是正確的，但推考今本《紀年》的來歷而上溯於《通志・藝文略》，恐怕是靠不住的。鄭樵終生以未得閱覽朝廷藏書為憾，[85]則亦無由得見館閣所儲《紀年》文本，其所錄必非出自親閱。倘若稍稍掉轉視向，以今本《紀年》推本於當時館閣所藏，則問題的解決差可入於正途。以本文所考推之，錢氏所藏當仍是南宋館閣本的傳抄本，不可能有其他來歷。只是錢本如何分卷，是否像宋本那樣，仍以「令應」、「雜事」單成卷次，現在還是疑問。

其六，雷學淇所稱的《紀年》「大字本」，未有詳細的介紹，僅渾言「蓋元明間校刊本」，如今已難考究。現在所知今本《紀年》的明人刊本，仍以范欽的《天一閣奇書》本為最早。范欽（？-1585），字堯卿，鄞縣（今浙江寧波）人，嘉靖十一年（1532）進士，官至兵部侍郎，卒年八十餘。其《奇書》刻於嘉靖、隆慶年間，所收《竹書紀年》釐為上下 2 卷。清以來所見此書的各種本子，包括《四庫全書》所收的《竹書紀年》在內，雖時或卷次有變化，又或有個別誤字，而內容皆與此本無異。不過明代也曾有一種不分卷的本子流傳，現藏美國史

---

[84] 方詩銘，《〈竹書紀年〉古本散佚及今本源流考》，頁 34。

[85] 〔元〕脫脫，《宋史》（《二十五史》第 8 冊）卷 436，〈鄭樵傳〉：「以侍講王綸、賀允中薦，得召對，……授右迪功郎、禮兵部架閣。以御史葉義問劾之，改監潭州南嶽廟，給札歸抄所著《通志》。書成，入為樞密院編修官，尋兼攝檢詳諸房文字。請修金正隆官制，比附中國秩序，因求入秘書省翻閱書籍。未幾，又坐言寢其事。」頁 1468。又〔南宋〕陸游，《渭南文集》（《四庫全書》第 1163 冊）卷 31，〈跋《石鼓文辨》〉：「予紹興庚辰、辛巳間，在朝路識鄭漁仲。好古博識，誠佳士也，然朝論多排詆之。時許至三館借書，故館中尤不樂云。」頁 552-553。按：鄭樵（1104-1162）居夾漈山，又遊歷四方訪書，欲盡見天下之書，而數十年為布衣，不得窺見朝廷秘藏。晚年以入為樞密院編修官的機會，請修金正隆官制，實欲得見館閣藏書，然終因受館臣的輕視而為所阻，未實現其夙願，其情可憫。

丹佛大學東亞圖書館的明抄本《竹書紀年》即是這種不分卷的本子。此本題「梁沈約注，明鍾惺閱」，可知所謂「沈約注」早已是明人的一種普遍看法。鍾惺（1547-1624），字伯敬，竟陵（今湖北天門）人，萬曆三十八年（1610）進士，官至福建提學僉事，為知名文學家。此本是與《穆天子傳》合抄的，書前有鍾惺所作的〈汲冢遺書序〉，末署「竟陵鍾惺伯敬父題」，下鈐有「鍾惺之印」、「伯敬父」二印。序中談到：

> 晉太康二年，汲冢得《周書》，並得《竹書紀年》、《穆天子傳》。《紀年》起自軒轅氏，至周隱王十六年；《穆天子傳》起自周穆王戊寅年，終辛卯年，晉荀勖校定為六卷。夫史則史矣，何以「紀」、「傳」也？《紀年》所載，則有太甲殺伊尹數事，甚為不經；《穆天子傳》亦唯傳周穆王荒耄不德，巡行天下，將皆有車轍馬跡之勞。獨其傳載一與左氏（《左傳》）、司馬（遷）相符合，且書出先秦，定有一段簡古高妙處不可磨滅，正如明眼人識古鏡，不在光明瑩澈，在青黃朱紫、斑痕駁雜中知有古意。然則讀是書者，無以紀、傳致疑，無以荒渺致遺可矣。

看這序言，與通常學者的看法也沒什麼兩樣，說今本《紀年》為明人所偽造是缺乏根據的。然此序下又有〈竹書紀年小引〉，捏造一段「有樵夫不凖者，一日獨行野中，聞塚內傳呼聲甚急，忽見有金光數丈，從塚內出一王者」的神話，又說樵夫歸告家人，家人疑塚內有寶物，乃潛夜盜發，結果「塚內空無一物，惟見竹書數車，載之而出」。這神話所反映的是書鋪販書的習氣，倒有可能出自明人。

與《四部叢刊》所收天一閣本、《四庫全書》所收兩本及王國維先生的《疏證》本相對校，此一抄本時有異文。比較明顯的如：

（1）各本帝堯七十年「賜虞舜命」條下所引《宋書・符瑞志》之

文，於「赤玉為」三字下皆脫一字，此本有「函」字。[86]

（2）各本帝舜紀末按語：「義鈞封於商，是謂商鈞。后育（當作后盲），娥皇也。鳴條有蒼梧之山，帝崩，遂葬焉，今海州。」此本無「義鈞封於商，是謂商鈞」九字，「后育，娥皇也」五字注於正文「三十年葬后育於渭」條下，「鳴條」云云注於「四十九年帝居於鳴條」條下。

（3）各本夏仲康六年「賜昆吾作伯」條，此本「伯」作「相」。

（4）各本帝杼紀末按語：「杼或作帝寧，一曰伯杼。杼能帥禹者也，故夏后氏報焉。」此本亦不在紀末，而注于紀首「帝杼」名號下，「或作」上無「杼」字。各本帝芬、帝芒紀末的「芬或曰芬發」、「芒或曰帝荒」，此本亦皆注於各自名號下，無句首「芬」字、「芒」字。

（5）各本商「小庚」名號下注：「約案：《史記》作太庚。」其下書「名辨」二字為正文。此本於「小庚」名號下注：「名辨。《史記》作太庚。」無「約案」二字，又以私名置上，皆作小注。「開甲」、「陽甲」、「馮辛」、「文丁」名號下注文亦同此例。

（6）各本武乙三年「命周公亶父賜以岐邑」條下皆無注，此本有「周始稱公」四字注。

（7）各本文丁「十二年」下注：「周文王元年。」此本作「周文公」。

（8）各本帝辛「名受」下注：「即紂也，曰受辛。」此本無此六字。

（9）各本帝辛四十八年的正文「二日並見」，此本「見」作「出」。

（10）各本周幽王五年的正文「皇父作都於向」，此本無此六字。

（11）各本貞定王十一年的正文「晉出公出奔齊」，此本作「晉□出奔齊」，「晉」下空一格。

---

[86] 林春溥《竹書紀年補證》曾補此字為「柙」，方詩銘校王國維《疏證》本從之（見《輯證》頁 508 按語）。此本作「函」字，當是鍾惺校閱時補入的。大約傳世《宋書·符瑞志》原脫此字，故今本《紀年》的轉抄亦脫。現在通行的《宋書》，此句作「赤玉為字」，「字」字疑亦出於唐人的臆補。

（12）各本周顯王紀內三見的越王「無疆」之名，此本皆作「無彊（強）」。

其他還有一些細小的差異，在此不再一一列舉。至於異文的正誤，則各本並不一律，可以互相參校。也有的錯字是各本共同的，如隱王二年「齊地景長，長丈余，高一尺」條，此抄本及天一閣本、《四庫全書》所收兩本皆如此，唯王國維先生的《疏證》本「景」作「暴」。以文意言之，應以作「暴」字為是，可能王先生從《搜神記》卷6及《御覽》卷880所引作了改動。不過《疏證》本的正文和注文也偶有脫誤，又有注文混入正文之處。

從上述異文來看，鍾惺校本應該不是由天一閣本抄出的，而是另有來源。此抄本扉頁有「蒹葭堂藏書印」，而蒹葭堂為嘉靖間陸楫的堂號，也許鍾惺校閱所依據的原本即出於陸氏所藏。[87] 特別值得注意的是此本不分卷，而天一閣本是分為上下2卷的。雷學淇介紹其所見「大字本」，未言及卷數，有可能所見也是不分卷的。從雷氏《考訂竹書紀年》所記的異文來看，所稱「大字本」既與天一閣本不同，也與鍾惺校本有異。如果這種「大字本」確屬元明之際刊本，那麼結合鍾校本來看，很可能在元末明初已有一種不分卷的《紀年》文本流傳，是為明代今本《紀年》各種抄刻本的源頭。這種不分卷的本子，最初當仍是從宋代館閣本抄出的。如果允許推測的話，那麼南宋館閣圖書，在宋亡後盡入於元代翰林國史院，[88] 所藏《竹書》可能亦在其中。至元亡，

---

[87] 陸楫，字思豫，上海人，國子監生，曾於嘉靖二十四年（1545）刊刻自編的《古今說海》142卷，則其生平約略與范欽同時。疑鍾惺所校的《竹書紀年》本為陸氏家藏，後輾轉於他人之手，萬曆末經鍾氏校閱重抄後，又復歸陸氏蒹葭堂收藏。是否如此，尚有待仔細鑒定。如果確是這樣，則此本的最初抄傳亦不晚於范氏天一閣本。又，此一抄本承蒙史丹佛大學東亞圖書館館長邵東方先生關照而得見，並允許復印，謹此衷心誌謝。

[88] 〔明〕宋濂，《元史》（《二十五史》第9冊）卷9，〈世祖本紀〉，「十三年二月丁巳」：「命焦友直括宋秘書省禁書圖籍。」三月丁卯：「巴延入臨安，遣郎中孟祺籍宋太廟四祖殿、景靈宮禮樂器冊寶 郊天儀仗，及秘書省、國子監、國史院、學士院、太常寺圖書祭器樂器等物。」頁27。同書卷156，〈董文炳傳〉：「時翰林學士李盤奉詔招宋士至臨安，文炳

其國史院圖書又入於明，然明代正統年間編制的《文淵閣書目》已不見《竹書》。以此估計，宋代官本《竹書》至遲到元末明初已轉入私人之手，此即不分卷的《竹書紀年》之所從出。此種本子的最大特點是已將宋本的「令應」、「雜事」之文散入正文之下，故總題為「沈約注」，而且可能因宋本原先就卷次不清，遂不再分卷。所謂「沈約注」，也可能並非完全空穴來風，或者唐以前《竹書同異》等材料中原有個別沈約的按語，而後人又因今本《紀年》的附錄材料多抄撮《宋書·符瑞志》之文，遂附會全書為沈約注本。此亦珍古好奇的販書家之習氣。

明人著作中引及今本《紀年》的材料，以見於胡應麟（1551-1602）《少室山房筆叢》的為最多。《筆叢》卷17〈三墳補逸上〉的前半部分綜考汲冢竹書，後半部分專門疏證今本《紀年》之文。所引原文，完整照錄的就有70餘條，此外還多有括述的條目。以其照錄的條目與現在通行的今本《紀年》比對，幾無一字之異，所以看上去所見之本仍是天一閣本。胡氏為萬曆四年（1576）舉人，當他治學時，天一閣本已經流行。《筆叢》卷7《史書佔畢三·冗篇上》亦引有今本《紀年》文字十餘條，而多為括述。楊慎（1488-1559）《丹鉛餘錄》亦零星引及今本《紀年》，雷學淇懷疑楊氏所見為元明之際刊本，然楊氏僅比范欽年長10歲左右，目前還不能排除他曾看到天一閣本《紀年》的可能性。當然，天一閣本在當時也不是唯一的本子，楊氏所見之本也有可能是先前流傳的不分卷本的一種。陳耀文的生平較楊慎、范欽都晚一些，他在所著《天中記》中有六處引及《紀年》，其中三處注明引自《水經注》，一處注明出於《括地志》，未注出處的兩處亦見於古本佚文；其《典故稽疑》及《正楊》書中各有一處引及《紀年》，亦不出

謂之曰：『國可滅，史不可沒。宋十六主，有天下三百餘年，其太史所記具在史館，宜悉收以備典禮。』乃得宋史及諸注記五千餘冊，歸之國史院。」頁427。

古本佚文範圍。看來他並沒有見到今本《紀年》。大致在天一閣本問世以前，見到今本《紀年》的學者還很少。

最後只剩一個問題，即現時通行的今本《紀年》究竟為誰所編訂。這一問題涉及上面所述的不分卷本。此種本子將宋本的附錄材料散入正文之下，並總題為「沈約注」，實是今本《紀年》定型的開端。可惜民間傳書，細事不登大雅之堂，史無載錄，現在已不知此項工作究出何人之手，只能籠統地推測它可能出現於元明之際。在早這種本子應該只有唯一的傳本，後來輾轉傳抄，又或各以己意改動，遂生出不少異文，因而雷氏「大字本」、鍾惺校本皆與天一閣本有異文。至於現行的 2 卷本，則因清以來所傳的各種本子大抵皆出於天一閣本，所以我們傾向於認為它的編訂者就是范欽。《天一閣書目》明載：「《竹書紀年》二卷，梁沈約附注，明司馬公訂，刊版藏閣中。」[89] 因范欽官至兵部侍郎，故稱「司馬公」。他所依據的本子也應是先前流傳的不分卷本的一種，而他在刊刻時釐為上下 2 卷，此亦讀書、刻書的需要。范氏的編訂還是認真的，錯字很少，從此使得今本《紀年》有了一個大致的定本。不知范氏所據之本原先有沒有鍾校本所錄的《竹書紀年小引》，假如原有的話，范氏刪去之，也可說明他的認真態度。今本《紀年》的年代、史料上的問題是一事，此本的編訂和刊刻又是一事，以後者言之，范欽可稱是今本《紀年》之「功臣」。

（八）結語：重新評估今本《紀年》的價值

按本文觀點，古本《紀年》在晉初出土時已不完，後來又有缺佚。唐初開元間據當時所存本統加整理，而以《大衍曆》疏通其年曆，添入干支紀年，又變動原本的體制，增補其缺佚部分，改編相關內容，

---

[89]〔明〕范欽藏、〔清〕范邦甸撰，《天一閣書目》（《續修四庫全書》第 920 冊，上海：上海古籍出版社，1995），頁 57。

並附錄舊有及新增的瑞應、注釋材料，遂成兩《唐志》所著錄的 14 卷本。此本到南宋初年仍存於國家藏書的館閣，然已復有殘缺。大抵自乾道、淳熙間，館閣本漸次外傳；馴至元明之際，始有以此本的附錄材料散入正文之下的不分卷本出現，後又由范欽編訂為 2 卷，即清以來流行的今本《竹書紀年》。

毋庸贅說，唐開元間對《紀年》的整理、改編、增補及纂輯是很成問題的，而且改補隨意，迄未有定稿。實則諸如增補條目、變更年代等也不可能有定稿，況且這類工作可能在唐以前已不斷有人在做，並積累了不同的材料，唐人所下的功夫可能更多的是在整理和纂輯方面。然畢竟其書非無來歷，且以古本惜佚，此本竟得流傳下來，對其價值仍應給以足夠的估計。對此首先要著眼於今本《紀年》的內容：它的大部分條目還是承古本《紀年》而來的，並非純由晉宋間載籍所引輯出。所以對於今本和古本的相同或相近的條目，與其相信先前載籍中的大都為隱括式的各取所需的引述，倒不如有選擇、有考證地使用今本《紀年》。現存的古本佚文，如果僅求之於《紀年》的原載，自然相對來說要更可靠一些，然零落不堪，大不足用，其完整性要遠遜於今本。今本的內容，只要能夠大略甄別哪些為後人增補，哪些為古本所原有，哪些又雖出自古本而經過後人的改編，並剔除其注釋性文字中無用的部分，那麼其中可用的條目就遠比現在已經輯錄起來的古本佚文多得多。這種甄別工作看似不易，而有古本佚文對照，精思熟慮，得其要領，也並不難作出大體的判斷。心裁自由，用之則求審慎，今本《紀年》就還可與《春秋》、《左傳》之學相輔，成為研究古史的寶藏。

更值得重視的是今本《紀年》在古史年代學上的價值。古文獻所記載的古史年代系統，現在仍為人所知者莫早於《紀年》。說中國上古年代已失落殆盡，只是就一般現象而言的，其間古本《紀年》的出土要算個例外。當下三代年代學的研究，欲純求古本《紀年》的原載已

不能盡得；而屬意於今本《紀年》的現有記載，盡可能地通過細心的考證斟酌取捨，保留其正確的年代，糾正其錯誤的年代，並進而尋其致誤之由，以窺見古本的原有年代，仍是一個很好的起點。本書後面的各篇，即主要圍繞今本《紀年》與古本《紀年》的比較研究展開。就中處處可以顯示出，現時推求夏、商、西周年代的一切工作，如果完全捨棄今本《紀年》所記載的年代資料，都將是舍路而不由。

二、今本《竹書紀年》的纂輯和來歷

三 《竹書紀年》的西周年代

（一）各家西周年代

年代學的研究，一般採取反向追溯的方式，由近而及遠。相對於史學上的夏、商、周三代體系言之，西周算是「近」，夏代（以及先夏）算是「遠」，商代則介乎二者之間，因此歷來三代年代學的研究都格外注重西周。又因為西周亡年（前771）及傳統所稱的共和元年（前841）已知，所以要追尋和復原的西周年代，無非是西周始年（武王克商年）與各王的在位年數。這兩個問題是不可分割的，但可以分別探討。為便於檢閱，這裡先匯錄部分古籍的記載及近世學者考證的西周共和以前王年列為下表（《世經》及今本《紀年》中的西周年代另見表三、表四）。

表一　各家西周年代表（共和以前）[1]

史籍及史家	武王	周公	成王	康王	昭王	穆王	共王	懿王	孝王	夷王	厲王	克商年（公元前）
史記						55					37	
帝王世紀	7	7	30	26	51	55	20	20		16	37	1122
御覽引史記						55		25	15		37	
通鑑外紀	7	7	30	26	51	55	10	25	15	15	40	1122
通志	7	7	30	26	51	55	10	25	15	15	40	1122
皇極經世	7	7	30	26	51	55	12	25	15	16	37	1122
文獻通考	7	7	30	26	51	55	12	25	15	12	37	1122
通鑑前編	7	7	30	26	51	55	12	25	15	12	37	1122

---

[1] 此表所列，主要參考幾位史家所引錄，分見許倬雲，《西周史・前言》（北京：三聯書店，2001，增補本），頁3；楊寬，《西周史》（上海：上海人民出版社，1999），頁14；陳夢家，《西周銅器斷代・西周年代考・重編前言》（北京：中華書局，2004），頁406-

表一　各家西周年代表（共和以前）（續）

史籍及史家	武王	周公	成王	康王	昭王	穆王	共王	懿王	孝王	夷王	厲王	克商年（公元前）
吳其昌	7	7	30	26	51	55	20	17	15	16	37	1122
新城新藏	3	7	30	26	24	55	12	25	15	12	16	1066
陳夢家	3		20	20	19	38	20	10	10	30	16	1027
董作賓	7	7	30	26	18	41	16	12	30	46	37	1111
章鴻釗	3		37	26	23	55	16	17	15	7	15	1055
丁山	3	7	12	26	19	37	18	20	7	3	37	1030
Yetts	3		30	25	19	55	15	3	7	32	20	1050
周法高	2		24	25	19	23	15	2	15	34	18	1018
勞榦	3	7				50	15	7			12	1025
白川靜			25	35	26	31	17	14	19	39	37	1087
榮孟源	3	7	32	29	19	54	16	16	11	12	30	1070
劉啟益	2	7	17	26	19	41	19	24	13	29	37	1075
馬承源	3		32	38	19	45	27	17	26	20	37	1105
夏商周斷代工程	4		22	25	19	55	23	8	6	8	37	1046
范毓周、周言	2		29	39	19	54	28	3	5	13	37	1075

　　表中所列僅屬舉例的性質，無法概全。從中可以看出，自《史記》以下，晉初皇甫謐的《帝王世紀》是個轉關，古籍中言及上古年代，引用此書亦特多。此書以公元前 1122 年為西周始年，是承《世經》而來的，其武王、周公、成王年數亦從《世經》。不過《世經》原未有康王以下各王的在位年數，《帝王世紀》所存當出於皇甫氏的構擬，其中可能保存了一些漢人的舊說。宋元間各種著作中的西周年代，實皆主承《帝王世紀》，變化極小，至近世吳其昌亦然。其中北宋《太平御覽》所引的「史記」，尚不明為何書，今暫列於《帝王世紀》之下。[2]

407：王玉哲，《中華遠古史》（上海：上海人民出版社，2000），頁 506-507。其中近世各家的意見，原見於吳其昌，《金文曆朔疏證》（上海：商務印書館，1936）；新城新藏著、沈璿譯，《東洋天文學史研究・中國上古金文中之曆日》（上海：中華學藝社，1933）；陳夢家，《西周年代考》（上海：商務印書館，1944）；董作賓，《殷曆譜》（《國

三、《竹書紀年》的西周年代

歷來學者對武王克商年的推考尤多，並且與日俱增，幾乎成為古史學上討論最多的專題之一。20世紀50年代初，胡厚宣先生曾舉出武王克商年的12種說法，[3] 少了幾種；到90年代中期，張政烺先生又約略估計有關說法不下30種；[4] 夏商周斷代工程復統計為44種，其中所定年份最早的是公元前1130年，最晚的是公元前1018年，前後相差112年。[5] 唐蘭先生主張武王克商在公元前1075年，[6] 張鈺哲先生由天象推測為公元前1057年，[7] 都別開生面。趙光賢先生先前贊同張鈺哲先生之說，[8] 後來又改主公元前1045年，[9] 夏商周斷代工程的結論與此相近。

立中央研究院歷史語言研究所專刊23》，四川南溪李莊：中央研究院歷史語言研究所，1945）；章鴻釗，《中國古曆析疑》（北京：科學出版社，1958）；丁山，《商周史料考證》（北京：龍門聯合書局，1960）；周法高，〈西周年代考〉，《香港中文大學中國文化研究所學報》，第4卷第1期（1971）；勞榦，〈周初年代問題與月相問題的新看法〉，《香港中文大學中國文化研究所學報》，第7卷第1期（1974）；白川靜，《金文通釋》（《白鶴美術館誌》第44輯，日本神戶，1975）；榮孟源，〈試談西周紀年〉，《中華文史論叢》，1980年第1輯；劉啟益，〈西周紀年銅器與武王至厲王的在位年數〉，《文史》，第13輯（1982）；馬承源，〈西周金文和周曆研究〉，《上海博物館集刊》，第二期（1982）。Yetts之說見於許倬雲所錄，未詳其具體出處。夏商周斷代工程的資料，見前引工程《報告（簡本）》，頁88。范毓周、周言所考，見所作〈西周金文曆譜與歷史年代探論〉，《史學月刊》，2002年第1期，頁28。

[2] 《御覽》所引的「史記」，不是指司馬遷的《史記》。此種「史記」之文，有一部分實出於《竹書紀年》，然已有添加或改動，且有與《帝王世紀》相合者。《御覽》的引錄當出自北齊所修《修文殿御覽》，而《修文殿御覽》又抄自南朝梁所修《華林遍略》。蓋所謂「史記」本為俗間史抄之書，其間也存錄了少量《紀年》的文字，非是《紀年》又稱「史記」，但其抄錄並不謹嚴。

[3] 見胡厚宣，《古代研究的史料問題‧典籍史料的真偽和年代》（上海：商務印書館，1950）。

[4] 見張政烺，〈武王克殷之年〉，收入氏著，《張政烺文史論集》（北京：中華書局，2004），頁840。其文原載《洛陽考古四十年》（北京：科學出版社，1996）。

[5] 見夏商周斷代工程專家組，《報告（簡本）》，頁38。其詳細情況見《夏商周斷代工程叢書》所收的《武王克商之年研究》（論文集，北京：北京師範大學出版社，1997）。可並參彭林，〈武王克商之年研究的糾葛〉，《清華大學學報》，2001年第4期，頁35-41。

[6] 唐蘭，〈中國古代歷史上的年代問題〉，《新建設》1955年第3期。

[7] 張鈺哲，〈哈雷彗星的軌道演變的趨勢和它的古代歷史〉，《天文學報》，第19卷第1期（1978）。

[8] 趙光賢，〈從天象上推斷武王伐紂之年〉，《歷史研究》，1979年第10期。

[9] 趙光賢，〈說《逸周書‧世俘》篇並擬武王伐紂日程表〉，《歷史研究》，1986年第6期；〈關於周初年代的幾個問題〉，《人文雜誌》，1988年第1期。

近世學者對西周年代的考求路數不一，而缺乏相對統一的文獻標準，不能不說也是一個問題。故下面先就幾種基本的史料作些分析，然後重點推考古本《紀年》中的西周年代。

（二）《史記・魯世家》的西周魯國紀年

現存史籍中的古代年表，以《史記・十二諸侯年表》（下簡稱《年表》）為最早。據太史公所說，此表主要依據《春秋曆譜諜》作成，可能是合《春秋曆》及《世本》中的世系材料而來的。所記實包括周王室及魯、齊、晉、秦、楚、宋、衛、陳、蔡、曹、鄭、燕、吳十三國的紀年，然亦僅始於共和元年（前841），迄於東周敬王四十三年（前477），不及於共和以前的年代。西漢末《世經》說：「《春秋（曆）》、《殷曆》皆以殷、魯自周昭王以下亡年數，故據周公、伯禽以下為紀。」[10] 可見西漢時流傳的各種古曆書已皆無共和以前西周王年，故只好據魯國紀年編排年曆。東漢末鄭玄也說：「夷、厲已上，歲數不明，大（太）史《年表》，自共和始。」[11] 又可見直到東漢時期，學者對於共和以前的王室年曆也未有擬定。

先秦各諸侯國的紀年，又散見於《史記》的世家部分，而間及於西周共和以前。其中以魯國的始年為最早，其下記錄亦完整，故自《世經》以來，學者推求共和以前的西周年代，即以《魯世家》中所見魯國紀年的西周部分為主要參照系。

魯國始封有兩說：一說武王克商後即封周公於魯，唯因周公攝政，不能蒞封，故遣長子伯禽代而之國；一說魯國正式受封在成王時（今本《紀年》記在成王八年），受封者即是伯禽。這兩種說法並無實質上

---

[10]〔東漢〕班固，《漢書》（《二十五史》第1冊）卷21下，頁103。
[11]〔東漢〕鄭玄，《詩譜序》，見〔唐〕孔穎達，《毛詩正義》（《十三經注疏》上冊）卷首，頁263。

三、《竹書紀年》的西周年代

的差別：周公雖未涖國，而魯國公室實以周公為始祖，又以伯禽為第一代魯公。《魯世家》未記伯禽在位年數，而自其子考公以下，凡歷西周諸公，則年數皆未有缺。包括：

> 考公，4 年；煬公，6 年；幽公，14 年；魏公，50 年；厲公，37 年；獻公，32 年；真公，30 年；武公，9 年；懿公，9 年；伯御，11 年；孝公，27 年。

《年表》始於魯真公十五年，其下又有 3 個年數，包括：

> 武公，10 年；懿公 9 年；孝公，38 年。

所記武公年數較《魯世家》多一年，又未及伯御的年數。考《魯世家》原文：

> 獻公三十二年卒，子真公濞立。真公十四年，周厲王無道，出奔彘，共和行政。二十九年，周宣王即位。三十年，真公卒，弟敖立，是為武公。武公九年春，武公與長子括、少子戲西朝周宣王。宣王愛戲，欲立戲為魯太子。周之樊仲山父諫宣王曰：「廢長立少，不順。不順必犯王命，犯王命必誅之，故出令不可不順也。令之不行，政之不立，行而不順，民將棄上。夫下事上，少事長，所以為順。今天子建諸侯，立其少，是教民逆也。若魯從之，諸侯效之，王命將有所壅。若弗從而誅之，是自誅王命也。誅之亦失，不誅亦失，王其圖之！」宣王弗聽，卒立戲為魯太子。夏，武公歸而卒，戲立，是為懿公。懿公九年，懿公兄括之子伯御與魯人攻弒懿公，而立伯御為君。伯御即位十一年，周宣王伐魯，殺其君伯御，而問魯公子能道順諸侯者，以為魯後。樊穆仲曰：「魯懿公弟稱，肅恭明神，敬事耆老，賦事行刑，必問於遺訓，

而咨於固實，不干所問，不犯所知。」宣王曰：「然能訓治其民矣。」乃立稱於夷宮，是為孝公。自是後諸侯多畔王命。孝公二十五年，諸侯畔周，犬戎殺幽王，秦始列為諸侯。二十七年，孝公卒，子弗湟立，是為惠公。[12]

伯御其人，《國語·周語上》韋昭注以為即武公長子括，[13]非是括之子，或是他名括字伯御。由於他被殺無諡，故史文但稱其字，《年表》則以其年數併入了孝公的年數。

《年表》以共和元年當魯真公十五年，又自注「一云十四年」，《魯世家》即取十四年之說。已知周平王元年（前 770）當《魯世家》所記孝公二十六年（按《年表》為孝公三十七年），由此上溯共和元年（前 841），前後共有 72 年。其間懿公的 9 年、伯御及孝公的 37 年為定數（不包括孝公卒年），而真公在位 30 年亦無疑。若從《年表》以武公在位 10 年為是，則共和元年即相當於真公十五年（16 + 10 + 9 + 37 = 72）；若從《魯世家》以武公在位 9 年為是，則共和元年即相當於真公十四年（17 + 9 + 9 + 37 = 72）。今本《紀年》載魯慎公（即真公）卒於周宣王二年（前 826），魯武公卒於宣王十二年（前 816），皆與《年表》相合，故這裡權取魯武公在位 10 年之說。此種記載上的差異，可能是由共和元年的確定引起的。《魯世家》謂「真公十四年，周厲王無道，出奔彘，共和行政」，似是以厲王奔彘之年為共和元年，而此年相當於魯真公十四年；若從古代君主一般於即位次年改元的通例，則厲王奔彘之年為真公十四年，次年方為共和元年，即真公十五年。後世載籍皆謂共和歷時 14 年，應不包括厲王奔彘之年在內。

如採取魯武公在位 10 年之說，西周時期的魯國紀年可表列如下。

---

[12] 《史記》卷 33，頁 188。
[13] 〔春秋〕左丘明，《國語》（《四庫全書》第 406 冊）卷 1，頁 10。

三、《竹書紀年》的西周年代

表二　西周魯國年表

（據《史記‧魯世家》及《十二諸侯年表》製定）

公	年代（公元前）	年數
伯禽	?-999	?
考公	998-995	4
煬公	994-989	6
幽公	988-975	14
魏公	974-925	50
厲公	924-888	37
獻公	887-856	32
真公	855-826	30
武公	825-816	10
懿公	815-807	9
伯禦	806-796	11
孝公	795-769	27

注：孝公卒年為周平王二年（前769），已入東周，今為保持孝公在位年數的完整性，權且表列至此年。

據此表，中國歷史之有確切紀年，實始於公元前999年。司馬遷作《年表》，未嘗不可以此年為開端，大約因為西周共和以前的王年都無從確定，而各諸侯國的紀年又都較魯國要晚得多，故其《年表》僅始於共和元年。因下述各項考求還要時時涉及魯國紀年，故先表列於此。

（三）《世經》的西周年代

《世經》原附於《三統曆》中，當是西漢末劉歆等人的作品，至今尚完整保存於《漢書‧律曆志下》。其性質接近於一種年代學上的曆譜，材料具體而詳細，故舊時多被援為考求古史年代的依據。所記西周年代包括了西周始年、武王克商後的在位年數及周公攝政、成王在位的年數，然後下及於康王十六年，康王十六年以後則接以魯國紀年。其年代數據如下表。

表三 《世經》所記西周年代表

周王及魯公	年代（公元前）	年數
周武王	1122-1116	7
周公（攝政）	1115-1109	7
成王	1108-1079	30
魯伯禽	1108-1063（成王元年至康王十六年）	46
考公	1062-1059	4
煬公	1058-999	60
幽公	998-985	14
魏公	984-935	50
厲公	934-898	37
獻公	897-848	50
真公	847-818	30
武公	817-816	2
懿公	815-807	9
伯御	806-796	11
孝公	795-769	27

　　看這個表中的數據，首先讓人矚目之處，便是所用魯公年數與今本《史記‧魯世家》及《年表》大有不同。其中煬公年數，今本《魯世家》作6年，《世經》則作60年；獻公年數，今本《魯世家》作32年，《世經》則作50年；武公年數，今本《魯世家》作9年，《年表》作10年，《世經》則僅作2年。這樣，三者相抵，《世經》所記的魯公年數就較前列表二多出了64年。按表二，魯考公元年應為公元前998年；若按《世經》，則加此64年，魯考公元年即為公元前1062年。《世經》之所以推定武王克商年為公元前1122年，即由公元前1062年上加作者所擬定的周初60年（武王建國元年至康王十六年）而得出。據《世經》所說，所用魯公年數亦出於《魯世家》，然何以與今本《史記‧魯世家》不同，原因不能明。據《漢書‧司馬遷傳》所說，《史記》原本到漢宣帝時始由司馬遷外孫楊惲傳出；[14] 或劉歆所見官本對

---

[14]《漢書》，頁254。

《魯世家》已有改動，或竟為劉歆自己所改以就合其曆譜，都屬可疑。另外還有兩種可能：一是《世經》所記的魯公年數本出於當時所見的《魯曆》，而此種《魯曆》已誤改《魯世家》，劉歆等人只不過照抄而已；二是所記魯公年數出於古《世本》的某種傳本，而這種傳本可能與《魯曆》相合。但這些在今都已無從質證。

照陳夢家先生的意見：「《三統・世經》之西周曆譜係應用下列各部分配合而成者：（1）選擇若干書籍材料作為構成周初五十六年之史料；（2）採用《三統曆》法（即《太初曆》法）將上述史料之年曆及月象譜成由推算而得之周初五十六年曆譜；（3）除周初五十六年用上述方法譜成外，其他年數採用《魯世家》年數；（4）採用兩周八百六十七年之說，將周初五十六年及《魯世家》所補年數合為西周三百五十二年。」[15] 所說「五十六年」，是指《世經》所擬定的武王建國元年至康王十二年之數。《世經》說：「康王十二年六月戊辰朔，三日庚午，故《畢命》（豐刑）曰：『惟十有二年六月庚午朏，王命作策（豐刑）。』」這是《世經》中涉及周初曆日的最遲年份。不過這只是就其曆譜與古籍中的年代材料對照而言的，並非是說其曆譜僅截止於此年。《世經》應用魯國紀年實始於所擬的康王十六年，故由此年溯至武王滅商建國共有60年。

陳先生又指出：「《世經》周年之製作約經下列之程式：（1）由《殷曆》天元減除《三統》會元及古四分上元而得伐桀至太初元年之積年，由此以求商、周積年。（2）用超辰法算出『歲在鶉火』之年而適合下條者為西周元年以切斷上述之商周積年為二。（3）用《三統曆》法將後世記述周初史料而適合其曆法者編排（為適合曆法故間加修改）為周初五十六年曆譜。（4）周初五十六年以後至春秋用《史記・魯世家》（間或改易年數）補足其西周年數。」[16]

---

[15] 陳夢家，《西周銅器斷代》外編《西周年代考》，頁498。
[16] 陳夢家，《西周銅器斷代》外編《西周年代考》，頁502。

《世經》推求商、周積年及西周始年所用的曆法數據，見於所記及可以推知的有如下十幾個：

a.《殷曆》天元 2760320 歲；
b.《三統曆》會元 2626560 歲；
c.《三統曆》上元至商湯伐桀 141480 歲；
d. 古「四分曆」上元至商湯伐桀 132113 歲；
e.《三統曆》上元至周武王伐紂 142109 歲；
f.《三統曆》上元至西漢太初元年（前 104）143127 歲；
g.《三統曆》商湯伐桀至西漢太初元年 1647 年；
h. 自商湯伐桀至周武王伐紂（亦即商積年）為 629 歲；
i. 兩周積年（武王至赧王）為 867 歲；
j. 東周積年（平王至赧王）為 515 歲；
k. 秦昭王五十一年（前 256）滅周之次年至西漢太初元年之前一年共 151 歲（前 255－前 105）。

這些數據是可以互相參考換算的。按陳先生所考，《世經》確定西周積年及始年是由下列算式得來的：

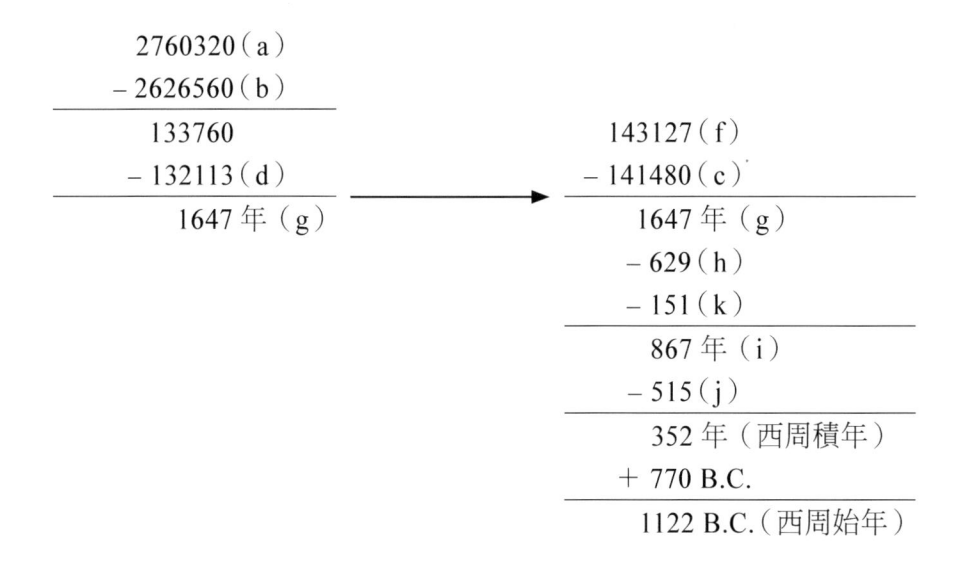

```
  2760320（a）              143127（f）
 －2626560（b）             －141480（c）
  ─────                    ─────
   133760                    1647 年（g）
 － 132113（d）              － 629（h）
  ─────                    － 151（k）
   1647 年（g）              ─────
                             867 年（i）
                            － 515（j）
                            ─────
                             352 年（西周積年）
                           ＋ 770 B.C.
                            ─────
                             1122 B.C.（西周始年）
```

三、《竹書紀年》的西周年代

《三統曆》的製作，用的還是古代「四分曆」的蔀首法（《世經》「蔀」作「府」），亦即以章、蔀為單位編排年曆，凡冬至逢月朔則為章首，冬至在朔日之首則為蔀首。其法如下：

1 歲 = 365 $\frac{1}{4}$ 日
1 月 = 29 $\frac{499}{940}$ 日
1 章 = 19 歲 = 235 月（包含 7 個閏月）
1 蔀 = 4 章 = 76 歲 = 940 月（包含 28 個閏月）
1 統 = 81 章 = 1539 歲
1 元 = 3 統 = 4617 歲

由於歲餘 = 365 $\frac{1}{4}$ − 12×29 $\frac{499}{940}$ = 10 $\frac{827}{940}$ 日，19 歲之歲餘 = 19×10 $\frac{827}{940}$ = 206 $\frac{673}{940}$ 日，故經過 1 蔀 76 歲 940 月，日、月皆成整數。

劉歆等人推求西周年代的程式大略如陳夢家先生所說，但有幾點尚值得注意。

第一是全部推求都按他們所編製的《三統曆譜》進行，皆以蔀法為准，以《三統曆》的會元和上元為年代推算的基點。

第二是商代積年不用《殷曆》。《世經》說：「《殷曆》曰：當成湯方即世，用事十三年。十一月甲子朔旦冬至，終六府首，當周公五年，則為距伐桀四百五十八歲，少百七十一歲，不盈六百二十九。又以夏時乙丑為甲子，計其年，乃孟統後五章癸亥朔旦冬至也，以為甲子府首，皆非是。凡殷世繼嗣三十一王，六百二十九歲。」[17] 這是說按《殷曆》推算，商積年為 458 年；[18] 按《三統曆》推算，則商積年為 629 年；

---

[17] 《漢書》卷 21 下，頁 102。
[18] 此 458 年之數係由下列算法推出：(1) 用《殷曆》成湯在位 13 年之說（包括伐桀之年在內）；(2) 取《尚書·伊訓》小序「成湯既沒，太甲元年」及太甲元年十一月甲子朔旦冬至之說，按《殷曆》推算，由太甲元年至周公四年共得 6 蔀 456（76×6），周公五年為《殷曆》戊午蔀之第一年；(3) 以 456 年之數，減去周武王 7 年、周公 4 年，再

二者相差 171 年。

　　第三是周初年曆的編排，參用了古籍中的年代資料。這些資料主要出自今古文《尚書》的〈洪範〉、〈召誥〉、〈洛誥〉、〈顧命〉、〈武成〉、〈畢命〉諸篇並〈書序〉，以及古文《月采篇》、《左傳》、《國語》、《逸周書》、《禮記・文王世子》等，都不能看作是周初的實錄。《世經》作者實際是以這類材料對號入座的，凡是與《三統曆譜》的哪一年適相符合的月日即排入哪一年，不合者則不取，故有時為就合其曆譜，不免有改動原文日期的嫌疑。相傳周武王伐紂時「歲在鶉火」，[19] 這材料其實是不可靠的，並不能用以推求周初王年，況且用晚起的超辰法推出的結果也不可能合乎商周之際的實際天象（詳見本書附錄二）。

　　第四是周初年曆與魯國紀年的銜接。這點實為《世經》作者確定西周始年的關鍵所在，而使二者銜接的關鍵之關鍵，又在於用《三統曆》的蔀首法推定魯公伯禽在位 46 年，其卒年即康王十六年。《世經》說：「成王元年正月己巳朔，此命伯禽『俾侯于魯』之歲也。……魯公伯禽推即位四十六年，至康王十六年而薨。故《（左）傳》曰：變父、禽父並事康王。」[20] 作者的推算依據是：「周公攝政五年正月丁巳朔旦冬至，《殷曆》以為六年戊午，距煬公七十六歲，入孟統二十九章首也。」「煬公二十四年正月丙申朔旦冬至，《殷曆》以為丁酉，距微（魏）公七十六歲。」[21] 這是說，按《三統曆》，以周正推算，從周公攝政五年正月初一到魯煬公二十四年正月初一，為一蔀 76 年；下一蔀的 76 年，則要延伸到魯魏公四十年的正月初一。因劉歆等先已設定成王在周公

　　加成湯在位的 13 年，即得商積年為 458 年之數。此數的起算點是《世經》作者心目中的武王伐紂之年，而不是周公五年。按《三統曆》推算，則須以此 458 年再加 9 章 171 年（19×9），方與曆譜相合，故《世經》以為商積年為 629 年。此亦《三統曆》上元至周武王伐紂 142109 歲（e）與上元至商湯伐桀 141480 歲（c）之差。

[19] 《國語・周語下》，頁 41。
[20] 《漢書》卷 21 下，頁 103。
[21] 《漢書》卷 21 下，頁 103。

三、《竹書紀年》的西周年代

攝政 7 年歸政後始即位稱元，而伯禽即受封於成王元年，故由周公攝政五年到魯煬公二十四年的 76 年之數，減去周公攝政的後 3 年（包括攝政之第五年在內）及魯考公的 4 年、煬公的 23 年，即得伯禽在位的 46 年之數。而劉歆等又設定成王在位 30 年，故由 46 年之數減去成王的在位年數，即可推定伯禽卒於康王十六年。周公攝政五年在《三統曆》中是個重要的年份，《世經》推定商積年及伯禽卒年都參照了這一定點。

《世經》所依據的周初王年，包括武王 7 年、周公 7 年、成王 30 年，或有傳說及文獻來歷，然最多只是不同說法中的一種，不能視為定論。特別是周公攝政的 7 年是否包括在成王的年數中，歷來就有爭論，而大多數學者以為應併入成王的年數。

問題的根本在於，用編排曆譜的方法推求西周年代，在切實弄清原本紛繁複雜的商周曆法真相之前，還不可能得出有效的結論。這點近世學者已多有論說，故陳夢家先生也強調：「用後世某一種曆法根據某虛擬之起點試譜西周年代，更取某組史料之曆日譜入之，其事非不可能，而不可據此認為推定正確。」[22]《新唐書・曆志》說：「康王十二年，歲在乙酉，六月戊辰朔，三日庚午，故《畢命》曰：『惟十有二年六月庚午朏，越三日壬申，王以成周之眾命畢公。』自伐紂及此五十六年，朏、魄、日名，上下無不合。而《三統曆》以己卯（即公元前 1122 年）為克商之歲，非也。」[23] 唐代一行的《大衍曆議》採取與《世經》同樣的方法作曆譜，且陳先生以為其月相「較《世經》尤為精確」，而推定武王克商年為公元前 1111 年，便與《世經》的推算結果相差 11 年。古籍中零星的曆日材料，相對於擬合的曆譜而言，只被用作被動的證明材料，而不能成為製譜的根據，這本身便是無可奈何的事。近世學者利用日益增多的金文曆日資料編製曆譜，在目前也還

---

[22] 陳夢家，《西周銅器斷代》，頁 500。
[23] 《新唐書》卷 27 上，頁 72。

難以實現某種突破，因為現有的金文資料也還是片段的、不接續的。除非將來會有在某段時間內連續不斷的、且年月日的定位判斷皆精准無誤的銅器曆日史料群出現，否則一切重定的曆譜都不會是完全可靠的。《世經》中的三代年代，因此而不可信。

（四）今本《紀年》的西周年代

今本《紀年》中的西周年代，有混亂而成系統。為簡明起見，這裡也先列其年代框架為一表，然後再作些說明。

表四 今本《竹書紀年》西周年代表

王	年代（公元前）	年數
武王	1051-1045	7
成王	1044-1008	37
康王	1007-982	26
昭王	981-963	19
穆王	962-908	55
共王	907-896	12
懿王	895-871	25
孝王	870-862	9
夷王	861-854	8
厲王	853-828	26（含共和14年）
宣王	827-782	46
幽王	781-771	11

此表的數據問題不少，而主要的問題仍在西周積年與周初王年。關於西周積年，今本《紀年》於西周部分之末總括說：

> 武王滅殷，歲在庚寅。二十四年，歲在甲寅，定鼎洛邑，至幽王二百五十七年，共二百八十一年。自武王元年己卯，至幽王庚午，二百九十二年。

這裡所說的「武王滅殷，歲在庚寅」及「武王元年己卯」之詞，與今本《紀年》正文的記錄均不相合。按今本正文所記，有關條目的干支年及內容如下：

　　己卯年　帝辛四十一年　　文王薨，武王嗣位。
　　庚辰年　帝辛四十二年　　武王即位為西伯，稱元年。
　　己丑年　帝辛五十一年　　武王十年，周師渡孟津而還。
　　庚寅年　帝辛五十二年　　武王十一年，周始伐殷……。
　　辛卯年　武王十二年王率西夷諸侯伐殷，敗之於坶野……。
　　丙申年　武王十七年冬十有二月，王陟。

兩相對照可知，上引總括語以己卯年為武王元年，以庚寅年為滅殷年，均較正文所記提前了一年。這一分歧，明顯是由新王嗣位當年改元與逾年改元的不同理解引起的。依總括語，文王卒年即為武王元年，則庚寅年為武王十二年，丙申年為武王十八年，武王滅殷後共在位 7 年；依正文所記，則庚辰年為武王元年，庚寅年為武王十一年，牧野之戰拖後一年，武王滅殷後共在位 6 年。疑總括語與正文不出於一時，亦非一人手筆。大約今本《紀年》初以庚寅年為武王克商年，後來編纂者囿於後世帝王逾年即位的通例，又改動正文而失於檢照，遂致與先前所加總括語發生齟齬。

今本《紀年》不以武王滅殷的庚寅年為後世通常所理解的武王建國元年，而記作武王十一年或十二年，仍是從古本《紀年》所記的武王元年順次排列下來的。但不論以庚寅年為武王十一年或十二年，都與古本《紀年》的原載不符。據我們考證，古本《紀年》中的周王紀年原是從文王開始的，故今本《紀年》於商王文丁十二年注云「周文王元年」。而載籍群言文王在位 50 年，[24] 若此年數可據，則按古本

---

[24] 見《孟子・公孫丑上》、《尚書・無逸》、《禮記・文王世子》、《史記・周本紀》、《呂氏春秋・製樂》篇等。

《紀年》所記，文王薨卒當在帝辛三十九年，而不是今本所記的帝辛四十一年。[25]若即以帝辛三十九年為文王卒年，帝辛四十年為武王元年，則今本《紀年》所編排的庚寅年就應是武王十三年，而不是武王十一年或十二年。考今本《尚書・洪範》篇云：「惟十有三祀，王訪於箕子。」〈泰誓上〉亦云：「惟十有三年春，大會于孟津。」《逸周書》的〈大匡解〉和〈文政解〉亦兩次見到「惟十有三祀，王在管」之文，可見漢人舊說本以為武王克商在其嗣位後之十三年。唯〈泰誓〉篇小序又云「惟十有一年，武王伐殷」，復與〈洪範〉及〈泰誓〉篇正文不合。《新唐書・曆志・日度議》引《竹書》云：「十一年庚寅，周始伐商。」[26] 此當即今本《紀年》之文，蓋用《泰誓》篇小序之說，而非是古本《紀年》原載如此。[27] 下面分析今本《紀年》的西周年代框架，仍用其武王滅殷在庚寅年之說。

上引總括語中的「二十四年，歲在甲寅，定鼎洛邑」，是就今本《紀年》所記的成王十八年「如洛邑定鼎」而言的。王國維先生的《今本竹書紀年疏證》說：

《史記・周本紀》集解引《紀年》：「自武王滅殷以至幽王，凡二百五十七年。」《通鑒外紀》引《汲冢紀年》：「西

---

[25] 今本《紀年》於帝辛三十三年載：「王錫命西伯，得專征伐。」下有沈約按語云：「文王受命九年，大統未集，蓋得專征伐，受命自此年始。」據此可知，今本之所以記載文王卒於帝辛四十一年，而較古本推遲了 2 年，實出於文王受命在位 9 年之說。此說本於《尚書・武成》篇，而《尚書大傳》謂文王受命 7 年而崩，與古本《紀年》相合。
[26]《新唐書》卷 27 上，頁 72。
[27]《史記・周本紀》載文王受命七年而崩，武王即位，修文王緒業，九年觀兵盟津，十一年伐紂。學者或說此「九年」、「十一年」仍承文王受命之年言之，則武王克商在文王卒後 4 年。《世經》說：「文王受命九年而崩，再期，在大祥而伐紂。故《書序》曰：『惟十有一年，武王伐紂。』〈太誓〉：『八百諸侯會，還歸二年，乃遂伐紂克殷，以箕子歸。』十三年也。」此亦用文王受命之紀年，然又從文王受命在位 9 年之說。疑舊載之「九年」、「十一年」本指武王的紀年，如此則即與今本《紀年》的正文無異。又從《世經》的「再期，在大祥而伐紂」之文可知，武王元年的確定原牽連於新主為故主服喪三年然後即位之說，故或較文王卒年推遲 2 年或 3 年；若推遲 3 年，而後人又或不以為是服喪期，則很容易產生出文王受命九年而崩的說法。

三、《竹書紀年》的西周年代

周二百五十七年。」此二百八十一年與古《紀年》不合，乃自幽王十一年逆數至其前二百五十七年，以此為成王定鼎之歲，以與古《紀年》之積年相調停。蓋既從《（新）唐（書·曆）志》所引《紀年》以武王伐殷之歲為庚寅，而共和以後之歲名又從《史記》，無怪其格格不入也。余疑《隋（書·律曆）志》所引「堯元年丙子」，《唐志》所引「武王十一年庚寅」，皆曆家追名之，非《紀年》本文。蓋雖古《紀年》中，亦多羼入之說也。[28]

這段話的前半部分最稱透闢，揭示今本《紀年》變更古本所記的西周王年，已失去了古本的本來面貌。就是說，古本《紀年》原載西周積年為257年，今本《紀年》因為所考各王年數與古本有所不同，故西周王年總數亦發生了變化。

由上引總括語的表述及現存各種資料的比較來看，今本《紀年》考訂西周王年，於康王以下的部分還是大致在古本257年的框架內作調整的，故如康王26年、昭王19年、孝王9年等，當皆承古本《紀年》而來（詳細的分析見下節）。至於周初的部分，包括武王7年、成王37年，則明顯是今本的編纂者據《世經》的記載補入的，只不過把周公攝政的7年與成王的30年合併為成王的37年。武王建國後的在位年數，雖今本正文記為6年，實際今本的編纂者在計算西周積年時仍是按7年計的。編纂者之所以如此作補，顯然是由於古本文字的殘缺，特別是成王的紀年，可能在古本出土時就已全都失去，故今本編纂者不得不依據傳統的說法作補。其中關係到全局的增補是周初武王、成王的年數。這兩個年數對於計算西周積年最為重要，而歷來又混亂最多，是以編纂者綜合衡量，最終採取了《世經》的「權威」記載。但是這樣一補，古本《紀年》原有的257年之框架就不能容納了，於

---

[28] 王國維，《今本竹書紀年疏證》，前引《輯證》附錄本，頁263。

是編纂者採取調停的辦法，徑以成王十八年為 257 年的上限，並以其年為西周「定鼎」之年，以作為重新推算西周王年及積年的一個界點。體現在干支紀年法的編排上，編纂者的思路是：先由已知西周滅亡的幽王十一年為庚午年（前 771），次第上推 257 年為甲寅年；又由武王伐紂之年為庚寅年，下推 24 年亦為甲寅年。兩相接洽，上下皆合，故以甲寅年為「定鼎」之年。由庚寅到甲寅共 25 年，而武王克商後共在位 7 年，故可推定甲寅年為成王十八年。這樣，以甲寅年為 257 年的上限，上加 24 年至庚寅年，即得出西周積年為 281 年之數；再由庚寅年上推至所謂「武王元年」的己卯年，又須加上 11 年，則共得 292 年。上引總括語所強調的，即是對於西周積年的不同估算。在編纂者看來，古本《紀年》記錄周初年數有誤，少算了 24 年，故須補入。

其實，以成王十八年為「定鼎」之年是完全沒有道理的，只不過是今本《紀年》的編纂者為證成己說而採取的一種別出心裁的假設。其根據當是《左傳》宣公三年的如下記載：

成王定鼎於郟鄏，卜世三十，卜年七百，天所命也。[29]

所謂「卜世三十，卜年七百」，若以周顯王之卒年（前 321）為下限，則平王元年（前 770）至顯王卒年共有 450 年，上加西周 257 年，即為 707 年，約略合於「七百」之數。[30] 然《左傳》桓公二年又載：

---

[29]《十三經注疏》下冊，頁 1868。
[30] 按：西周王世，據《史記・周本紀》，自武王至顯王共有 32 世，顯王之後又有慎靚王、赧王 2 世。陳夢家先生考證「卜世三十，卜年七百」之語，以為此種預言即出於周顯王末年，此時六國次第稱王，周天子威望已盡，而《左傳》的成書亦在此時（見氏著，《西周銅器斷代》,〈西周年代考〉，頁 505-506）。但若以「卜世三十」為實數，則自成王至顯王只有 29 世，且包括未即王位的平王之子洩父一世在內。疑「卜世三十」之語實出於周赧王時，兩周 32 世，若不計武王及洩父，則自成王至赧王適為 30 世。赧王元年（前 314）上距顯王卒年只有 7 年，即使下及赧王之亡（前 256），則較顯王卒年也不過多出 65 年，故按古本《紀年》的記載，「卜年七百」之說仍然可以成立。

> 武王克商，遷九鼎於洛邑。[31]

則武王時已有遷鼎之舉。實則古人所謂「定鼎」，不過是定都之義，而在「鼎」象徵國家政權的意義上，「遷鼎」和「定鼎」也說不上有什麼差異。周初銅器何尊銘文載：

> 唯武王既克大邑商，則廷告於天，曰：「余其宅茲中或（國），自之（茲）乂民。」[32]

可見在武王去世之前，已有意於以洛邑（成周）為統治「中國」之中心，則不得遲至成王十八年始有「定鼎」之事。《左傳》桓公二年杜預注云：「武王克商，乃營雒邑，而後去之，又遷九鼎焉。時但營洛邑，未有都城，至周公乃卒營雒邑，謂之王城，即今河南城也。故《傳》曰：成王定鼎於郟鄏。」孔穎達疏又說：「知武王遷九鼎於洛邑、欲以為都者，鼎者帝王所重，相傳以為寶器，戎衣（夷）大定之日，自可遷置西周。乃徙九鼎，處於洛邑，故知本意欲以為都。」[33] 這些都是就定都而言的。

　　先秦載籍中，與「卜年七百」相近的說法還有好幾種。《孟子‧公孫丑下》記載孟子去齊時曾說：「由周而來，七百有餘歲矣。」[34] 其〈盡心下〉又說：「由文王至於孔子，五百有餘歲。……由孔子而來至於今，百有餘歲。」[35]《韓非子‧顯學》篇也談到「殷周七百餘歲」[36]，實指由周亡溯至商殷已有七百餘年。大抵兩周所歷年數，戰國中後期人皆習知為七百餘年，不足八百年。錢穆先生曾考證孟子兩度游齊，其第

---

[31]《十三經注疏》下冊，頁1743。
[32]《殷周金文集成》（北京：中華書局，1984-1994），11.6014。
[33]《十三經注疏》下冊，頁1743。
[34]〔清〕焦循，《孟子正義》（《諸子集成》第1冊），頁183。
[35]《孟子正義》，頁609-610。
[36]〔清〕王先慎，《韓非子集解》（《諸子集成》第5冊），頁351。

一次去齊約在公元前324年或稍前。[37] 若即以此年為准，則上溯700年為公元前1023年，距古本《紀年》所記西周257年的上限僅差4年。但這也不能作為今本《紀年》設置「定鼎」界點的證據，因為這個界點本不存在。

　　王國維先生指出今本《紀年》中的干支紀年非古本《紀年》本文，也是十分正確的。清人朱右曾的《汲冢竹書存真》於「帝堯元年丙子」下已有按語云：「古人不以甲子名歲，自王莽下書言『始建國五年，歲在壽星，倉龍癸酉』，又云『天鳳七年，歲在大梁，倉龍庚辰』，是始變古。原古人之法，以歲星定太歲之所舍，星有超辰，則太歲亦與俱超，故不可以甲子名歲也。東漢以來，步曆家廢超辰之法，乃以甲子紀年，以便推算。此『丙子』二字，疑荀勖、和嶠等所增也。」[38] 陳夢家先生也判斷，「東漢復行四分曆以後，應已有以干支紀年並追紀古時年代的干支者」，[39] 因此「堯元年丙子」、「武王十一年庚寅」二條「都是後人據《紀年》推校出來的，因東漢以前無干支紀年法」。[40] 何炳棣先生又斷言古本《紀年》中的「庚寅」二字是據唐代的《大衍曆》推算而來的，干支紀年不得早於東漢初葉。[41] 關於干支紀年法起於兩漢之際的看法，現在還有爭議。李學勤先生曾指出：「近年出土文物證明，這種看法是錯誤的，漢初已有系統的干支紀年，因此《紀年》有這一紀年法是完全可能的。」[42] 干支紀年法的起源有個過程，把它上推到漢初或戰國末年也是合理的，不過就《紀年》本書而言，現時還沒有可靠的材料

---

[37] 錢穆，《先秦諸子繫年》（石家莊：河北教育出版社，2002），頁349、577。按：錢先生有關孟子游齊的考證散見於《先秦諸子繫年考辨》中的多篇，須與所作《通表》對看。《通表》所列齊威王紀年，較《史記・六國表》多一年，故與現在通行的歷史紀年表亦相差一年。
[38]〔清〕朱右曾，《汲冢紀年存真》卷上，頁5。
[39] 陳夢家，《漢簡綴述》（北京：中華書局，1980），頁259。
[40] 陳夢家，〈六國紀年表敘〉，頁476。
[41] 何炳棣，〈周初年代初議〉，《香港中文大學學報》，1993年第1期，頁19。
[42] 李學勤，《走出疑古時代・論古代文明》（瀋陽：遼寧大學出版社，1994），頁53-54。

三、《竹書紀年》的西周年代

能夠說明它原有干支紀年。古本《紀年》出土不久，已有據《紀年》推校古時年歲干支的，見杜預〈左傳後序〉，這也從一個側面反映出它原先並不存在干支紀年。如果有的話，晉初整理者不當都不言及，而杜預也沒有必要推校，即使推校也應有與原書干支年的比較。前已言及，現存的古本《紀年》各種輯本中，除了「堯元年丙子」與周武王「十一年庚寅周始伐商」兩條外，並不見有其他使用干支紀年的條目；而這兩條，一出於《隋書・律曆志》，一出於《新唐書・曆志》，紀年干支必為唐人所加，本不該入於古本佚文的輯本。我們相信今本《紀年》的干支年系統原都是本於《大衍曆》而確定的。

　　後世用干支紀年法推校《紀年》的年代，誠如陳夢家先生所說，「常有錯誤」。王國維先生強調今本《紀年》既「以武王伐殷之歲為庚寅，而共和以後之歲名又從《史記》，無怪其格格不入」，即是就年代推求上的問題而言的。他的意思是，西周共和以後的年代既以《史記》為依據，相對來說已有定準，而以武王伐殷之年為庚寅則出於假設，故欲使二者合攏，必定會有不同的推排。換言之，古本《紀年》中的年代記錄既不能確知，而按重新設定的條件推求共和以前的年代，則其結果必不能與古本《紀年》相合。這樣，最終體現在西周積年的估算上，今本與古本也就「格格不入」了。不過今本《紀年》的干支年系統是經過精心編排的，其內部結構並未有齟齬。例如其西周部分，情況如下表。

　　干支紀年是一種紀年法的轉換，它整齊而有規律，便於掌握。嚴格地講，對於正式採用此種紀年法之前的歷史年代，所有追溯性的編排都屬於填充的性質，亦即按作者所理解的年代系統，一一與既定的干支年表對號。今本《紀年》中的干支紀年，以所定武王伐紂的庚寅年為主要支點。由此庚寅年上溯，即可排定商王年與夏王年，並一直上推到帝堯陶唐氏「元年丙子」，以為中國紀年之始；由此庚寅年下推，以與幽王十一年庚午相接，則排出西周王年。具體王年的推考和

表五　今本《竹書紀年》西周干支年表

武王十一年（伐紂年）	庚寅（前1051）
十七年	丙申
成王元年	丁酉
十八年	甲寅
康王元年	甲戌
昭王元年	庚子
穆王元年	己未
共王元年	甲寅
懿王元年	丙寅
孝王元年	辛卯
夷王元年	庚子
厲王元年	戊申
十三年（共和元年）	庚申（前841）
宣王元年	甲戌
幽王元年	庚申
十一年（西周亡）	庚午（前771）

確定另有基礎的參數，干支年的編排則可以隨機調整，不關乎王年考定的正誤。如武王克商年可能不是庚寅年，而是另外一個干支年，那麼在調整為另一個干支年之後，庚寅年的位置仍然不動。但是如果反過來，在具體王年不能確知的情況下，僅以擬測的王年數據就合自定的干支年表，那麼所定王年就不具備可靠性。大抵在古史年代學上，干支年的推排只是一種工具，而不能成為確定具體年代的標準。

今本《紀年》的西周部分兼記諸侯薨卒，對於考察今本的年代框架及進一步推求古本《紀年》中的西周王年是有參考價值的。其中涉及西周魯國紀年的材料有如下各條：

康王十九年，魯侯禽父薨。
昭王十四年，魯人弒其君宰（幽公）。
穆王四十五年，魯侯潰（魏公）薨。
懿王十七年，魯厲公擢薨。

宣王二年，魯慎公（真公）薨。

宣王十二年，魯武公薨。

宣王二十一年，魯公子伯御弑其君懿公戲。

平王二年，魯孝公薨。

以這幾條記載與前列表二相對照便不難看出，今本《紀年》所記魯真公卒年及武公、懿公、伯御、孝公的在位年數，皆與《史記‧十二諸侯年表》相合，故正確無誤；自真公卒年以上，則由諸公卒年所推得的諸公在位年數，與今本《史記‧魯世家》參差甚大，明顯有混亂。（1）〈魯世家〉載獻公在位 32 年，真公在位 30 年；按今本《紀年》，則獻公卒年漏記，獻公、真公共在位 53 年（懿王十八年至宣王二年），較〈魯世家〉少了 9 年。（2）〈魯世家〉載厲公在位 37 年，今本《紀年》則作 39 年（穆王四十六年至懿王十七年），多出了 2 年。（3）〈魯世家〉載魏公在位 50 年，今本《紀年》同（昭王十五年至穆王四十五年）。（4）考公、煬公、幽公的在位年數，〈魯世家〉分別載為 4 年、6 年、14 年，共 24 年；按今本《紀年》，則三公在位共 21 年（康王二十年至昭王十四年），少了 3 年。（5）伯禽的卒年，《世經》推定為康王十六年；今本《紀年》當是本從《世經》之說，而誤書作「十九年」，[43] 則推遲了 3 年。以上述幾項短缺的年數與多出的年數互相折合，可知魯考公至真公的總年數，今本《紀年》所記較〈魯世家〉少了 7 年。如果權且使用今本《紀年》的年代框架，又採用〈魯世家〉所記的魯公年數（即補入短缺的 7 年），那麼由真公卒於宣王二年上推，伯禽的卒年就應是康王九年。問題出在今本《紀年》既從《世經》，以為伯禽

---

[43] 今本《紀年》於康王十六年下接記十九年事，而十九年內僅有「魯侯禽父薨」一條。王國維《疏證》云：「《漢書‧律曆志》：『成王元年，此命伯禽俾侯于魯之歲也。魯公伯禽推即位四十六年，至康王十六年而薨。』此作十九年。案：下『二十一年魯作茅闕門』，乃煬公時事，二十一年煬公已即位，前此尚有考公四年，則此書亦當從《漢志》說，以魯公薨在康王十六年也。『十九年』三字疑衍。」《輯證》附錄本，頁 248。

卒於康王十六年，則依次下推，至於已經確知的真公卒年，必有 7 年不能安置。其書之所以漏書獻公在位年數，當即由此種矛盾不能解決所致。換言之，今本《紀年》參用魯國紀年，實將真公以前的年代都推遲了 7 年。這是轉換魯國紀年與西周王年的一個重要參考數據，因下文的考證還要用到，故先表見於此。

（五）由今本《紀年》推考古本《紀年》的西周年代

今本《紀年》在年代學上的可貴之處，在於它在古本《紀年》的出土文本零落殘缺的情況下，仍然部分地保存了古本《紀年》的年代框架及資料，尚可藉以考見古本《紀年》原載的年代，從而為三代年代學的綜合研究提供一個較早而又較為可據的參照系。下面即聯絡相關古文獻史料，專就古本《紀年》原載的西周王年分別作些探討。

1．武王、成王的年代

關於武王克商後的在位年數，漢末以前的載記已多分歧。

《尚書・金縢》篇載：「既克商二年，王有疾，弗豫。二公曰：『我其為王穆卜。』翼日乃瘳。……武王既喪，管叔及其群弟乃流言於國。……」[44]《史記・周本紀》亦載：「武王已克殷，後二年，問箕子殷所以亡。……武王病，天下未集，群公懼，穆卜……欲代武王。武王有瘳，後而崩。」[45] 這兩種記載都未明確說出武王克商後究竟在位幾年，雖後來學者多以為是指 3 年，但也可使人推論武王在克商之次年即去世。《史記・封禪書》又記載：「武王克殷二年，天下未寧而崩。」[46] 此

---

[44]〔唐〕孔穎達等，《尚書正義》（《十三經注疏》上冊），頁 196。
[45]《史記》卷 4，頁 18。
[46]《史記》卷 28，頁 173。

則以理解為 2 年為宜。

　　《逸周書・作雒解》:「武王克殷……既歸,成歲十二月崩鎬,殯於岐周。」[47]文中「成」字或作「乃」,孔晁注云:「『乃』謂乃後之歲也。」疑以作「成」字為是,或孔注之上一「乃」字本亦作「成」而訛為「乃」。「成歲」蓋猶言「重歲」,指第二年,孔注實亦釋為第二年。不過此記若是用周正,周人以十一月為歲首,則此「十二月」可能僅指第二年的第二個月;若是用殷正,則指第二年的第一個月。如此,武王克商後實際在位的時間便只有一年多。或者真實的情形是武王自出兵伐商至去世共跨三個年頭,即前年底出兵,克商後在位一年,至第三年的年初就去世了。

　　《管子・小問》篇載:「武王伐殷,克之,七年而崩。」[48]此說可能較晚起。《世經》說:「文王十五而生武王,受命九年而崩。崩後四年而武王克殷,克殷之歲八十六矣,後七歲而崩。故《禮記・文王世子》曰:『文王九十七而終,武王九十三而終。』凡武王即位十一年。」[49]此所引〈文王世子〉篇,舊時注家皆謂出自《大戴禮》,而今本《大戴禮》無此篇;今本《禮記》有此篇,然又無所引之文。有學者考證〈文王世子〉篇大約成於戰國晚期,[50]但對文王、武王年壽的推算可能出於漢人的附會。又《逸周書・明堂解》:「既克紂六年而武王崩。」[51]此亦可理解為 6 年或 7 年兩種說法。

　　《淮南子・要略》篇云:「武王立,三年而崩。」[52]此說當是由〈金縢〉篇推論而來的,以為武王克商,二年有疾而愈,又一年病復發而崩。

---

[47] 〔晉〕孔晁注,《逸周書》(《四庫全書》第 370 冊),頁 34-35。
[48] 〔清〕戴望,《管子校正》(《諸子集成》第 5 冊),頁 275。
[49] 《漢書》卷 21 下,頁 103。
[50] 見王鍔,《《禮記》成書考》(北京:中華書局,2007),頁 233-239。
[51] 《逸周書》,頁 43。
[52] 〔東漢〕高誘注,《淮南子》(《諸子集成》第 7 冊),頁 375。

漢末鄭玄《詩譜・豳風譜》孔穎達疏引鄭說：「（武王）伐紂，後二年，有疾。疾瘳，後二年崩。」[53] 此說蓋亦由〈金縢〉篇及《史記・周本紀》推衍而來，只不過較《淮南子》又延遲了一年。夏商周斷代工程取此說，並謂瀧川資言《史記會注考證》所引日本高山寺《周本紀》鈔本與鄭說相合，遂定武王克商後在位 4 年。[54]

關於成王的在位年數，除《世經》的 30 年之說外，現存漢末以前的相關史料便只有古本《紀年》的這一記載：「成、康之際，天下安寧，刑措四十餘年不用。」[55]

前已指出，現存古本《紀年》的佚文，周成王部分已無一字；武王部分，除「周始伐商」一語外，也已僅剩武王率西夷諸侯伐殷及擒紂二事，即今本《紀年》「周紀」部分的頭兩條。現在推尋古本《紀年》所記武王、成王的在位年數，自然首先要考慮到今本與古本所載西周積年之差（281−257 = 24）。實際上，由前列表四即可清楚地看出，今本《紀年》重構西周王年，只是順從《世經》而預設武王、成王共在位 44 年，從而將古本《紀年》所記二王的在位年數增加了 24 年；而在今本調停古本西周積年的框架內，這個差數並不影響康王以下各王年的積數。換句話說，今本《紀年》與古本《紀年》的具體王年雖有差異，而今本的康王元年（前 1007）仍是古本的康王元年，今本自康王元年以至幽王十一年的積年總數（237 年）也仍與古本相同。這個年數是與魯國紀年密合無間的。

上已言及，今本《紀年》載魯真公卒於宣王二年，若別除所記魯公在位年數的錯誤，而採用今本《史記・魯世家》所記的魯公年數，則由真公卒年上推，魯公伯禽當卒於康王九年；而據西周魯國年表，

---

[53]《毛詩正義》，頁 387。
[54] 夏商周斷代工程專家組，《報告（簡本）》，頁 48-49。
[55]〔唐〕李善《文選・永明九年策秀才文注》及《太平御覽》卷 85 引《紀年》（分見《四庫全書》第 1329 冊，頁 629-630；第 893 冊，頁 806）。《史記・周本紀》亦有此語（頁 18）。

三、《竹書紀年》的西周年代

伯禽卒於公元前 999 年，則此年正當今本《紀年》的康王九年。由這個比較更可肯定，今本、古本《紀年》的康王元年是個相同的定點。《左傳》昭公十二年載伯禽與齊太公之子呂伋、衛康叔之子王孫牟、晉唐叔之子燮父等「並事康王」，[56] 這與古本、今本《紀年》也是完全相合的。《世經》擬測康王元年為公元前 1078 年，若減去劉歆等人計算魯公年數所多出的 64 年以及以康王十六年為伯禽卒年所多出的 7 年，康王元年也便下落到公元前 1007 年。所以要恢復古本《紀年》原載的武王、成王在位年數之和，只需一個最簡單的算式：44（今本二王年數）－24（今本、古本西周積年之差）＝ 20（年），或 257（古本西周積年）－237（康王至幽王積年）＝ 20（年）。其年代即公元前 1027-前 1008 年。

二王年數的分配，我們以為仍當略依《尚書‧金縢》、《史記‧周本紀》及《封禪書》、《逸周書‧作雒解》等所記，定武王克商建國後在位僅 2 年（前 1027-前 1026）。如是，則成王在位（包括周公攝政）共 18 年（前 1025-前 1008）。

其實，有資料表明，古本《紀年》原是記載武王建國後在位僅 2 年的。《真誥》卷 15〈闡幽微第一〉「武王發」注：「文王之子，周武王也。姓姬，名發，伐殷紂而為天子。即位二年崩，《禮》云年九十三，《竹書》云年四十五。」[57] 這是最明確地談到武王在位 2 年而崩的資料，從行文看，此 2 年之數必來自《竹書》；而《真誥》屢引《竹書》，都是指古本《紀年》。

傳世周初銅器有利簋，記武王克商年之事；[58] 又有何尊，記成王「五祀」事。[59] 何尊銘文首稱「唯王初遷宅于成周」，此即周初營建洛邑

---

[56]《春秋左傳正義》，頁 2064。
[57]〔晉〕陶弘景，《真誥》（《四庫全書》第 1059 冊），頁 458。
[58]《殷周金文集成》，8.4131。
[59]《殷周金文集成》，11.6401。

以為東都事。《尚書・洛誥》篇說:「戊辰,王在新邑,烝祭歲,⋯⋯在十有二月,惟周公誕保文、武受命惟七年。」[60] 王國維先生以為這個「惟七年」是從武王克商年算起的:「武王即位克商,未嘗改元。⋯⋯成王即位,周公攝政之初,亦未嘗改元。〈洛誥〉曰惟七年,是歲為文王受命之十八祀,武王克商後之七年,成王嗣位,於茲五歲,始祀於新邑。」[61] 此說由何尊的出土得到確證。[62] 成王五年也就是周公攝政的第五年,所以《尚書大傳》說:「周公攝政 ⋯⋯ 五年,營成周。」[63] 結合〈洛誥〉、〈召誥〉及何尊銘文來看,周初經營東都只是一年之事:是年三月,召公、周公相繼至洛邑,相度部署營建事務;四月,成王至洛邑,正式稱此地為成周,宣示建新都之意,並在「京室」(祖廟)向宗人訓話,告訴他們經營成周是武王的遺願;十二月,新邑建成(應主要指宮殿及廟室),於是舉行大合內外臣工的殷見之禮以慶功。我們在這裡之所以要特別提到這一事實,是因為按這樣的理解,〈洛誥〉的「惟七年」與何尊的「王五祀」恰相契合,正好可以證實武王在克商的第二年即去世,成王即位五年即武王克商的第七年,亦即周公攝政之五年。周公攝政七年而還政於成王之說是可疑的,故王國維先生又說:「自後人不知『誕保文、武受命』指(周公)留洛邑監東土之事,又不知此經(〈洛誥〉)紀事、紀年各為一句,遂生周公攝政七年之說,蓋自先秦以來然矣。」[64]

傳世周初銅器又有作冊睘卣,銘文稱「唯十又九年,⋯⋯ 王姜令作冊睘安夷伯」。[65] 學者或以為此卣是成王時器,王姜為成王之后、齊太

---

[60] 《尚書正義》,頁 217。
[61] 王國維,《觀堂別集》卷 1,〈周開國年表〉,「文王元祀」,《觀堂集林》(北京:中華書局,1959,附錄本),第 4 冊,頁 1142。
[62] 楊寬先生還有極為詳細的考證,證明王國維先生的看法是正確的,見所作《西周史》,頁 169-172、525-530。
[63] 〔漢〕鄭玄注,《尚書大傳》(《四庫全書》第 68 冊),頁 411。
[64] 王國維,〈洛誥解〉,《觀堂集林》,頁 40。
[65] 《殷周金文集成》,10.5407。

三、《竹書紀年》的西周年代

公之女,並以此證明成王在位最少 19 年。[66] 此說較上文所考成王在位 18 年之數多一年,器物的斷代恐不一定確實。「王姜」之名又見於令方彝、令簋銘文,我們傾向於認為諸器都是康王時物(參見下文康王年代部分)。有學者考證成王的王后為「王姒」而非「王姜」。[67]

近年出現的一件周初銅器,有銘文 21 字,按學者的一種釋讀,銘文為:「覞(堯)公作妻姚簋,遘于王令(命)易白(唐伯)侯于晉,唯王廿又八祀。」學者因稱此器為堯公簋。此器一出,便成為考訂周初王年的大困惑。目前還有學者懷疑這件銅器的真實性,認為它可能出於偽造,但也有不少學者認為它是真品。若信其為真,那麼它必是西周早期器物,專家的鑒定或以為應定在西周早期中段。史載晉國始祖叔虞初封於唐地,故晉國初稱唐;後叔虞之子燮父遷於晉地,故唐改稱晉。此銘「唐伯(燮父)侯于晉」即指其事,合於歷史紀錄;然銘文的紀時作「唯王廿又八祀」,卻又大令人費解。今本《竹書紀年》於周康王紀內載:「九年,唐遷于晉,作宮而美之,王使人讓之。」以其事繫於康王九年。《北堂書鈔》卷 18 引古本《紀年》云:「晉侯築宮而美,康王使讓之。」[68] 知今本此條為古本所原有,而古本極可能原亦繫其事於康王九年,今本並未作改動。這就與堯公簋的「廿又八祀」發生衝突。學者或主張此簋為康王時器,然古籍所記載的康王在位年數差不多皆作 26 年,夏商周斷代工程又定康王在位 25 年,皆不足 28 年之數,以致問題無法解決。於是有學者提出,若將此器定在成王時,則與《周語・晉語》所載唐叔受封時間一致(即唐叔卒於成王在位年),並可將成王的在位年數調整為 37 年(含周公攝政 7 年)。[69] 但這樣調整之後,斷代工程所定的成王在位 22 年之數及上下王年便都要隨之變

---

[66] 參見陳夢家,《西周銅器斷代》,頁 61、510。
[67] 見劉啟益,〈西周金文中所見的周王后妃考〉,《考古與文物》,1980 年第 4 期。
[68] 《北堂書鈔》,頁 45。
[69] 參見朱鳳瀚,《覞公簋與唐伯侯于晉》,《考古》,2007 年第 3 期。

動，問題會越來越複雜。

我們以為，僅據此器銘文還不能輕易否定《竹書紀年》的記載。古本《紀年》又謂成、康之際「刑措四十餘年不用」，也就是說二王共在位四十餘年，倘若有一王在位 28 年以上，則這「四十餘年」之文即不好處理。同時《左傳》昭公四年明載燮父與伯禽等「並事康王」，則燮父遷晉事也不宜上推到成王時。這裡提出另一種思路，即堯公簋的「廿又八祀」有無可能是指時王的年齡？以時王的年齡記事，似乎甚不合於人們通常所理解的史法，然古時是否曾行用此法，現在還不能保證必無，這點值得研究古史年代學的學者留意。類似的銅器可能不止一兩件，如近年出土的晉侯蘇編鐘，銘文稱「唯王卅又三年」，也存在同樣的難題。古籍中所記載的有些王年，似乎也可通過此法作解釋，這點我們在下面考求昭王、穆王、厲王的年代時還要涉及。假定堯公簋確是康王時器，並且所記「廿又八祀」即是康王在位之九年的年齡，那麼以前考武王在位 2 年、成王在位 18 年為准，即可推知康王即位時 20 歲，其出生在武王建國二年（前 1026）。總之，按現有材料，還不能認定成王或康王的在位年數超過 28 年。

今本《紀年》所記成王在位期間的年曆當都是重編的，大要不可信，雖然周公東征前後的年份因抄錄史書而不無一定根據。即如經營成周事，今本相關者凡有 5 條：（1）成王五年「夏五月，王至自奄，遷殷民于洛邑，遂營成周」；（2）七年「三月，召康公如洛度邑。甲子，周文公誥多士于成周，遂城東都」；（3）十一年正月，「王命周平公治東都」；（4）十四年「冬，洛邑告成」；（5）「十八年春正月，王如洛邑定鼎」。修建王城之役，自然不是在一兩年內就能畢功的，然如《洛誥》所載，定都只是一年之事。今本《紀年》反覆言之，且「營成周」、「城東都」、「至東都」、「定鼎」分作數事，前後達十幾年，不過是為了湊合編纂者對周初年曆的編排。而所謂「定鼎」，實為添設之辭，上已辨之。更有自相矛盾的條目，是既記「十三年夏六月，魯

大禘于周公廟」，又記二十一年「周文公薨于豐」、次年「葬周文公于畢」。此亦因摩擬古本的記載，屬稿未定，前後失於檢照。周公的卒年不可考，古本《紀年》原來有無記載都不一定。王國維先生為今本《紀年》作《疏證》，凡今本之文見於前人所引古本佚文者必引之，而成王部分竟一無所引，亦可見古本的這一部分在唐以前已全部佚去，今本的重編亦本無古本的殘文可據。唯是其中有少量條目（約占五分之一左右）不見於他書，且有兩條「約按」，也可能這類條目原存於《竹書同異》等附錄材料或汲冢他書中，今本編纂者即據以聯絡組織，又網羅古籍中的成王事蹟，依倣古本《紀年》的記事體例而拼湊成篇。

現在看來，要瞭解周初的史實與年代，應須破除一個根深蒂固的傳統觀念，即周公攝政時成王尚「年少」之說。武王克商時年事已高，此殆無疑問。今本《紀年》載其去世時「年九十四」，古本《紀年》佚文則作「年四十五」或「年五十四」，都難依據，因為《紀年》之文除此條外，並不見有記錄夏、商、周三代其他各王享年的條目，此所記武王年齡或為傳抄者所添加。《尚書‧無逸》篇說：「文王受命惟中身，厥享國五十年。」偽孔傳云：「文王九十七而終，中身即位時年四十七。言中身，舉全數。」[70] 此所謂「受命」，蓋就文王嗣為周人首領言之，「中身」則指傳說的文王壽百歲之半。據今本《紀年》，文王嗣位在商王文丁十二年，是年下距武王克商尚有 62 年；而傳說又謂「文王十五而生武王」，[71] 則以文王嗣位時為 47 歲計，下至周滅商，武王即已 94 歲（47－15 + 62 = 94）。疑所謂武王「年九十四」即由此算出，然須設定武王克商當年即去世才行；《禮記‧文王世子》則又謂「武王九十三而終」。[72] 縱然這些都不可信，而以情理推之，武王克商時的年

---

[70] 《尚書正義》，頁 222。
[71] 見《尚書‧泰誓上》小序孔穎達疏引〔漢〕戴德，《大戴禮》（《十三經注疏》上冊），頁 179。
[72] 《十三經注疏》下冊，頁 1404。

齡總不至於在 70 歲以下，況且此時其兄伯邑考已去世。以高年而完成滅商大業，其辛苦可知，故至克商之次年即去世（以武王建國後在位 2 年計）。其時成王作為武王元子，斷不應尚在少年階段。古人說的「年少」，往往可指 30 歲上下，未必限定於 10 多歲。成王與伯禽為同輩親堂兄弟，年齡可能也相倣。據上述推考，伯禽卒於康王九年（即燮父遷晉之年），也就是其去世比成王尚晚 9 年，也許成王比伯禽還要年長些。伯禽與燮父等「並事康王」，而燮父之父唐叔虞為成王之弟，亦可見成王即位時決不會太年輕。武王去世後周公「攝政」，有著特殊的政治背景及古代王位繼承的兄終弟及等因素，後人對周公業績的稱頌有類於神話，成王「年少」之說當即由此化出。

2・康王、昭王的年代

康王的在位年數，今本《紀年》作 26 年，當是承古本《紀年》而來的，《帝王世紀》、《皇極經世》、《通鑑外紀》、《通志》、《文獻通考》、《通鑑前編》也都作 26 年。[73] 在沒有發現新的更為可靠的出土文獻證據之前，這一年數斷不可輕易更動。

金文中涉及康王紀年者，上舉作冊睘卣有「唯十又九年」。此外，庚嬴鼎有「唯廿又二年」，大盂鼎有「唯王廿又三祀」，小盂鼎有「唯王廿又五祀」，[74] 皆為康王晚年時物，而無超出 26 年者。

昭王之死，在早為周人所諱。然今本《紀年》明確記載：「十六年，伐楚，涉漢，遇大兕。」「十九年春，有星孛於紫微。祭公、辛伯從王伐楚。天大曀，雉兔皆震，喪六師於漢。王陟。」這些也都見於古本《紀年》佚文。《左傳》僖公四年載管仲之語云：「昭王南征而不復，

---

[73] 《帝王世紀》所記的康王在位年數，疑即直接由汲冢《紀年》抄出，後來諸書則又相繼轉抄。皇甫謐卒於太康三年，他生前是能夠看到古本《紀年》的，故所撰《帝王世紀》有所引錄。《帝王世紀》中不同於古本《紀年》的西周王年，蓋因古本《紀年》多失去，皇甫謐無從抄存，而又另從《世經》的年代框架並參考其他古文獻資料構擬。

[74] 庚嬴鼎、大盂鼎、小盂鼎分見《殷周金文集成》5.2748、5.2837、5.2839。

寡人是問。」楚人對曰:「昭王之不復,君其問諸水濱。」[75] 又《史記‧周本紀》載:「昭王南巡狩不返,卒於江上。其卒不赴告,諱之也。」[76] 故《太平御覽》卷 874 引古本《紀年》,且較今本多出「王南巡不返」一語。然則昭王在位 19 年而死於南征荊楚,當無疑義。

由上考康王元年為公元前 1007 年,可知康王卒於公元前 982 年;昭王的年代則順次為公元前 981－前 963 年。

西周金文中有相當一批關於周王朝征伐東夷、淮夷的記錄,過去金文專家往往屬之於成王時,或以為所反映的是周公東征時的史事,而近時學者多謂應屬之於康王時。其中不乏長篇文獻,而尤以關涉毛公、明公、伯懋父諸器最為重要,如著名的班簋及令方彝、宜侯夨簋、令簋、召尊、小臣謎簋、小臣宅簋、雪鼎、旅鼎、䚄鼎、魯侯簋、沈子簋等,均涉及毛公東征而平定東夷大反事。[77] 這次東征亦歷時三年,故班簋云「三年靜東國」,可見其規模之大;但其主帥為毛公,顯然不是成王初年的周公東征。以往學者對毛公東征的年代不主一說,因而對相關銅器的斷代也存在相當的差距。特別是班簋,或以為是成王時器,[78] 或統言為康、昭時器,[79] 或定以為昭王時器,[80] 或又以為是穆王時器。[81] 許倬雲先生認為:「器雖可晚至昭穆之世,這件東征之事卻是追述

---

[75] 《春秋左傳正義》,頁 1793。

[76] 《史記》卷 4,頁 18。

[77] 此處所舉諸器皆見於《殷周金文集成》,分別為:班簋,8.4341;令方彝,11.6016;宜侯夨簋,8.4320;令簋,8.4301;召尊,10.5416;小臣謎簋,8.4238;小臣宅簋,8.4201;雪鼎,5.2740;旅鼎,5.2748;䚄鼎,5.2731;魯侯簋,7.4029;沈子簋,8.4330。

[78] 陳夢家,《西周銅器斷代》,頁 24;王玉哲,《中華遠古史》(上海:上海人民出版社,2000),頁 590。按:陳夢家先生後來又將班簋改歸於康王時期,見《西周銅器斷代》頁 24 編者注。

[79] 唐蘭,〈西周銅器斷代中的康宮問題〉,《考古學報》,1962 年第 1 期,頁 38。

[80] 黃盛璋,〈班簋的年代、地理與歷史問題〉,《考古與文物》,1981 年第 1 期;李學勤,〈令方尊、方彝新釋〉,《古文字研究》,第 16 期(1989);李學勤,《夏商周年代學札記‧靜方彝與周昭王曆日》(瀋陽:遼寧大學出版社,1999),頁 24-29。

[81] 楊寬,《西周史》,頁 558。

毛公任統帥時的戰役，仍可能是早到康王之世的事。」[82] 我們傾向於這次東征發生在康王初年。

其一，毛公又稱毛伯、明伯、明保、保、毛伯明、毛父、伯懋父、中髦父、中旄父等，當皆是一人之稱。學者或以為其人即文王之子、武王和周公之弟毛叔鄭，或又以為是周公之子君陳或衛康叔之子康伯髦（王孫牟）等。我們以為應是毛叔鄭。蓋其名為鄭，爵為公（亦稱周公），官為保，封於毛而稱毛叔、毛伯，「明」、「懋」、「髦」、「旄」諸字皆為「毛」之借字。令方彝稱之為「周公子明保」，似應以「周公」、「子明保」分讀，「子」大概是指其為文王之子的身份。《路史》卷19云：「武王克商，以毛叔鄭從。成王以鄭為三公，有毛氏、毛伯氏。」[83] 清于鍇《尚史》卷26云：「毛叔爵為公，為成王卿士。成王將崩，毛公同受顧命，立康王。」[84] 此據《尚書‧顧命》等言之，無可懷疑。令方彝謂王命毛公「尹三事四方」，班簋謂之「作四方極」，又命其集兵伐東夷，其事必在康王即位初，正與顧命之說相合。今本《紀年》載康王十二年「毛懿公薨」，疑此毛懿公即毛叔鄭。[85]

其二，宜侯夨簋稱「王省珷王、成王伐商圖」，則其事應在康王時。這次伐東夷之兵有兩說：小臣謎簋謂「伯懋父以殷八師征東夷」；魯侯簋謂「王令明公遣三族伐東國」。大約「殷八師」為東征的主力，同時輔之以「三族」之兵，另外又有溓公所率師氏、有司、諸隨從小國（後國）等兵。所謂「三族」，當即班簋所說的虞伯、呂伯及毛伯本族的卒眾。宜侯夨令之器屢稱丁公、父丁、伯丁父等，疑呂伯即指

---

[82] 許倬雲，《西周史》，頁186。
[83] 〔宋〕羅泌，《路史》（《四庫全書》第383冊），頁164。
[84] 〔清〕李鍇，《尚史》，《四庫全書》第404冊，頁454。
[85] 孫之騄《考訂竹書》、徐文靖《竹書統箋》皆以為毛懿公即毛叔鄭，見《《竹書紀年》研究文獻輯刊》第一冊頁291-292、第二冊頁373。按：依筆者所考古本《紀年》原載的周初年代，自武王克商年（前1027）至康王十二年（前996），前後凡32年，毛叔鄭的生平固可下及康王時。

三、《竹書紀年》的西周年代

姜太公之子丁公呂伋；虞伯則為太公之族丁宗的別支，[86] 曾封於虞地為侯，或其地即在宜（疑即今江蘇丹徒一帶）。如是，則齊國之兵亦為這次東伐的主力之一。班簋的作者毛班為毛公之子，隨父出征，以衛其父。銘文載其自稱為「文王、王姒聖孫」，又稱其父母為「昭考、爽」（爽即商代周祭卜辭所見相當於妣的稱謂），正可為毛公即毛叔鄭提供一證。按西周昭穆制度，文王為穆，武王、周公、毛公兄弟即屬昭，毛班輩又為穆。這個毛班疑即《穆天子傳》所見的毛班，只不過一為青年，一為老年。若說後者為毛叔鄭五世孫，則與昭穆之序不合。

其三，魯侯簋和沈子簋都是很值得重視的。魯侯簋所記人名劀疑即毛班，時班駐獮（費）地（今山東費縣一帶），魯侯慰勞之並為慶功，因作軍旅祭器。這個魯侯應指伯禽。沈子為魯煬公之子，因封於沈而稱沈子，其地在今河南平輿北（或說今安徽阜陽西北）。其簋銘屬於追述的性質，先敘他在魯國祖廟（周公宗）祭祀周公，並升祭伯禽、考公「二公」，以表明其父煬公（胡考）以「兄終弟及」即魯國君位是「顯顯受命」而來的；然後追敘「先王先公」克殷之功，並特別表彰煬公的「克淵（奄）克夷」，其下還敘及沈子本人平定蔑地（在今山東泗水東）等功勞。文中「胡考」即壽考，下文又稱「用綏公唯壽」，可見沈子作器時煬公尚健在，或為「煬公徙魯」而初建周公廟時所作。[87] 而煬公在位僅 6 年，則其器必作於康王時。

其四，周王朝的這次東征，主要的征伐對象是「東國瘠戎」。「瘠戎」亦即「淵夷」，「瘠」、「淵」皆通「奄」，均指舊奄國及徐淮夷等殘餘勢力。因此，這次東征的主戰場應在魯國以南及以東地區。班簋

---

[86]「丁宗」之名是用日名（十天干）表示的。西周齊國姜姓貴族尚承殷人風俗，以日名表宗派，故呂伋日名為丁而稱「丁公」，其宗則可稱「丁宗」。參見拙作，〈商王名號與上古日名制研究〉，《歷史研究》，2005 年第 2 期，頁 25。

[87]「煬公徙魯」之文出於《世本》（《史記‧魯周公世家》集解引），當是指煬公即位後正式建都於今曲阜之舉。據筆者所考，伯禽受封後及考公在位時，魯都尚在舊奄國故城，而不在今曲阜。參見拙作，〈魯國名稱及其建邦定都問題〉，《齊魯學刊》，1996 年第 1 期。

載毛公兼「秉繁、蜀、巢令」。繁即繁陽（曾伯簠作繁湯），見於《左傳》襄公四年，在今河南新蔡北；巢在今安徽桐城南，〈書序〉稱「巢伯來朝，芮伯作《旅巢命》」；蜀地不詳，大約在繁、巢之間。看來這幾個淮夷小國當時仍歸服於周，也可能曾從調隨征。周人的第一次東征，即成王初年的周公東征，雖然打敗了奄人並擊退了徐淮夷的進攻，但並未有效地控制淮海地區。大約在成王去世後，東夷一時「大反」，徐淮夷又捲土重來，周人乃不得不進行第二次大東征。《尚書・費誓》說「徂茲淮夷，徐戎並興」，以致「魯人三郊三遂，峙乃楨榦」，「峙乃芻茭」，[88] 足見當時魯國形勢之嚴峻。然此乃毛公東征前形勢，斷非周公東征及魯國初封時事。〈費誓〉序說：「魯侯伯禽宅曲阜，徐夷並興，東郊不開，作〈費誓〉。」此言當時形勢則不錯，言「宅曲阜」則不確，其時魯都尚在舊奄城。大概作序者已以為〈費誓〉所記乃伯禽始就封時事，故後人皆聯繫周公東征解之，而實屬誤解。其實〈費誓〉之作，正可與魯侯簠慰勞明公所遣「三族」之兵於費地的記載相參看，因臨戰誓師之地在費，故稱〈費誓〉。其時魯煬公尚為魯之公子，但魯人配合毛公對夷人作戰，當以其功居多。其後東國局勢穩定，故有「煬公徙魯」之舉。競卣有「伯屖父以成師即東，命戍南夷」的記載，可能是毛公東征以後事。[89]

  周人第二次大東征的事實，牽連及年代學上的最重要節目，是可以證明魯考公、煬公的年代都在康王時。二公共在位 10 年，再加上伯禽在位的最後 9 年，則魯國的頭三位君主即占去了康王的 19 年。其次是魯幽公在位 14 年，則有 7 年屬於康王時，另外 7 年屬於昭王時。今本《紀年》載幽公卒於昭王十四年，折去所記魯國年曆誤推遲的 7 年，即知幽公卒於昭王七年。

---

[88] 《尚書正義》，頁 255。
[89] 競卣見《殷周金文集成》10.5425。按：以上所述有關毛公東征的銅器資料及各項分析，詳見拙作《東夷文化通考》（上海：上海古籍出版社，2008），頁 592-597。

三、《竹書紀年》的西周年代

古本《紀年》載「成、康之際，天下安寧，刑錯四十餘年不用」，當是大略合周人兩次東征後的安定時期而言的，非可據以謂成、康交替之際無戰事。不過「四十餘年」之數可信，依古本《紀年》，成王、康王共在位 44 年。

自《帝王世紀》以下，以至《通鑒前編》，皆謂昭王在位 51 年。這與《紀年》所記的 19 年不可調和。我們懷疑這個 51 年之數本指昭王的年齡，或舊載有謂昭王卒於 51 歲的，或又有徑以此歲數紀年的，而後人遂誤會為後世紀年法的昭王五十一年。若由昭王卒於 51 歲上推，並以昭王、康王、成王分別在位 19 年、26 年、18 年計，則昭王生於成王十三年（前 1013），即王位時 33 歲。按上節據堯公簋所推測的康王年齡，當成王十三年時，康王還只有 14 歲，說昭王生於是年似乎不可信。然按古人風俗，14 歲生子亦無可怪，猶如傳說的文王 13 歲而生伯邑考（武王兄）、15 歲而生武王。[90]

3・穆王的年代

穆王的在位年數，現在所知最早的記載見於《尚書・呂刑》：「惟呂命，王享國百年，耄荒，度作刑，以詰四方。」[91] 按傳統的理解，此乃指穆王在「享國百年」之時，命呂侯製定刑法。後人不信穆王能夠在位百年，轉以穆王的年齡釋之，故〈呂刑〉偽孔傳云：「言呂侯見命為卿，時穆王以享國百年，耄亂荒忽。穆王即位，過四十矣。言百年大期，雖老，而能用賢以揚名。度時世所宜，訓作贖刑，以治天下四方

---

[90]《左傳》襄公九年：「國君十五而生子。冠而生子，禮也。」孔穎達疏：「案此傳文，則諸侯十二加冠也。文王十三生伯邑考，則十二加冠，親迎於渭，用天子禮，則天子十二冠也。」（《十三經注疏》下冊，頁 1493）又鄭玄《毛詩譜・豳譜》孔穎達疏引《大戴禮・文王世子》：「文王十三生伯邑考，十五生武王。」（《十三經注疏》上冊，頁 387-388）又《儀禮・士冠禮》賈公彥疏：「《大戴禮》云『文王十三生伯邑考』，《左傳》云『冠而生子，禮也』，是殷之諸侯亦十二而冠。若夏之天子、諸侯與殷天子，亦十二而冠可知。」（《十三經注疏》上冊，頁 945）

[91]《尚書正義》，頁 247。

之民。」但作傳者僅就「百年」之數渾言之,並沒有指出穆王在位究竟有多少年。

《史記・周本紀》載:「穆王即位,春秋已五十矣。王道衰微……諸侯有不睦者,甫侯言於王,作修刑辟……命曰《甫刑》。穆王立五十五年崩。」[92]若此,則穆王50歲即位,在位55年,享壽至104歲。此說不見於《左傳》和《國語》,當是由〈呂刑〉(亦即〈甫刑〉)篇衍傳而來的;而直到近世以前,凡言穆王之年者,幾乎都從《史記》。

今本《紀年》亦謂穆王「五十五年,王陟于祗宮」,然此與古本《紀年》不符。《晉書・束皙傳》隱括古本《紀年》的記載說:「自周受命至穆王百年,非穆王壽百年也。」[93]這是《紀年》原本出土時參與整理者的復述,自是真言,可知古本《紀年》原未有穆王在位「五十五年」之文。所謂「自周受命至穆王百年」,當即是對誤解〈呂刑〉篇「享國百年」之說的反駁。這就給人一種啟示:假如自武王建國至穆王崩卒恰好是100年,那麼按古本《紀年》,武、成、康、昭四王共在位65年(2 + 18 + 26 + 19),穆王的在位年數就應是35年;假如這個積數不是100年,而是104年,那麼穆王的在位年數就應是39年。這樣來看,〈呂刑〉篇所說的「享國百年」是就武王至穆王的積年之數而言的,但這個「百年」的下限只是「呂命」之年,下至穆王崩,可能實際的積年應是104年。

由於過去對古本《紀年》不能了了,因此有學者認為「自周受命至穆王百年」是指穆王以前各王的積年,而不包括穆王的在位年數。雷學淇《竹書紀年義證》卷2已談到:「傳(指《晉書・束皙傳》)云自武王至穆王享國百年,謂武王在位十七年,成王三十七年,康王二十六年,昭王十九年,至穆王元年,共用國百年也。」[94]此據今本《紀

---

[92]《史記》卷4,頁18-19。
[93]《晉書》卷51,頁166。
[94] 雷氏此說本于檀萃。雷氏《竹書紀年集證》卷29穆王元年冬十月條注引檀萃曰:「《晉

年》為說而混同古本,且上溯至武王始為周人首領之年,顯然不是古本《紀年》「百年」之說的原意。

現存古本《紀年》的佚文中有關穆王的條目,《輯證》尚錄有十二事,基本上皆見於今本《紀年》。此類古本佚文,涉及穆王北征、西征、南征的都有,而普遍不如今本所錄完整。考察穆王的年代,對今本《紀年》的下列記載需要特別留意:

十三年秋七月,徐戎侵洛。冬十月,造父御王,入于宗周。
十四年,王帥楚子伐徐戎,克之。
三十五年,荊人入徐,毛伯遷帥師敗荊人于泲。
三十七年,大起九師,東至於九江,架黿鼉為梁(按:古本「架」作「叱」)。遂伐越,至於紆。荊人來貢。
三十九年,王會諸侯于塗山。

這幾項材料,應該都是古本《紀年》之文,而現存古本佚文已只見三十七年事。諸事皆為周人向東南地區用兵的記錄,主要的征伐對象即是徐淮夷。西周時期的徐淮夷,時衰時盛,然始終是敢與周王朝抗衡的一股大勢力。周初的兩次大東征,曾先後以重兵打擊徐淮夷,但也只能遏制它於一時。《後漢書‧東夷傳》說:「後徐夷僭號,乃率九夷以伐宗周,西至河上。穆王畏其方熾,乃分東方諸侯,命徐偃王主之。」[95] 有關徐偃王的傳說事蹟甚多,《韓非子‧五蠹》篇謂其「處漢東,地方五百里,行仁義,割地而朝者三十有六國」,後為楚所滅。[96]《淮南子‧人間訓》也有類似的記載,而謂「陸地之朝者三十二國」。[97]《史記‧秦本紀》說穆王西遊忘歸,聞徐偃王作亂,乃乘造父之駕「長

(書)‧束皙傳》謂《竹書》自武王十七,成、康、昭共八十二,為九十九年,至穆王元年,適百年耳。」見《《竹書紀年》研究文獻輯刊》第五冊,頁276。
[95] 〔劉宋〕范曄,《後漢書》卷115(《二十五史》第2冊),頁287。
[96] 《韓非子集解》,頁341。
[97] 《淮南子》,頁324。

驅歸周，一日千里以救亂」[98]；〈趙世家〉也說「徐偃王反，繆（穆）王日馳千里馬攻徐偃王，大破之」[99]。此當即今本《紀年》所記穆王十三年、十四年事。徐偃王本人的出處生平無從考實，今本《紀年》於穆王六年載「徐子誕來朝」，未詳其人是否即徐偃王。也許「徐偃」之稱只是偃姓（亦即嬴姓）徐淮夷的一種代表符號。[100]《禮記‧檀弓下》載徐大夫容居說：「昔我先君駒王西討，濟於河。」[101] 此類傳說事蹟，蓋出於徐夷的世代相傳，必有來歷，或者「駒王」即「徐王」之音變。其時周王朝借助楚國的兵力擊退了徐淮夷的進攻，而問題並未從根本上解決，故至穆王晚年又有伐越之舉。不過看《紀年》的記載，這時楚人與徐淮夷合流了，共同對抗周王朝，因此古本佚文又稱伐荊、伐楚、伐紆。先是穆王三十五年，楚人入徐地，可能一直北侵到濟水流域，故《紀年》謂「毛伯遷帥師敗荊人於泲」，泲即濟水。至三十七年，又「大起九師，東至於九江」，「遂伐越，至於紆」，直到「荊人來貢」。九江即今安徽合肥一帶；「紆」則即「徐」、「舒」，古字同音通用，指「群舒」之地。看來這次戰役至少亦歷時三年。金文顯示，當時江淮地區的一些小國也依附周人出兵。如同為錄伯威所作的卣、鼎、簋幾件銅器，其銘文都有秉承王命，聽從成周師的統帥伯雍父的指揮，參加抵禦淮夷及追擊戰鬥的記錄。[102] 錄國為「群舒」後裔，本亦屬淮夷，而

---

[98] 《史記》卷 5，頁 23。

[99] 《史記》卷 43，頁 213。

[100] 徐夷源出古東夷，即夏、商時代「九夷」中的于夷。其故居地在今山東半島濰河流域，亦稱濰夷、淮夷（古濰、淮通用）。東夷嬴姓，又稱偃姓，偃、嬴乃一音之轉，故稱「徐偃王」實為嬴姓及偃姓徐淮夷之代稱。商末征東夷，徐夷大規模南遷，先移至今魯南，後又廣布於今徐淮地區（徐、淮之名實起於這支夷人的南遷）。其族團聚當地部族，一度成為淮夷的主體。史籍所記載的「群舒」（在今安徽六安、舒城一帶），亦為徐夷後裔。學者對徐淮夷多有論說，而觀點不盡相同，綜合的敘述可參顧頡剛、劉起釪《尚書校釋譯論》（北京：中華書局，2005）第 4 冊，頁 2139-2144。筆者對徐淮夷另有考論，詳見拙作《東夷文化通考》第六章第三節〈淮夷南潤：徐夷與淮夷〉，頁 453-468。

[101] 〔唐〕孔穎達等，《禮記正義》（《十三經注疏》上冊），頁 1314。

[102] 錄伯威銅器，見《殷周金文集成》5.2824、8.4322、10.5419、10.5420 等。參見楊寬，《西周史》，頁 560。

其國大約在成王時被征伐後，一直歸順於周。

周穆王的傳說事蹟，幾乎在在與遊歷相關。《楚辭・天問》說：「穆王巧梅（巧於貪求），夫何為周流？環理天下，夫何索求？」[103] 郭璞〈山海經序〉甚至形容：「穆王駕八駿之乘，右服盜驪，左驂騄耳，造父為御，犇戎為右，萬里長騖，以周歷四荒，名山大川，靡不登濟。東陞大人之堂，西燕王母之廬，南轢黿鼉之梁，北躡積羽之衢，窮歡極娛，然後旋歸。」[104] 而據《左傳》昭公十二年的信實記錄：「昔穆王欲肆其心，周行天下，將皆必有車轍馬跡焉。祭公謀父作〈祈招〉之詩，以止王心，王是以獲沒於祇宮。」[105] 杜注謂「獲沒」指「不見篡弒」而言，猶言壽終。以此推斷，則「伐越」必其晚年事，估計穆王去世即在「伐越」後不久。《紀年》又載穆王三十九年「會諸侯于塗山」（其地在今安徽懷遠境內），其事亦見於《左傳》昭公四年，正可視為伸張「伐越」聲威之舉。所以定此年為穆王「獲沒」之年是合理的，古本《紀年》記穆王事當亦截止於此年。今即以為據，定穆王在位 39 年，則由昭王的年代下推，其年代為公元前 962－前 924 年。

涉及穆王紀年的銅器，夏商周斷代工程舉有虎簋蓋與鮮簋兩件，[106] 應該是可信的。前者有「唯卅年四月」，後者有「唯王卅有四祀」，都在 39 年的範圍之內。

今本《紀年》於共王九年尚載有毛伯遷事：「春正月丁亥，王使內史良錫毛伯遷命。」毛伯遷於穆王三十五年率師敗荊人，此後伐越當亦為帥。若以穆王在位 39 年計，則自其敗荊至共王賜命凡 14 年；若以穆王在位 55 年計，則前後達 30 年。二者相較，前者更為合乎情理。[107]

---

[103]〔漢〕王逸，《楚辭章句》（《四庫全書》第 1062 冊），頁 30。
[104]〔晉〕郭璞注，《山海經》（《四庫全書》第 1042 冊）卷首，頁 3。
[105]《春秋左傳正義》，頁 2064。
[106] 夏商周斷代工程專家組，《（簡本）》，頁 26-27。
[107]「王使內史良錫毛伯遷命」條，《輯證》所附王國維《疏證》本誤「王」字為「正」。徐文靖《竹書統箋》卷 8 以為毛伯遷即毛班之子，並引宋人著錄的邢敦銘以證此毛伯名遷。王國維先生查《考古圖》（卷 3），知邢敦銘中的毛伯與遷實為二人而非一人，故謂此條為偽

今本《紀年》於穆王三十九年之後的記載，除五十五年記「王陟」的一條外，便僅有「四十五年，魯侯瀆薨」及「五十一年，作《呂刑》，命甫侯于豐」兩條。前已指出，今本《紀年》記魯公薨卒遲後了7年，按魯國紀年，當言魯魏公卒於穆王三十八年。「作〈呂刑〉」一條，則顯然是據誤解的穆王「享國百年」之說安置年份的，亦不足憑。我們懷疑所謂「五十五年」本亦指穆王去世時的年齡，只因〈呂刑〉有「享國百年」一語，後來遂又冒出穆王50歲繼位之說。這點若可證實，則按古本《紀年》，穆王應生於昭王四年（前978），即王位時17歲。以此種年齡，方可解釋他縱意肆心、周遊天下的行為，若他去世時已為百歲老人，則難以設想。

4．共王、懿王的年代

今本《紀年》記穆王在位55年的錯誤，直接導致了此下共王至厲王編年的混亂。問題很明顯：今本《紀年》既將穆王的在位年數多計了16年，而又不欲突破古本《紀年》自康王以至幽王共積237年的成數，那麼要平衡二者，就必須在穆王之後的王年中減去16年才行。但這個16年不是僅僅從共王的在位年數中減去的，而是涉及共、懿、孝、夷、厲諸王的在位年數之和。據我們所考察，今本《紀年》載夷王在位8年、厲王在位26年（包括共和的14年在內），中間短缺了11年；另外的5年，則因共王、懿王的在位年數有減有增而短去。有關問題甚為複雜，相互鉤連在一起，無法完全作單獨的考證，這裡只是為方便參考，仍然分開來說。

共王、懿王的在位年數，均不見於魏晉以前的載籍。今本《紀年》載共王12年、懿王25年，二者都有問題，而自《帝王世紀》以下所

撰（《輯證》，頁252）。然此銘有「毛伯」而未出其名，並不能證明「毛伯遷」之稱是拼合二人稱謂而來的；且此器出於北宋，若今本《紀年》之文出於北宋以前，則編纂者亦無由參考此器。又器名之「邞」字，按原字當釋為「酃」，王先生以為其字左旁從「鼻」，亦未見妥當。

擬測的各種數據更不可信。

　　金文中有關二王的紀年材料，各家所錄因銅器斷代不同，分歧甚多，茲不縷述。最明確的是趙曹鼎銘：「唯十又五年五月既生霸壬午，龏王在周新宮。……」[108] 龏王即共（恭）王，是知共王在位至少 15 年。

　　與金文相校可知，今本《紀年》記共王在位 12 年，明顯偏短。因此，要還原古本《紀年》的原載，可以先將上述今本《紀年》短去的 16 年中的 5 年回歸到共王的在位年數中。這樣，共王的在位年數便增加到 17 年。這個 17 年的下限（即共王十七年），相當於今本《紀年》所記的魯厲公十一年；但上已言及，今本《紀年》參用魯國紀年實推遲了 7 年，所以按古本《紀年》，共王十七年應相當於魯厲公十八年（前 907）。不過這個年份也還不是共王的卒年，欲求共王的在位年數，仍須與懿王的年代聯繫起來考慮。

　　今本《紀年》載魯厲公卒於懿王十七年，這可以作為推求懿王年代的一個參考點；但由這個參考點上下推導，皆不能與魯國紀年相合。

（1）由這個參考點上推，今本《紀年》載魯厲公在位 39 年（穆王四十六年至懿王十七年），較《史記・魯世家》所記的 37 年多出了 2 年。若以〈魯世家〉的 37 年為准，則今本《紀年》當言魯厲公卒於懿王十五年；若再按古本《紀年》，將厲公卒年上提 7 年（即今本《紀年》所推遲的 7 年），則及於今本的懿王八年。

（2）由這個參考點下推，依今本《紀年》，自懿王十七年至宣王二年（即魯真公卒年），前後凡 54 年；但依魯國年表，獻公在位 32 年，真公在位 30 年，則自厲公卒年至真公卒年，前後凡 63 年。這個錯互的 9 年，是由於今本《紀年》所記魯獻公、真公的在位年數少了 9 年，所以要使這段王年與魯年對齊，須將今本的懿王十七年上提 9 年，從而亦及於懿王八年。

---

[108] 見《殷周金文集成》，5.2784。

如此上下推導，似乎可以確定魯厲公卒於今本《紀年》的懿王八年。但按古本，在共王的年數由今本的 12 年增加到 17 年之後，懿王的紀年亦須相應地推後 5 年。以這個推後的 5 年與上提的 9 年相折合，則只需將今本《紀年》的懿王八年順延 4 年，亦即以懿王十二年為魯厲公卒年（前 888），即與魯國紀年相合。而這才是古本《紀年》原載的懿王之年與魯厲公卒年的對應點，可以視為考求西周王年的一個定點。

對共王以下王年的推導，只要著眼於今本《紀年》因誤計穆王在位年數而多出的 16 年，就可以有不同的途徑。譬如今本《紀年》載孝王 9 年、夷王 8 年、厲王 26 年，若補入夷王、厲王之間所短缺的 11 年，則三王共在位 54 年。由已知的宣王元年（前 827）上加 54 年，即可知孝王元年為公元前 881 年，又從而可知懿王卒於公元前 882 年。據上面所考，懿王十二年為公元前 888 年，則公元前 882 年即懿王十八年。可見懿王在位只有 18 年，今本《紀年》記作 25 年而多出了 7 年。實際上，這個 7 年也就是今本《紀年》所記魯獻公、真公年數短去的 9 年與所記魯厲公年數多出的 2 年之差；而按古本《紀年》，這個 7 年的差數還應再補入共王的 17 年中。

現在可以確定，古本《紀年》原載共王在位 24 年，懿王在位 18 年。如此，則由穆王的年代下推，共王的年代為公元前 923－前 900 年，懿王的年代為公元前 899－前 882 年。

這一結果主要是以今本《紀年》所記周王年與魯國紀年作對校而得出的。對此還可以有更簡單的理解：將今本《紀年》所記的共王 12 年增加 5 年（穆王年數多出的 16 年中的 5 年），再加今本《紀年》參用魯國紀年所推遲的 7 年，即得到共王在位 24 年之數；同時將今本所記的懿王 25 年減去魯國紀年被推遲的 7 年，即得到懿王在位 18 年之數。蓋今本《紀年》的編纂者本欲在古本積年的框架內，參考《史記·魯世家》重構諸王年數，然又誤信《世經》的記載而將魯國紀年推遲

了 7 年，遂致處處不能彌縫。今本《紀年》記西周後期王年的許多問題，都與這一錯誤有關係。

《紀年》中有一條重要的天象資料，即懿王元年「天再旦于鄭」。此條今本與古本同。夏商周斷代工程的《報告（簡本）》說：

> 「天再旦」即天亮兩次的奇異現象，有學者認為是日出之際發生的一次日食。「鄭」的地望在西周都城（今西安）附近的華縣或鳳翔。通過理論研究建立了描述日出時日食造成的天光視亮度變化的數學方法，據此可以計算出每次日食所造成天再旦現象的地面區域。對公元前 1000－前 840 年間的日食進行全面計算，得出公元前 899 年 4 月 21 日的日食可以在西周鄭地造成天再旦現象，並且是唯一的一次。[109]

用現代天文學的方法測定懿王元年為公元前 899 年，恰與古本《紀年》原載的年份相合，可說是工程所擬西周共和以前年代中唯一正確的結果。至於這次「天再旦」的具體日期，是否就與當時的曆法相符，還很難說，正如用現代天文方法測定甲骨文日食所得的具體日期，與甲骨文原載的日期也並不能完全重合。但這無關緊要，重要的是古本《紀年》的正確性由此得到現代科學的切實例證。

古人對於「天再旦」的現象，是當作不祥的天象記錄的。今本《紀年》所記懿王時事，也只有「西戎侵鎬」、「翟人侵岐」及「虢公帥師北伐犬戎，敗逋」等幾條。末又云：「懿王之時，興起無節，號令不時，挈壺氏不能共（供）其職，於是諸侯攜德。」此語又見於《毛詩·

---

[109] 夏商周斷代工程專家組，《報告（簡本）》，頁 24-25。又何炳棣〈《古本竹書紀年》與夏商周年代〉指出：「這個極不尋常的黎明時日全食、日再出的現象，說明了能觀察到此異象的小地區，絕對不會是古人所能偽造的。經美國太空總署彭瓞鈞博士在上世紀八〇年代首次精確推算，證明此次天再旦是發生於西元前 899 年四月二十一日，地點是在今陝西華縣（34.5° N, 109.8° E）。彭氏的推算，『斷代工程』雖未明言，事實上完全接受。」見《四分溪論學集 —— 慶祝李遠哲先生七十壽辰》（上），頁 13。

東方未明·序》,[110] 雖原序並未明言此為懿王時情形,而《史記·周本紀》亦云:「懿王之時,王室遂衰,詩人作刺。」[111] 1986年出土的史密簋,記王命師俗、史密「東征」,率齊師、萊夷等反擊南夷北侵事,一般認為是懿王時器,[112] 可與今本《紀年》的記載互參。

5·孝王、夷王的年代

孝王的在位年數,今本《紀年》載為9年,與《帝王世紀》以下各家所錄均不相同,當是仍承古本《紀年》而來的。如果即以此為據,那麼根據前面所考,其年代可以定為公元前881-前873年。

夷王的事蹟,今本《紀年》載有七事,其中有五事尚見於古本佚文,可見這一部分保存較完整。其末條云:「八年,王有疾,諸侯祈于山川。王陟。」若從此說,並即以夷王在位8年為准,那麼上接孝王的紀年,夷王的年代可以定為公元前872-前865年。不過看今本《紀年》的行文,夷王是否即卒於他在位的第八年,尚不無疑問。《左傳》昭公二十六年載:「至于夷王,王愆于厥身,諸侯莫不並走其望,以祈王身。」杜注云:「愆,惡疾也。」[113] 所謂「其望」,亦即「祈于山川」之義,古稱山川之祭曰望。此與今本《紀年》的記載相合,但亦未明言夷王在位8年。

問題還在於,今本《紀年》又載厲王在位26年(包括共和的14年在內),由已知的共和年代上推,則所記厲王元年為公元前853年。以此上溯至夷王八年(前865),中間便懸隔了11年。如前所述,在古本《紀年》自康王至幽王共積237年的框架內,如果除去今本所記穆王在位年數所多出的16年,那麼這個11年(以及共王與懿王之間所短缺的5年)是必須補入的;然而這個11年究竟是補入夷王的紀年還

---

[110]《毛詩正義》,頁350。
[111]《史記》卷4,頁19。
[112] 參見楊寬,《西周史》,頁562。
[113]《春秋左傳正義》,頁2114。

是補入厲王的紀年，仍頗費斟酌。下面先看《史記》中的幾種記載。

〈齊世家〉載：「哀公時，紀侯譖之周，周烹哀公，而立其弟靜，是為胡公。胡公徙都薄姑，而當周夷王之時。哀公之同母少弟山怨胡公，乃與其党率營丘人襲攻殺胡公而自立，是為獻公。獻公元年，盡逐胡公子，因徙薄姑都，治臨菑。九年，獻公卒，子武公壽立。武公九年，周厲王出奔，居彘。」[114] 據此，由厲王出奔之年（前842）上推，齊獻公即位於公元前859年，胡公即死於是年或前一年。按〈齊世家〉文意，齊獻公之奪位當是仍在夷王時，《漢書‧古今人表》亦隸獻公於夷王時，又隸武公於夷王與厲王之間。如此，則夷王在位不止8年，厲王及共和亦不足26年。

〈衛世家〉載：「貞伯卒，子頃侯立。頃侯厚賂周夷王，夷王命衛為侯。頃侯立十二年卒，子釐侯立。釐侯十三年，周厲王出奔于彘，共和行政焉。」[115] 據此，由厲王出奔之年（前842）上推，衛頃侯即位於公元前866年，當上文所定的夷王七年。《後漢書‧西羌傳》載：「夷王衰弱，荒服不朝，乃命虢公率六師伐太原之戎，至於俞泉，獲馬千匹。」[116] 此出於古本《紀年》，而今本《紀年》亦載在夷王七年，則衛頃侯「厚賂」夷王當即在此時。按〈衛世家〉文意，夷王在位似亦不止8年，《漢書‧古今人表》亦分隸衛頃侯、釐侯於夷王、厲王時。

〈陳世家〉載：「慎公當周厲王時。慎公卒，子幽公寧立。幽公十二年，周厲王奔于彘。二十三年，幽公卒，子釐公孝立。釐公六年，周宣王即位。」[117] 按：此記有誤。已知周宣王即位於公元前827年，若厲王奔彘（前842）在陳幽公十二年，則當言宣王即位於陳釐公四年；若宣王即位於陳釐公六年，則當言厲王奔彘在陳幽公十四年。文中以兩

---

[114]《史記》卷32，頁184。
[115]《史記》卷37，頁194。
[116]《後漢書》卷117，頁292。
[117]《史記》卷36，頁192。

《竹書紀年》與夏商周年代研究

「周厲王」並舉，似亦誤，疑前一「周厲王」當作「周夷王」。《漢書・古今人表》隸陳慎公於懿王時，有可能慎公生平當懿王至夷王之際。此亦反映出夷王在位可能不止 8 年。

〈楚世家〉載：「熊渠生子三人。當周夷王之時，王室微，諸侯或不朝，相伐。熊渠甚得江漢間民和，乃興兵伐庸、楊粵，至於鄂。熊渠……乃立其長子康為句亶王，中子紅為鄂王，少子執疵為越章王，皆在江上楚蠻之地。及周厲王之時，暴虐，熊渠畏其伐楚，亦去其王……熊渠卒，子熊摯紅立。摯紅卒，其弟弒而代立，曰熊延。熊延生熊勇，熊勇六年而周人作亂，攻厲王，厲王出奔彘。」[118] 按：此文不順，疑「及周厲王之時，暴虐，熊渠畏其伐楚，亦去其王」十八字當在「曰熊延」下，「畏」字上「熊渠」亦當作「熊延」。熊渠當周夷王時應可信，今本《紀年》亦載夷王七年「楚子熊渠伐庸，至於鄂」，而熊渠之卒及熊延之即位亦應仍在夷王時。《漢書・古今人表》漏書熊渠，分隸熊摯紅、熊摯、熊延於懿王、孝王、夷王時，當是多出了熊摯一人，而將熊摯紅提前了。

〈秦本紀〉載：「大駱生非子……非子居犬丘，好馬及畜，善養息之。犬丘人言之周孝王，孝王召使主馬於汧渭之間，馬大蕃息。孝王欲以為大駱適（嫡）嗣……號曰秦嬴……秦嬴生秦侯。秦侯立十年卒，生公伯。公伯立三年卒，生秦仲。秦仲立三年，周厲王無道，諸侯或叛之。」[119] 按：由厲王奔彘之年（前 842）上推，秦侯即位於公元前 857 年。《漢書・古今人表》隸非子於共王時，而以秦嬴為非子之子，隸於孝王時，當是誤一人為二人；今本《紀年》載孝王八年「初牧於汧渭」，即孝王召非子「主馬」之事。〈古今人表〉又隸秦侯於孝王、夷王之間，則夷王的年代亦下及秦侯在位之時。

上舉《史記》各篇的紀年材料雖難確斷，而大都顯示出夷王在位

---

[118]《史記》卷 40，頁 203-204。
[119]《史記》卷 5，頁 23。

三、《竹書紀年》的西周年代

不止 8 年。一種可能的情況是，夷王正式在位僅有 8 年，但夷王八年不是他的卒年，而只是他的遜位之年。這一問題直接涉及厲王的紀年，故下面別作討論。

6．厲王的年代

厲王及共和的年數，歷來占上風的說法是厲王 37 年、共和 14 年。但現在看來，首先是「共和」二字是否在當時已被用作年號便成問題，需要特別加以檢視。

「共和」的名義，據《史記・周本紀》所說：「厲王出奔於彘，厲王太子靜匿召公之家，國人聞之，乃圍之。召公……乃以其子代王太子，王太子竟得脫。召公、周公二相行政，號曰共和。」[120] 這個「二相行政，號曰共和」的說法，恐怕出於後人的理解，而不是原初的來歷。今本《紀年》於厲王「監謗」、出奔及共和事作如下記載：

八年，初監謗。芮良夫戒百官於朝。
十二年，王亡奔彘。國人圍王宮，執召穆公之子殺之。
十三年，王在彘，共伯和攝行天子事。
二十六年，大旱，王陟于彘。周定公、召穆公立太子靖為王。
共伯和歸其國，遂大雨。

《晉書・束晳傳》引述古本《紀年》與經傳大異者數條，其一云：「厲王（按：原誤作幽王）既亡，有共伯和者攝行天子事，非二相共和也。」[121] 以此知今本《紀年》的「共伯和攝行天子事」即古本之文，而其事本非「二相共和」。可與此互相參證的材料可舉出以下各條：
（1）《左傳》昭公二十六年：「至於厲王，王心戾虐，萬民弗忍，居王

---

[120]《史記》卷 4，頁 19。
[121]《晉書》卷 51，頁 166。

于彘，諸侯釋位，以間王政。」[122] 所謂「諸侯釋位，以間王政」，即諸侯暫時去國而共同干預王政之意，當即指共伯和之事。

(2)《呂氏春秋・開春論》：「共伯和修其行，好賢仁，而海內皆以來為稽矣；周厲之難，天子曠絕，而天下皆來謂矣。」[123] 此則明確指「共和」即共伯和。文中「以來為稽」，或說指奔走其威望猶恐來遲，或說「稽」猶言「同」；「來謂」則當是「來請」之誤（即下引《莊子》司馬彪注「請以為天子」之謂）。

(3)《莊子・讓王》篇有「共伯得乎共首」之文，《經典釋文》引司馬彪注：「共伯名和，修其行，好賢人，諸侯皆以為賢。周厲王之難，天子曠絕，諸侯皆請以為天子，共伯不聽，即干王位。十四年大旱，屋焚，卜於太陽，兆曰『厲王為祟』，召公乃立宣王。共伯復歸於宗，逍遙得意共山之首。共丘山，今在河內共縣西。」[124] 此注即據《紀年》為釋（「十四年大旱屋焚」云云尚見於今本《紀年》），但「即干王位」之「干」字疑為「于」字之誤。此言「即于王位」，蓋謂其不得已而勉強即王位，亦猶攝政之意。

(4)《史記索隱・周本紀》引《汲冢紀年》：「共伯和干王位。」又解釋說：「共，國；伯，爵；和，其名；干，篡也。言共伯攝王政，故云『干王位』也。」[125] 此當即據《經典釋文》所引司馬彪注為說，而未審「干」為誤字，竟釋為「篡」，則與共伯和為賢人之說大相抵牾。

(5)《史記正義》引《魯連子》：「衛州共縣，本共伯和之國也。共伯名和，好行仁義，諸侯賢之。周厲王無道，國人作難，王奔於

---

[122]《春秋左傳正義》，頁2114。
[123]《呂氏春秋》，頁275。
[124]〔唐〕陸德明，《經典釋文》（《四庫全書》第182冊），頁876。
[125]〔唐〕司馬貞，《史記索隱》（《四庫全書》第246冊），頁459。按：通行本《史記・周本紀》正文下附注的「索隱」，於所引《紀年》「共伯」下無「和」字，釋文亦無「和其名」三字。

巰，諸侯奉和以行天子事，號曰共和元年。」[126]魯連子即魯仲連，戰國晚期人，生平當魏安釐王時。雖然傳世《魯連子》未必是先秦故籍，而所說共伯和事必與《竹書紀年》有著相同的來源。

共伯和攝行天子事的說法出於先秦，應該比《史記》的記錄更為可信。顧炎武以為「古者無天子之世，朝覲獄訟必有所歸」，「共和」是指「天下朝乎共伯，非共伯至周而攝行天子事」，又說「共伯不以有天下為心，而周公、召公亦未嘗奉周之社稷而屬之他人，故周人無易姓之嫌，共伯無僭王之議」。[127]其實共伯亦為姬姓，而古代諸侯在王朝擔任重要職務者亦不乏見，也可能共伯和曾在朝廷為卿大夫而有大賢之名，故為諸侯所推。自宋代以來，即有學者認為共伯和即西周金文中所見的「師龢父」若「伯龢父」，記有其名的銅器有元年師獸簋、元年及三年師兌簋、十一年師𧢲簋等。[128]故《重修宣和博古圖》卷16於「周毀（獸）簋」下考釋說：「銘『伯和父』者，和，衛武公也。衛自康叔有國，至武公已三世矣。武公能修康叔之政，平戎有功，故周平王命之為公。今觀銘文著伯和父，稱『若曰』，則知代王而言者也。」郭沫若先生以為師兌簋的師龢父為司馬，諫簋等又有右者司馬共，「則司馬共當即師龢父若伯龢父，合之則為共伯和也」。[129]此可存一說。陳夢家先生先前也曾主張此說，後來乃改隸龢父組銅器於孝王之世，以為與共伯和無關。[130]

這裡備述「共和」的名義，意在說明共伯和既是賢人而為國人及諸侯所擁戴，則他雖曾「行天子政」，而大概不曾稱王，且「共和」本亦不是紀年之號。現在要特別注意的是《紀年》原不以共和單獨紀

---

[126]〔唐〕張守節，《史記正義》（《四庫全書》第247冊），頁66。
[127]〔清〕顧炎武著、黃汝成集釋，《日知錄集釋》（石家莊：花山文藝出版社，1990）卷25，〈共和〉條，頁1099-1100。
[128]分見《殷周金文集成》8.4311、8.4274-4275、8.4318-4319、8.4324-4325。
[129]郭沫若，《兩周金文辭大系圖錄考釋》（北京：科學出版社，1957），頁114。
[130]陳夢家，《西周銅器斷代》，頁238。

年,而以其年數統入厲王的紀年內。今本《紀年》是明確地不以共和紀年的,故全不見「共和」的年號,而以後人習稱的共和元年為厲王十三年,以共和十四年為厲王二十六年。王國維先生的《古本竹書紀年輯校》雖收有「共和十四年,大旱,火焚其屋,伯和篡位」云云一條,而出自《太平御覽》卷897所引「史記」,未必是古本《紀年》的原文,其「共和十四年」五字則決當為後人所加。事實上,中國古代在漢武帝建元以前,均以帝王或諸侯稱號紀年,並無專門的年號;「共和」事件雖屬特殊情況,而亦不當突破當時的紀年習慣。另一個並非無關緊要的事實是,迄今所知的大批西周銅器,也從未見有以共和紀年的。2003年在陝西眉縣新出土的銅器群中,有一盤銘記及西周十一代的十二位王,也反映出共和不單獨紀年。其中的高紀年銅器所保存的完整紀時材料,既為推求西周晚期曆譜和年代提供了新的證件,也促使人們重新考慮周厲王及共和的紀年問題。[131]

自眉縣銅器群出土後,已有學者提出新的見解,主張將共和的14年掛前或靠後,亦即或併入厲王的紀年內,或併入宣王的紀年內。我們傾向於認為,共和年間周王室仍承續厲王紀年,並未廢止,王室紀年也無由改用他號,所以共和的14年理應包括在厲王的紀年中。後世多從《史記·周本紀》的記載,以為厲王在位37年,其下又接以共和紀年,這樣便無端多出了14年,從而引起西周後期王年的一系列混亂。這點連司馬遷也搞不清楚了,所以陳夢家先生曾談到:「此說史公亦不自信,故其《十二諸侯年表》不始於厲王。」[132]

傳統上以為厲王在位37年,這個資料並不是完全沒有來歷的。按我們所推考的古本《紀年》原載,自孝王元年(前881)至共和十四年(前828),前後凡54年,若以孝王、夷王共在位17年之數差之,即

---

[131] 參見〈陝西眉縣楊家村西周青銅器窖藏發掘報告〉及部分專家的《筆談》和研究成果,見《文物》2003年第7期。
[132] 陳夢家,《西周銅器斷代》,頁517。

三、《竹書紀年》的西周年代

得厲王 37 年之數（包括共和在內）。但這並不表明《史記》的記載正確，因為《史記》是以厲王的 37 年與共和的 14 年並存而接續的，不但多出了 14 年，而且共和紀年的性質也已發生變化。

問題又回到今本《紀年》所短缺的 11 年如何增補。假如補入夷王的紀年，那麼孝王在位 9 年、夷王在位 19 年，若不計共和的 14 年，厲王的實際在位年數就只有 12 年；假如補入厲王的紀年，則孝王在位 9 年、夷王在位 8 年，若不計共和的 14 年，厲王的實際在位年數將增加到 23 年。對這兩種情況需要分別作推敲。

從前一種情況來看，今本《紀年》以厲王的實際在位年數為 12 年，併入共和的 14 年，共作 26 年，也並非沒有依據。我們懷疑古本《紀年》於夷王之末原載「十九年，王陟」，因「十九年」三字脫去，「王陟」二字遂接於夷王八年的記事下，從而使得夷王、厲王的年數短缺了 11 年。大約今本《紀年》的編纂者為調停古本的西周積年，將這個短缺的 11 年移入了穆王的紀年內，而厲王部分仍為古本舊文。今細檢今本厲王部分的記事，繫年大致不誤。如載厲王三年「齊獻公山薨」，據《史記·齊世家》，齊獻公卒於公元前 851 年，正當今本《紀年》的厲王三年；又「十六年，蔡武侯薨，楚子勇卒」，據《史記·十二諸侯年表》及《楚世家》，蔡武侯及楚熊勇皆卒于共和四年（前 838），正當今本《紀年》的厲王十六年。其他可以類推。其中個別事實的年份與史籍所載有一年之差，可能出於古本《紀年》原據史料的不同，未必為今本的編纂者所改。

從上舉後一種情況來看，以夷王在位 8 年、厲王及共和總為 37 年的紀年方法，可能在西周晚期也曾行用。如今本《紀年》載：「（厲王）三年，淮夷侵洛，王命虢公長父征之，不克。」此條亦見於古本《紀年》，《後漢書·東夷傳》引之，作「厲王無道，淮夷入寇，王命虢仲征之，不克」，[133] 而未言年份。西周銅器有虢仲盨蓋，銘文

---

[133] 《後漢書》卷 115，頁 287。

云「虢仲以（與）王南征，伐南淮尸（夷），在成周」[134]，內容與《紀年》完全相應，只是亦未記年份。而另有無㠱簋，也可能是此時器。其銘云：「唯十又三年正月初吉壬寅，王征南尸（夷）。王賜無㠱馬四匹......」[135] 如果此器斷代不誤，那就可以推斷，這次征南淮夷實始於厲王十三年（即今本《紀年》的厲王二年），《紀年》所記的「王命虢公長父征之，不克」可能是次年事；或者虢公之出征本為跨二年之事，《紀年》因其「不克」而記在了次年（即今本的厲王三年）。[136] 總之，今本《紀年》所記的厲王年份，按厲王及共和總為 37 年換算，都當推遲 11 年，亦即以今本《紀年》的厲王元年當換算後的厲王十二年，以今本《紀年》的厲王二十六年當換算後的厲王三十七年（即共和十四年）。而這樣換算之後，仍皆與今本《紀年》所記的事實相合。

合觀上述兩種情況，如果都有可能的話，便會出現厲王紀年的兩套系統：一套以夷王在位 8 年計，以公元前 864 年為厲王元年；一套以夷王在位 19 年計，以公元前 853 年為厲王元年。這一現象似乎不太可能，然而也使人考慮到，夷王、厲王之間的王位傳承可能本有複雜的情況。

張政烺先生在考釋 1978 年新出土的胡簋（㝬簋）銘文時，曾提出

---

[134] 見《殷周金文集成》9.4435。

[135] 見《殷周金文集成》8.4225-4228。

[136] 楊寬先生敘「厲王擊退淮夷入侵」，舉有虢仲盨蓋、無㠱簋及㝬鐘（宗周鐘）、禹鼎、鄂侯御方鼎、敔簋、翏生盨等（見前引《西周史》，頁 563-565）。夏商周斷代工程列無㠱簋於「懿王前後」（見夏商周斷代工程專家組，《報告（簡本）》，頁 20），似仍可商量。㝬鐘最值得注意的，其銘雲：「王肇遹省文武覲疆土，南國𠬝子敢陷處我土，王敦伐其至，撲伐厥都。𠬝子乃遣間來逆卲王，南尸、東尸具見廿又六邦......㝬其萬年，畯保四國。」（《殷周金文集成》1.260）銘文「覲」字或釋「勤」，「處」字或釋「虐」，「畯」字本作「㽙」，「四國」或釋「三國」。唐蘭先生以為「㝬」即「胡」，厲王名胡，作器者即厲王（見所作〈周王㝬鐘考〉，《北平故宮博物院年刊》第 1 期，1936），學者多從其說。陳夢家先生云：「此器之王，郭沫若以銘末有『楠其王年㽙保三或』謂即昭王瑕。......唐（蘭）以作器之㝬為厲王胡，足以糾正郭說。然以器銘之王即作器之㝬，其誤並與郭同。此器四稱王，二稱餘，二稱我，一稱朕，一稱㝬。我余朕即㝬乃金文恒例，其所稱之王必非㝬明矣。今謂作器者為厲王胡，器銘之王為夷王，故作器者曰『我惟司配皇天王』，嗣配夷王也。」氏著，《西周銅器斷代》，頁 310-311。

三、《竹書紀年》的西周年代

厲王十二年「親政」之說，並進而及於宗周鐘（㝬鐘）和《紀年》的記載。他認為：

> 此簋作於周厲王十二年，首云「有余隹小子」，蓋即位時尚在沖齡，至此始冠而親政也。《史記・周本紀》謂：「夷王崩，子厲王胡立。厲王即位三十年，好利。……三十四年，王益嚴，國人莫敢言，……三年，乃相與畔，襲厲王。厲王出奔於彘。」按奔彘之明年為共和元年，是公元前八四一年，《史記・十二諸侯年表》以此開端，以前歸入〈三代世表〉，說明其年數不甚可據。但是今天仍舊找不到可靠的紀年材料，姑依《史記》上推，則周厲王元年是公元前八七八年，其十二年是公元前八六七年。

> 宗周鐘無年月，今略考之。銘文首云：「王肇遹相文武勤疆土。」按《爾雅・釋詁》：「肇，始也。」又：「遹，循也。」《小爾雅・廣詁》：「相，治也。」「遹相」又見盂鼎，「我其遹相先王受民受疆土」，與此語意相同。盂鼎是說我應該遵循治理先王所受於天的民人和國土，宗周鐘是說王開始遵循治理文王武王所勤勞撫有的國土，則宗周鐘當作於厲王親政之初期。鐘銘又云「惟皇上帝百神保余小子」，自稱「小子」則非壯或老年之言。厲王時器有無㠱簋：……言王征南夷與宗周鐘合，則鐘蓋即作於此役，晚於㝬簋一年。今本《竹書紀年》記載周厲王「十二年，王亡奔彘」，由此觀之，決不可信。[137]

張先生目光犀利，由金文材料而及於周厲王「親政」之年，發前人所未發；只是因「找不到可靠的紀年材料」，故而他仍依《史記》，權且擬定厲王元年為公元前 878 年。而據筆者所考，如果將共和的 14 年

---

[137] 張政烺，〈周厲王胡簋釋文〉，收入氏著，《張政烺文史論集》，頁 540。

併入厲王的37年，並且以厲王「親政」之年為其元年，那麼今本《紀年》的記載就還不算錯。

這裡提出一種新的假設：夷王在位之八年，因病廢而遜位，次年（前864）厲王初立而不稱元；至夷王十九年，亦即厲王初立之十一年，夷王去世，次年（前853）厲王始正式即位稱元。

據《史記・周本紀》：「懿王崩，共王弟辟方立，是為孝王。孝王崩，諸侯復立懿王太子燮，是為夷王。」[138] 此記孝王為共王弟，乃夷王祖輩；〈三代世表〉則從《世本》，謂孝王為懿王弟，乃夷王叔輩。二者未詳孰是，然西周王位之傳承，非父死子繼者僅此一例。疑夷王本有「惡疾」（或是癲癇癥），不能承當天子之任，故孝王得以繼懿王登大位；及懿王去世，由於諸侯的干涉，王室乃不得不復立夷王。《禮記・郊特牲》載：「覲禮：天子不下堂而見諸侯。下堂而見諸侯，天子之失禮也，由夷王以下。」鄭玄注：「夷王，周康王之玄孫之子也。時微弱，不敢自尊於諸侯。」[139] 此亦可見當時諸侯左右政局的形勢。今本《紀年》載夷王三年「王致諸侯，烹齊哀公於鼎」，此亦見於古本佚文；然實際情況可能與此相反，是擅命諸侯假借王室的名義烹殺齊哀公，而非是夷王有此權威。夷王既為諸侯所立，則也可為諸侯所廢，因此當他在位八年，復因病而被廢是可能的。所謂「王有疾，諸侯祈于山川」，大約不過是一種避諱的說法。如果這一假設成立，那麼按後世的理解，厲王初立時仍應只稱太子，至其正式登基始得稱王。也許厲王時的銅器紀年是從他以太子的身份代政之年開始的，今本《紀年》則從他正式登基之年開始，故二者之間相差了11年。這樣，厲王的紀年就可分兩段來：夷王遜位至去世前為一段，夷王去世後為一段。兩段的劃分類似於「前元」和「後元」，今本《紀年》所存實際只是其「後元」部分。如果把「前元」部分的11年也算在厲王的實際在位年

---

[138]《史記》卷4，頁19。
[139]《禮記正義》，頁1447。

三、《竹書紀年》的西周年代

數之內,那麼加上「後元」部分的 26 年,而去掉共和的 14 年,厲王實際在位的年數就應是 23 年。

我們還懷疑,典籍所稱的厲王在位 37 年,可能是因與舊時所記載的厲王年齡相混而造成的。今本《紀年》於孝王七年下有一注:「是年厲王生。」此注當本於《太平御覽》卷 878 所引「史記」:「周孝王七年,厲王生。冬,大〔雨〕雹,牛馬死,江、漢俱〔凍〕(動)。」[140] 此必出於古本《紀年》,而今本「冬」字下脫誤為「大雨雹,江、漢水」。今即以厲王生於孝王七年為準,那麼自孝王七年至夷王八年凡 11 年,厲王初立時 12 歲;以厲王實際在位 23 年計,則他在 34 歲時被逐,又 14 年而卒,享年凡 48 歲。《史記‧周本紀》所稱的厲王「三十年」、「三十四年」(見上文張政烺先生所引),當出於舊記,疑本亦指厲王的年齡,而被誤為厲王的紀年;其下「三年」二字,則當是司馬遷據《國語‧周語上》的記載所加,而實為衍文。《國語》原載:

> 厲王虐,國人謗王。召公告王曰:「民不堪命矣!」王怒,得衛巫,使監謗者,以告則殺之。國人莫敢言,道路以目。王喜,告召公曰:「吾能弭謗矣,乃不敢言。」召公曰:「是障之也。防民之口,甚於防川……」王弗聽,於是國人莫敢出言,三年乃流王於彘。[141]

如果以「國人謗王」及厲王「得衛巫,使監謗者」為二年之內事,那麼又三年而「流王於彘」,前後便共有 5 年。今本《紀年》記厲王八年「初監謗」,十二年「亡奔彘」,前後亦 5 年,與《國語》略相合。《史記‧周本紀》本襲用《國語》之文,而添加年份後便多出了 3 年。現在只要將〈周本紀〉的「三十年」、「三十四年」理解為厲王的年齡,

---

[140]《太平御覽》,頁 706。
[141]《國語》,頁 7。

而去其「三年」二字，指其 30 歲時使衛巫監謗，34 歲時被逐，也就與《紀年》及《國語》不相矛盾了。[142]

古本《紀年》雖有可能原載夷王在位 19 年，但這點還有待將來可能會出土的新史料證明。這裡為符合西周王位傳承的實際情況，仍權且採取夷王在位 8 年之說，而統以厲王初立之年為厲王元年。如此，則包括共和的 14 年在內，厲王的紀年就共有 37 年，其年代為公元前 864－前 828 年。

今本《紀年》載厲王元年「作夷宮」。以厲王實際在位 23 年計，是年當厲王初立之十二年，而「夷宮」即夷王廟，亦可反證夷王卒於是年的前一年。厲王胡簋當作於是年，陳夢家先生謂此器之作是「嗣配夷王」的，極有見地。宗周鐘和無叀簋都晚此一年。合觀諸器所記內容，又可見在夷王去世後，形勢動盪，南淮夷紛起發難，以致攻至洛水流域，厲王不得不在正式登位之初即全力應付和出兵征伐。厲王時的銅器可能多用此種從他初立時算起的紀年法，亦即以公元前 864 年為其即位元年；而共和期間，厲王的紀年又並未廢止，所以從學理上講，有些高紀年的銅器完全有可能會延入共和年間。如夏商周斷代工程《西周金文曆譜》所錄的二十六年番匊生壺、二十八年寰盤、三十一年䵼攸從鼎、三十二年伯大祝追鼎、三十七年善夫山鼎等，[143] 若確屬厲王時器，則皆應實出於共和年間，把這類銅器推溯到共和以前排譜，所得結果都將不可靠。著名的克組銅器，包括未記年份的大克鼎及十六年克鐘、十八年克盨、二十三年小克鼎等，[144] 可能都屬於厲王

---

[142] 以時王的年齡紀年，不合於後世通行的史法，然不能排除古人也曾以此種方式紀年的可能性，甚至有些銅器也可能曾採用此種方式。如近年出土的晉侯穌鐘，所記當即周宣王六年（前 822）征徐淮夷時事，而銘文稱「唯王卅又三年」。以此年為厲王三十三或宣王三十三年，都不能與晉侯穌的年代相合；若著眼於宣王的年齡作解釋，則可能講得通。參見本書附錄三〈古史年代學研究的誤區〉。

[143] 見夏商周斷代工程專家組，《報告（簡本）》，頁 33-34。

[144] 分見《殷周金文集成》1.204-209、5.2836、9.4465、5.2796-2799。

時器。不過凡出於共和年間的銅器，銘文所稱的王應該都不是實指厲王，而是泛指當時王室的代表者。

7・宣王、幽王的年代

史載宣王在位 46 年，年代為公元前 827－782 年；幽王在位 11 年，年代為公元前 781－771 年。今本《紀年》同，學者無異議。唯《後漢書・西羌傳》引古本《紀年》，年數與今本《紀年》有出入，故此略辨之。

《後漢書・西羌傳》原文如下：

> 及宣王立四年，使秦仲伐戎，為戎所殺。王乃召秦仲子莊公，與兵七千人，伐戎破之，由是少卻。後二十七年，王遣兵伐太原戎，不克。後五年，王伐條戎、奔戎，王師敗績。後二年，晉人敗北戎於汾隰，戎人滅姜侯之邑。明年，王征申戎，破之。後十年，幽王命伯士伐六濟之戎，軍敗，伯士死焉。[145]

這些事實的繫年，與今本《紀年》幾乎全不對號。今本《紀年》載宣王三年「命大夫仲伐西戎」，六年「西戎殺秦仲」，三十三年「王師伐太原之戎，不克」，三十八年「王師及晉穆侯伐條戎、奔戎」，四十年「戎人滅姜邑，晉人敗北戎於汾隰」，四十一年「王師敗于申」；幽王六年「命伯士帥師伐六濟之戎，王師敗逋」，十年「王師伐申」。各家多據〈西羌傳〉，以恢復古本《紀年》的繫年，如朱右曾《汲冢紀年存真》、王國維《古本竹書紀年輯校》皆以秦仲伐戎繫於宣王四年，以王師伐太原戎、伐條戎及奔戎、敗北戎、伐申戎分繫於宣王三十一年、三十六年、三十八年、三十九年；伐六濟之戎，則以為當幽王三年。實則〈西羌傳〉引述不謹，未可據以訂正今本《紀年》。其文所說的

---

[145]《後漢書》卷 117，頁 292。

「宣王立四年」，當是從共和十四年宣王始立算起的（見《史記·周本紀》），應實指次年改元的宣王三年；其下「為戎所殺」四字上，按其文例，則當有「後三年」三字，指宣王六年。如此，則下文的「後二十七年」、「後五年」、「後二年」、「明年」，方皆與今本《紀年》相合。但「明年」下所記「王征申戎，破之」，與今本《紀年》的「王師敗于申」不同，或古本《紀年》原作「王師敗戎于申」，今本脫去「戎」字。又其下「後十年」，按今本《紀年》當作「後十一年」，若不以為幽王次年改元方可言「後十年」。今本《紀年》的宣王、幽王部分當仍是古本之文，大約范曄撰〈西羌傳〉，以為古時並無新王即位次年改元之例，故計算年數稍有差異。

（六）西周年代小結

現在總結上述，以本文所考古本《紀年》的西周年代，表列如下。

此表所列主要據今本《紀年》及魯國紀年參互校訂，雖不能說是古本《紀年》西周王年的完整恢復，但我們相信它是接近於《紀年》原本的，同時相信這個年代系統基本上符合西周歷史實際。就今本《紀年》的現存年代而言，本文的調整主要有兩項：一是斬去今本《紀年》據《世經》妄加的周初年數，仍在古本《紀年》所載西周共歷 257 年的框架內，確定武王、成王的在位年數；二是將傳聞的穆王在位年數多出的 16 年，以及古籍推測的懿王在位年數多出的 7 年，分別歸入共王、厲王的年歷內。總的來看，調整的幅度很小，原載大部分未動。質諸這一結果，以往推求西周年代的癥結雖不一而足，然大都指向穆王的年數及共和的紀年問題，而這兩點又恰恰不大為人們所注意。從表面上看，有關周初年代的許多爭議好像都是由武王克商年的分歧引起的，實則更要害的問題是對穆王在位年數估計過高，這樣順次上推，商、周兩朝的年代分界也就勢必會提前。西周後期的年代，則因不知

表六 校訂《竹書紀年》西周年代表

王	年代（公元前）	年數
武王	1027-1026	（2）
成王	1025-1008	（18）
康王	1007-982	26
昭王	981-963	19
穆王	962-924	（39）
共王	923-900	（24）
懿王	899-882	（18）
孝王	881-873	9
夷王	872-865	8
厲王	864-842	（23）
共和	841-828	14
宣王	827-782	46
幽王	781-771	11

注：（1）表中的年數，帶括弧者為著者校訂，其餘為今本《紀年》原載。（2）夷王、厲王的年代，還可並存另一說，即以夷王在位 19 年計。那樣的話，夷王的年代為公元前 872-854 年，厲王的年代為公元前 853-828 年，但二王共在位 45 年之數不變。（3）共和的年代，《紀年》包括在厲王的紀年中，今為合於後世習慣，仍單出。

共和不單獨紀年而引起一系列的混亂，以致百計檢討而無法編排。這些又都與過分不相信今本《紀年》的記載有關係。

上表與西周魯國年表是完全相合的，甚至可以說是密合無間的。魯國年表，僅從孝公三十六年上推，就可以一直上推到公元前 999 年。其間主要的分界標準是魯真公十五年相當於共和元年，另外則有今本《紀年》所見的魯魏公卒年和厲公卒年，也可作為推求西周王年的參考指標。魯國紀年絕對是有來歷的，其舊有的譜牒記錄遠非他國可比，春秋時人所謂「周禮盡在魯」決非虛言；司馬遷的記錄也大致可靠，只有武公年數是作 10 年還是 9 年，他仍然吃不准，而即使作 9 年，也不過把伯禽卒年下推一年到公元前 998 年。司馬遷熟知魯國紀年，他作史表完全可以據此上溯到周初，大約因其他各諸侯國的紀年都較晚，共和以前的王年又是一筆糊塗帳，最終他只好放棄上溯的努力。不管

怎樣，古今學者都將魯國紀年作為考察西周年代的主要參照體系是對的，但若不能充分發掘和利用《紀年》中的年代史料，魯國紀年也將不能起到應有的作用。

三、《竹書紀年》的西周年代

四 《竹書紀年》的商年代

（一）各家商年代

商王室自成湯建國至紂亡，凡 17 世，不計史籍所稱因早卒而未即位的成湯之子太丁，[1] 實有 30 王。其世系如下（橫向為父子關係，縱向並列者為兄弟關係）：

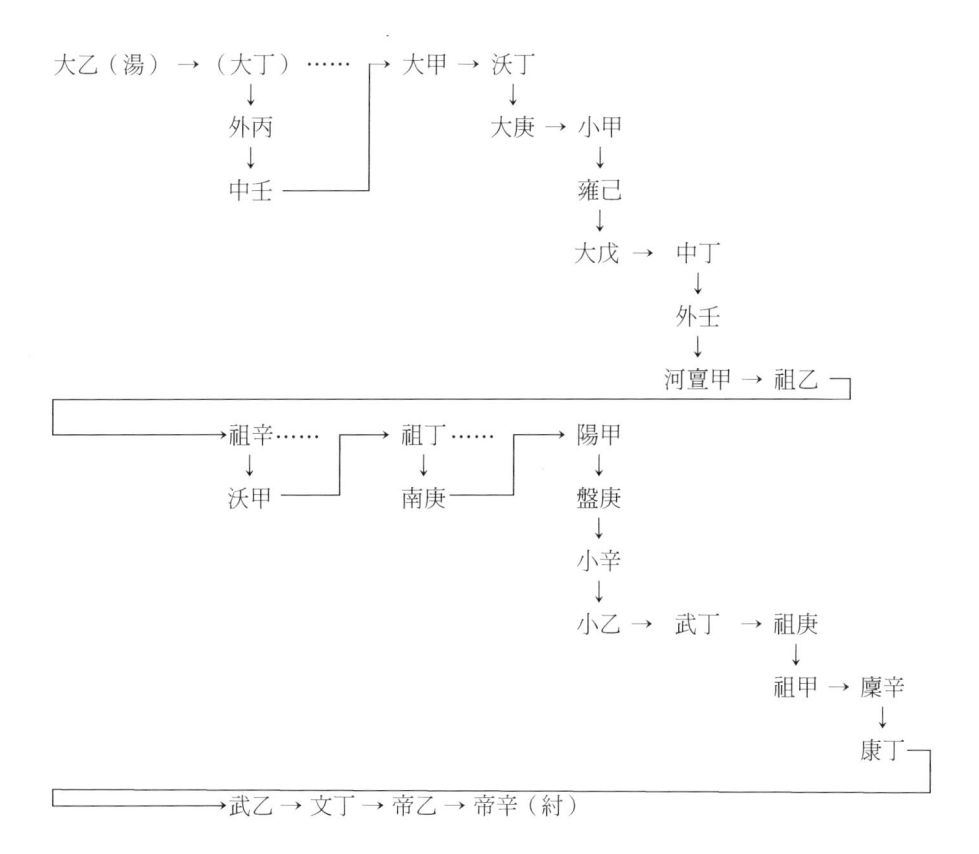

```
大乙（湯）→（大丁）……→ 大甲 → 沃丁
            ↓              ↓
            外丙           大庚 → 小甲
            ↓                    ↓
            中壬                 雍己
                                 ↓
                                 大戊 → 中丁
                                        ↓
                                        外壬
                                        ↓
                                        河亶甲 → 祖乙ー
  ┌────────────────────────────────────────────────┘
  →祖辛……→ 祖丁……→ 陽甲
    ↓        ↓        ↓
    沃甲     南庚     盤庚
                     ↓
                     小辛
                     ↓
                     小乙 → 武丁 → 祖庚
                                   ↓
                                   祖甲 → 廩辛
                                          ↓
                                          康丁ー
  ┌──────────────────────────────────────────┘
  →武乙 → 文丁 → 帝乙 → 帝辛（紂）
```

---

[1] 太丁，甲骨文作「大丁」。下述凡商王日名前的「太」字，仍皆從甲骨文寫作「大」。

商代各王的在位年數，在現存古本《紀年》的佚文中已僅有個別還保留著，而在今本《紀年》的記載中則還全都不缺。這裡一併將今本《紀年》及《帝王世紀》等書所記的商王年列為一表，並插入近年夏商周斷代工程所考的成果。

　　由表七分析，舊時所記商代王年實僅有兩個系統：一是《紀年》的系統；一是見於《通鑑外紀》的系統。後一個系統當出於《帝王世紀》，只不過《帝王世紀》早佚，其商代王年數據基本上都散失了。《通鑑外紀》於商王武乙紀年之末有一注：「在位四年。《竹書紀年》曰：『武乙三十五年，周俘狄王。』與《帝王本紀》不同。」[2] 疑劉恕撰《外紀》，其年代編排主要據《帝王本紀》斟酌取捨，而《帝王本紀》又本於《帝王世紀》。《帝王本紀》原有 10 卷，晉人來奧撰，《隋書‧經籍志》、《舊唐書‧經籍志》及《新唐書‧藝文志》皆有著錄，北宋時應該尚存。這一系統採取《世經》的商年代框架，而具體王年恐多出臆構，難以憑信。《太平御覽》所引「史記」兼采《紀年》，而大部分商王年亦從這一系統。明代薛應旂的《甲子會紀》和清初官修的《三元甲子編年》也大體依據這一系統。

（二）關於商代積年

　　商代積年是三代年代學關注的重點之一。古籍中相關的記錄主要有下列各項：

　　《史記‧殷本紀》集解引《汲冢紀年》：「湯滅夏以至于受（紂）二十九王，用歲四百九十六年。」[3] 今本《紀年》同。

　　《易緯稽覽圖》卷下：「殷四百九十六年。」[4]

---

[2] 劉恕編集、胡克家注補，《資治通鑑外紀》（重印世界書局版《資治通鑑》附錄本，上海：上海古籍出版社，1987），頁 30。
[3] 《史記》卷 3，《頁 16。
[4] 安居香山、中村璋八輯，《緯書集成》上冊（石家莊：河北人民出版社，1994），頁 154。

表七 各家商殷王年表

王	今本紀年	帝王世紀	御覽引史記	通鑑外紀	夏商周斷代工程	備注
大乙	12	12		13		作13年者包括伐桀之年在內
外丙	2			2		史記殷本紀、孟子同
中壬	4			4		史記殷本紀、孟子同
大甲	12	33		33		
沃丁	19			29		甲骨文或釋羌丁
大庚	5		25	25		古本、今本紀年皆作小庚，甲骨文作大庚
小甲	17		17	36		帝王本紀作57年
雍己	12		12	13	公元前1600-1300年（至盤庚遷殷前）	
大戊	75		75	75		
中丁	9		11	11		
外壬	10		15	15		
河亶甲	9		9	9		甲骨文作戔甲
祖乙	19		19	19		
祖辛	14		16	16		
沃甲	5		25	20		古本、今本紀年皆作開甲，甲骨文或釋羌甲
祖丁	9		32	32		
南庚	6		29	29		
陽甲	4		17	7		帝王本紀作17年
盤庚	28		28	28	50（自盤庚遷殷後）	
小辛	3		21	21		
小乙	10		28	21		
武丁	59	59	59	59	59	
祖庚	11		7	7		
祖甲	33		16	16		
廩辛	4		6	6	44	古本、今本紀年皆作馮辛
康丁	8		31	6		紀年及典籍皆作庚丁，「庚」字誤，甲骨文作康丁；帝王本紀作23年
武乙	35			4	35	
文丁	13		3	3	11	甲骨文作文武丁
帝乙	9	37		37	26	
帝辛	52	32		33	30	
商積年	508			629		

《竹書紀年》與夏商周年代研究

《左傳》宣公三年:「桀有昏德,鼎遷于商,載祀六百。」[5]

《孟子・盡心下》:「由湯至於文王,五百有餘歲。」[6]

《鬻子》:「湯之治天下也 …… 二十七世(當是十七世之誤 —— 引者),積歲五百七十六歲至紂。」[7]

《世經》引《殷曆》:武王伐紂「距(湯)伐桀四百五十八歲」。[8]

《世經》據《三統曆》:「自(湯)伐桀至武王伐紂,六百二十九歲。」「凡殷世繼嗣三十一王,六百二十九歲。」[9]

《史記・殷本紀》集解引譙周《古史考》:「殷凡三十一世,六百餘年。」[10]

這幾項記載,性質各異。《世經》的 629 年是由《三統曆》推排而來的(見上篇考西周年代述《世經》的部分),無文獻依據,可以不加討論。從《帝王世紀》以至《通鑒外紀》等書所記的商王年,即為湊足此 629 年之數而擬構,故其大框架也是成問題的。譙周的說法,大約亦本於《世經》。如今要重點關注的,應該還是《紀年》的商年代框架。

如上表所列,今本《紀年》實載商代 30 王、共歷 508 年,所載王數與《史記・殷本紀》相合,不包括大丁在內。然今本《紀年》於殷商紀之末又有概括語云:

湯滅夏以至於受二十九王,用歲四百九十六年。

由古籍所引,可知此亦為古本《紀年》之文。今本於此語下又有小注云:「始癸亥,終戊寅。」王國維先生《疏證》說:

---

[5] 《春秋左傳正義》,頁 1868。
[6] 《孟子正義》,頁 609。
[7] 〔唐〕逢行珪注,《鬻子》(《四庫全書》第 848 冊),頁 13。
[8] 《漢書》卷 21 下,頁 102。
[9] 《漢書》卷 21 下,頁 102。
[10] 《史記》卷 3,頁 16。

四、《竹書紀年》的商年代

原注「戊寅」乃「庚寅」之訛。案：自癸亥至庚寅，實五百八年，而以諸帝積年計之亦同，並與都數不合。蓋以湯元年為癸亥，本於《唐書‧曆志》張說《曆議》；而以周始伐商為庚寅，則本《曆議》所引《紀年》。二者本不同源，無怪與古《紀年》積年不合也。原注見其不合，乃改為戊寅，然不免與本書諸帝積年及歲名相齟齬。蓋書與注亦非盡出一人之手，或雖出一手而前後未照也。古《紀年》「用歲四百九十六年」，與《易緯稽覽圖》同。[11]

這裡有兩個問題存在歧義：第一是上引概括語只說「二十九王」，而今本正文實載 30 王；第二是 496 年的下限應算到哪一年，以及此積年之數有無可能與今本實載的 508 年統一。

有一種比較簡單的理解，是認為《紀年》所說的「湯滅夏以至於受」是指成湯即位至紂王即位前一年的年代區間，這一區間共 496 年，而「二十九王」不包括未立而卒的大丁和帝辛。但是這樣的話，商積年的實數就應是以 496 年再加上帝辛在位的年數。這種理解與今本《紀年》靠不上，因為今本書此語於「周師伐殷」之後，從行文看並未不包括帝辛。

另一種較為複雜的看法，則如陳夢家先生所主張，認為「《竹書紀年》和《易緯稽覽圖》的商殷 496 年是算到文王稱王以前，不是算到紂亡」的。陳先生的論證要點如下：

(1)《易緯乾鑿度》載：「今入天元二百七十五萬九千二百八十歲，昌以西伯受命，入戊午部二十九年。」《詩‧大雅‧文王》正義引《尚書中侯雒師謀》：「數文王受命至魯公末年三百六十五歲。」依《殷曆》甲寅元推之，其天元 2759280 歲為公元前 1088 年；用《殷曆》蔀法推之，則為公元前 1083 年。依魯國紀年，自魯惠

---

[11]《輯證》附錄本，頁 240。

《竹書紀年》與夏商周年代研究

公末年（前723）上推365年，文王受命（始稱王）之年亦為公元前1088年。

（2）用文王受命在公元前1083年之說，自《殷曆》的成湯元年（前1579）至文王受命之前一年（前1084），適為496年。

（3）「若信從（前）1083年為文王元年，而假定（前）1084年為文丁之末年，為文丁殺季歷之年，為帝乙即位之前一年，便符合了《紀年》29王496年之說。」

（4）若上述成立，則公元前一世紀《殷曆》家心目中的商積年應是496年＋文王50年＋武王4年（或6年）＝550（或552）年。此二數介於《左傳》所記「載祀六百」與《孟子》所說「由湯至於文王五百有餘歲」之間。[12]

陳先生設定文王在位50年，是有文獻依據的，但對496年之數的論證尚不無疑點。一是按所論，「二十九王」包括大丁在內，而不包括帝乙和帝辛，與史籍不侔；二是取文王於公元前1083年稱王之說，與按《殷曆》推算的公元前1088年不一致；三是以496年之數算到文王稱王之前，還只是預設，與《紀年》的記載不能靠近；四是以文丁殺季歷在公元前1084年，亦出於假定。不過陳先生聯繫文王的在位年數解釋商積年，還是有啟發性的。

照我們的看法，這個所謂「二十九王」當是誤文，而496年也不是商積年的實數。二者都與周文王的年數有牽連。陳力先生討論《竹書紀年》的三代積年，已涉及這一問題。他認為：

> 案「湯滅夏，以至於受」者，乃至於受之四十年戊寅（公元前1063年），明年己卯為西伯昌薨、武王即位之年，再明年即武王元年，越十一年庚寅（公元前1051），即武王伐紂之年。蓋古人以為武王即位，則天命歸周，是商年僅計其前年，

---

[12] 以上見陳夢家，《殷虛卜辭綜述》（北京：中華書局，1988），頁212-213、215。

四、《竹書紀年》的商年代

共得 496 年。若自湯滅夏之年至紂之滅，則共計 508 年。[13]

這是純由 496 年之數，據今本《紀年》所記作推導的，尚未顧及今本《紀年》的錯誤，因而也還不能解決上引概括語所說的王數、年數上的矛盾。我們的看法與此不同。按今本《紀年》於商王文丁十二年下注：「周文王元年。」若從今本所記，文丁在位 13 年，帝乙在位 9 年，則從文丁十二年下推，以文王在位 50 年計，文王當卒於帝辛三十九年（2 + 9 + 39 = 50）。依今本《紀年》的干支年編排，此 50 年即戊子年至丁丑年之數。由丁丑年上推至成湯建國即位之年（今本作成湯十八年癸亥），則前後共有 495 年，再加成湯伐桀的壬戌年，即足 496 年之數。《新唐書・曆志・五星議》云：「成湯伐桀，歲在壬戌……其明年，湯始建國為元祀。」[14] 此又可見今本《紀年》的干支年編排全本於《大衍曆》。據此可以相當有把握地說，《紀年》概括語中的「二十九王」四字必為「三十九年」之誤。蓋此語原綴於文王卒年之下，故特言「湯滅夏以至於受三十九年」，以此積年之數明周將代商；而今本《紀年》既誤「三十九年」為「二十九王」，又移此語於商代部分之末，不但導致文理不可通，而且連 496 年之數也成了問題。今本小注謂 496 年「始癸亥，終戊寅」，推遲了一年，當言「始壬戌，終丁丑」。此亦由於改編古本，誤以為「湯滅夏」是指湯即位的癸亥年，故此積年的下限亦推到了戊寅年。然此一錯誤不大，甚至可以不算失誤。王國維先生以為「戊寅」乃「庚寅」之訛，這是由於只看到今本的「用歲四百九十六年」之語載在庚寅年下，而不知古本原非如此，尚未識破其中的玄機。

導致今本《紀年》上述錯誤的原因，可能與今本改變古本的分篇

---

[13] 陳力，〈今古本《竹書紀年》之三代積年及相關問題〉，收入邵東方、倪德衛主編，《今本竹書紀年論集》，頁 224。
[14] 《新唐書》卷 28 上，頁 75。

體例有關係。古本《紀年》原載夏積年為 471 年，是從「禹代虞事」算起的（詳下篇），也許古本的「夏紀」即始於「禹代虞事」之年，而是年在我們看來，也就是禹初為夏后氏首領之年。以此例推之，古本《紀年》的「殷商紀」也可能原始於成湯初為商人首領之年，其「周紀」則始於周文王初為周人首領之年。今本《紀年》於夏王帝癸十五年注「成湯元年」，於商王文丁十二年注「周文王元年」，這兩個年份極有可能就是古本的「殷商紀」、「周紀」之始年，故今本據以為注。這樣來看，古本對夏積年的概括語原在「殷商紀」中，對商積年的概括語原亦在「周紀」中，都不在各自的本紀之末。今本《紀年》改變古本三代編年的起迄，統以各自建國之年為本紀之始，又分別以各自的亡年為本紀之終，從而使得古本對各自積年的概括語的位置也發生變動。不過夏、周之積年，古本原綴於各自亡年之下，今本仍之，問題還不甚大；問題最大的是將有關商積年的 496 年之數誤移於商亡年之下，且又出現「二十九王」的誤文，遂致與《紀年》實載的王數、年數皆不相合。看古本《紀年》佚文，這個「二十九王」似出於古本整理或傳抄的失誤，而不是由於今本編纂者的擅改，但也不排除擅改的可能性。唯是改「三十九年」為「二十九王」之後，496 年之數又未更動，二者仍不能統一。這些都由於今本《紀年》本為未定稿，編纂者亦無法完全消除因為改編而造成的今古本記載上的矛盾。

《世經》以為《殷曆》所記的商積年為 458 年，實是《世經》作者由《殷曆》的商始年與《三統曆》的周始年推算得來的，即前 1579（商始年）－前 1122（周始年）＋ 1 ＝ 458（年）。這兩個始年數據不出於同一曆法，故此數不可據。古本《紀年》載商亡於公元前 1027 年，若此即《殷曆》所記載的商亡年，則戰國時《殷曆》家心目中的商積年應是前 1579－前 1027 ＋ 1 ＝ 553（年）。《左傳》所謂「載祀六百」，當即約此數而言。按今本《紀年》，由公元前 1027 年上推，以武王嗣位之十三年克商為准，再上加文王在位的 50 年，則文王受命

四、《竹書紀年》的商年代

（始稱王）在公元前1089年，較陳夢家先生據《殷曆》所推算的公元前1088年提前了一年；若以為武王嗣位之十二年克商，則文王受命即為公元前1088年，也可能《殷曆》原載武王克商在公元前1028年，較今本《紀年》提前了一年。董作賓先生的《殷曆譜》用蔀法推算文王受命在公元前1083年，陳夢家先生從之，恐怕不夠準確。

根據這一種文字上的糾正，可知古本《紀年》所記的496年原不是商代積年實有的總數。按今本所記，自帝辛四十年至五十二年尚有13年，以496年加此13年為509年，再減去商湯伐桀或周武王克商的1年，即得商積年為508年的總數。[15] 不過今本《紀年》實載周文王在位52年，卒於帝辛四十一年，故又於帝辛四十二年下加注「周武王元年」。這與上面所考的文王卒年及496年的積數不合，似乎今本的纂輯者在整理舊抄時，看到的已是「湯滅夏以至於受二十九王」的誤文，而不知文王之薨卒當繫於帝辛三十九年下。《孟子》所說的「由湯至於文王五百有餘歲」，若從今本《紀年》的夏桀十五年為成湯元年算起，下至帝辛三十九年文王卒，前後共512年，亦可說正得其實。至於今本《紀年》所以會將文王卒年滯後2年，則實由武王「十一年庚寅，周始伐商」的既定看法推排得出，且涉及古代新王為故王服喪之說及改元之例，這點在本書上篇推考西周年代時已言及。

《易緯稽覽圖》卷下原載「堯一百年，舜五十年，禹四百三十一年，殷四百九十六年，周八百六十七年」。[16] 這幾項資料，除兩周867年用《世經》之說外，其餘全同於今本《紀年》。《易緯稽覽圖》出於漢代，其作者自不可能見到汲冢出土的《紀年》，所以我們曾懷疑它所記錄的夏、商積年為後人據《紀年》所添加，但也有可能原出於古《世

---

[15] 商湯伐桀之年既可計入夏積年，也可計入商積年；同樣，武王克商之年既可計入商積年，也可計入西周積年。若商積年從商湯伐桀之年算起，則下至武王克商的前一年，共508年；若商積年從商湯伐桀之次年算起，則下至武王克商年，亦為508年。

[16] 安居香山、中村璋八輯，《緯書集成》，頁154。

本》,《紀年》和《稽覽圖》的記錄都是由古《世本》而來的。不過《稽覽圖》的作者也和今本《紀年》的編者一樣，誤以 496 年為商代的總年數，而不知此數只是從商湯伐桀至周文王卒年的積數。戰國時學者可能多以公元前 1027 年為武王克商年，曆法家或亦如此，其根據當都在古《世本》。《殷曆》或以公元前 1028 為武王克商年，與《紀年》尚僅有一年之差；而又以戰國時曆法推導商始年為公元前 1579 年，則與《紀年》相差較多。

《鬻子》謂自成湯治天下，歷 576 歲而至紂，疑是由《世經》中的商積年減去紂王的在位年數得來的。按《世經》，若不計成湯伐桀之年，則商積年為 628 年，而今本《紀年》載紂王在位 52 年，二者之差正好為 576 年。如是，則《鬻子》之文晚出，亦不足據。

（三）關於商王年的幾個具體問題

1.《尚書·無逸》篇的記載

先秦古籍中涉及商王年的記錄，以《尚書·無逸》篇所見較為具體。篇中記載周公的話說：

昔在殷王中宗，嚴恭寅畏，天命自度，治民祗懼，不敢荒寧。肆中宗之享國，七十有五年。其在高宗，時舊勞於外，爰暨小人。作其即位，乃或亮陰，三年不言。其惟不言，言乃雍。不敢荒寧，嘉靖殷邦，至於小大，無時或怨。肆高宗之享國，五十有九年。其在祖甲，不義惟王，舊為小人。作其即位，爰知小人之依，能保惠于庶民，不敢侮鰥寡。肆祖甲之享國，三十有三年。自時厥後立王，生則逸。生則逸，不知稼穡之艱難，不聞小人之勞，惟耽樂之從。自時厥後，亦罔或克壽，

或十年,或七八年,或五六年,或四三年。[17]

後人對這段記載有不同的理解,主要糾纏於「三宗」(太宗、中宗、高宗)問題。此「高宗」指武丁無異說,「中宗」及「祖甲」所指則有疑義。〈無逸〉偽孔傳及《詩·烈祖》鄭玄箋皆謂此「中宗」指大戊,當本於《史記·殷本紀》,〈殷本紀〉以大甲為太宗、大戊為中宗。〈無逸〉偽孔傳又以此「祖甲」指成湯之孫大甲,以為「此以德優劣、立年多少為先後,故祖甲在下」。南宋洪适《隸釋》卷14錄東漢〈石經尚書殘碑〉,既引述偽孔傳之說,又謂「此碑獨闕祖甲,計其字蓋在中宗之上,以傳序為次也」[18]。《史記·魯世家》集解引王肅說,同於偽孔傳;又引馬融、鄭玄說,則以為此「祖甲」即武丁之子、祖庚之弟祖甲。[19] 合而言之,〈無逸〉篇所記中宗、高宗、祖甲有兩說:

(1) 分指太戊、武丁、祖甲(武丁子、祖庚弟);
(2) 分指太戊、武丁、大甲(成湯孫、大丁子,即太宗)。

今本《紀年》於大戊、祖乙、武丁、祖甲四王紀年之末,都錄有一段綜合性評語,其文如下:

> 大戊遇祥桑,側身修行。三年之後,遠方慕明德,重譯而至者七十六國,商道復興,廟為中宗。(原注:《竹書》作「太宗」。)
> 祖乙之世,商道復興,廟為中宗。
> 王(武丁),殷之大仁也。力行王道,不敢荒寧,嘉靖殷邦,至於小大,無時或怨。是時興地東不過江黃,西不過氐羌,南不過荊蠻,北不過朔方,而頌聲作,禮廢而復起,廟為高宗。
> 王(祖甲)舊在野,及即位,知小人之依,能保惠庶民,不侮鰥寡。迫其末也,繁刑以攜遠,殷道復衰。

---

[17] 《尚書正義》,頁 221-222。
[18] 〔宋〕洪适,《隸釋》(《四庫全書》第 681 冊),頁 601。
[19] 《史記》卷 33,頁 187。

這些文字不知是否為古本《紀年》原文。現存古本佚文所見的商王凡27位，除大丁當是原本即不錄外，尚缺大戊、武丁、祖辛三王。大戊、武丁亦不見引，甚是可怪。

為說明相關問題，這裡先就商王名號及商代宗法問題補充幾點看法。

商王室通行以甲乙丙丁等十干紀日符號為名號的制度，即現在通常所稱的日名制。對於這一風俗性的制度，學術界至今未有公認的解釋。筆者嘗撰〈商王名號與上古日名制研究〉一文，[20] 提出一種不同於傳統看法的新見解，同時對商代貴族宗法作了一些新的探討。照我們的意見，日名制實際是在商代貴族社會的父系家長繼承制下，在婚姻制度、家族制度、親屬制度等層面上，仍然保留著若干母系宗法因素的一種表現。日名制的宗法基礎是依母系分宗，凡同父異母子女都從母姓，各以同母者為宗親，不同母者即不同宗。不過日名制作為一種特殊的稱謂形式，只適用於貴族集團同姓相婚的內婚制，而不適用於異姓相婚的外婚制。如就商王族而言，其群體成員所使用的日名，就只是在所謂「子姓」集團內部通婚的範圍內所形成的代表母系宗派的符號，與王族通婚的非「子姓」集團所出的母系便不用這類符號。簡單地說，在使用日名的貴族內婚群範圍內，凡母名甲者子女亦名甲，母名乙者子女亦名乙，其餘依次類推。這樣造成的結果之一便是宗、族兩分的結構，族從父系而宗從母系。如武丁之子確可知者有祖己、祖庚、祖甲，他們分別為武丁的配偶母己、母庚、母甲所生，三人雖屬同族，而分屬己宗、庚宗和甲宗。又由於當時內婚制普行異宗相婚，即父母一般不同宗，所以父子同日名的現象極為少見，商王世系表上便無一例這樣的情況。分而言之，日名制在母系是為區別婚姻關係而兼表「姓族」身份的，在父系則為分宗而兼表「氏族」地位。二者雖

---

[20] 張富祥，〈商王名號與上古日名制研究〉，《歷史研究》，2005年第2期，頁3-27。

同用一套日名符號，而「姓」和「氏」還是不統一的。

　　日名既不是私名（今本《紀年》於商王名號下都錄有各自的私名），也不是廟號，在日名主體都是與生俱來的，並且伴隨終生；只有當主體死後進入祀典，而致祭者仍以日名稱之，其日名才具有廟號的性質，但也不是專號。由於日名的重複率極高，因此商人的相關稱謂都在日名前加區別字。僅就商王系統言之，大致前期多加「大」、「中」、「小」諸字（如大乙、中丁、小甲之類），基本上是表示生前年齒和排行的；中後期則多加「祖」字，凡進入祀典的三代以上先王及其他先祖都可稱「祖」（在商王世系表上始於祖乙）。此外還有比較特殊的幾類：一是加「武」、「康」、「文」或「文武」諸字者（有武丁、康丁、武乙、文武丁），此類皆為美稱；二是加「帝」字者，一般為子稱父（如祖庚、祖甲稱武丁為「帝丁」等）；三是加別稱者，如沃丁、雍己、河亶甲、沃甲、南庚、陽甲、盤庚、廩辛諸王，其區別字可能都是他們即位前的封號；四是加「外」字者，如外丙、外壬，據我們求證，二人應是前王的親姪。卜辭中另有一套區別字，使用「高」、「後」、「亞」、「內」、「上」、「下」及「二」、「三」、「四」等，都是按相同日名先王的先後順序稱呼的，如武丁時卜辭稱大乙為「高祖乙」或「上乙」、稱祖乙為「亞祖乙」或「下乙」、稱小乙為「後祖乙」或「內乙」之類；至於「二祖辛」、「三祖丁」、「四祖丁」、「二妣戊」之類，則直接以數目字表示出於各宗的王、妣的順序。這類稱呼與「中宗」之稱有關聯。

　　甲骨文中的「宗」字皆指宗廟（偶亦指其他神廟），還沒有用以指稱宗族的，凡指稱宗族皆用「族」字。這是由於商代社會組織的基本構成單位已是按父系劃分的「族」，而不是仍從母系區分的「宗」。但由日名制推求，商王室宗廟制度的結構基礎應該還是各按母系分宗立廟，即王室諸宗各立一廟，其中占主導地位的是內婚群所建自甲至癸的十廟；而在各宗的祖廟之上，又有總領群宗的全族性的大型太廟。

卜辭有「大宗」、「小宗」之分，我們以為「大宗」即是王室太廟，「小宗」則為內婚群十廟的共名。各王、妣都有專門的廟室，這些廟室都應是各「小宗」的一部分，如「大乙宗」屬於乙宗廟、「妣庚宗」屬於庚宗廟之類。因此王、妣的廟室都不是按夫妻關係編排的，凡同宗（即同日名）的王、妣歸於一廟，不同宗的王、妣則各歸其宗廟。依同宗不婚的習慣法規及分宗立廟之制，凡異宗夫妻無同堂並祀之理。

由此審視古籍所見商人的「太宗」、「高宗」、「中宗」之稱，就不能僅按後人所稱的廟號去理解，商代事實上並無這類專門的廟號。這裡先說「中宗」。卜辭中兩見「中宗」一詞，一稱「中宗祖乙」，[21] 一稱「中宗祖丁」，[22] 前者出於廩辛、康丁時卜辭，後者當出於帝乙時卜辭。這兩個「中宗」，原其初義，皆由各自宗廟的編排次序而來。蓋廩、康以前，不計商王室先公，乙宗為王者有大乙、祖乙、小乙3人，而祖乙居中，故「祖乙宗」（祖乙廟室）在乙宗廟中亦必居中，是可稱「中宗」；同樣的道理，在帝乙以前，丁宗為王者有大丁、[23] 沃丁、中丁、祖丁、武丁、康丁、文武丁7人，而祖丁亦適居其中，故「祖丁宗」（祖丁廟室）亦可稱「中宗」。可見「中宗」一詞原非某王專稱。若欲推廣其例，那麼商王室除乙、丁二宗外，甲、庚、辛三宗為王者也都超過3人，原則上也可以有「中宗」。大概因祖乙、祖丁業績較著，致祭為多，故卜辭中僅見以二人之廟稱「中宗」。盤庚應屬於業績尤著的商王，然庚宗為王者有大庚、南庚、盤庚、祖庚4人，盤庚不居中，可能原無「中宗」之稱。

卜辭中的「大宗」可以讀為「太宗」，但未見有用以專指某王廟之例；「高宗」則尚未見於現存卜辭。依甲骨文例，商代若確曾通行「高

---

[21] 見郭沫若主編、胡厚宣總編輯、中國社會科學院先秦史研究室編，《甲骨文合集》（北京：中華書局，1978-1982），26991片。
[22] 見中國社會科學院考古所編，《小屯南地甲骨》（北京：中華書局，1980-1983），2281片。
[23] 大丁按古籍所記雖未即位為王，而在甲骨文的記錄中亦列入王室祀典，祭祀地位與諸王無異。

四、《竹書紀年》的商年代

宗」一詞，則其初義應指高祖之廟，「高祖」（見於卜辭）泛指祖父以上祖先。專以武丁言之，其被稱為「高宗」應在廩辛、康丁輩以後。「大宗」若用以指稱某王廟，則「大」字須轉為「上」字之義，猶「上乙」之「上」，指次序上的第一。《禮記・文王世子》孔穎達疏：「大猶初也。」《淮南子・覽冥訓》高誘注：「上猶初也。」《呂氏春秋・義賞》篇高誘注：「上，首也。」《史記・殷本紀》以大甲為太宗，可能古有此說，因為大甲在成湯以後商王甲宗的譜系上為第一人，其譜系直承商王室先公中始用日名、在卜辭祀典上也佔據首位的上甲。但〈殷本紀〉又以大戊為中宗，則決不合於甲骨文例。商王室戊宗為王者僅有大戊一人，按之於上述，「大戊宗」（大戊廟室）若以次序稱之，便也只能稱為「大宗」，而絕無被稱為「中宗」之理。今本《紀年》既稱大戊「廟為中宗」，又注云「《竹書》作『太宗』」，所說《竹書》可能是指汲冢他書，而不是指《紀年》，但也可能古本《紀年》原簡已誤書此處「太宗」為「中宗」；然亦或為整理者誤據典籍而擅改，今已不能說定。今本《紀年》下文又稱祖乙「廟為中宗」，此亦見於古本佚文，與甲骨文相合。是則古本《紀年》原只以祖乙為「中宗」，今本復以大戊為「中宗」當是誤文，否則同一部史書中便有兩商王同用「中宗」之稱，而這一般是不可能的。王國維先生的《疏證》對於今本「《竹書》作『太宗』」的注文，既說「《御覽》八十三《紀年》以祖乙為中宗，則大戊或有稱太宗之理」，又懷疑「作此注者固不能見汲冢原書，或見他書所引《紀年》有此說」。[24] 其實此注當出於《隋書・經籍志》所錄《竹書同異》，應是古本《紀年》出土時整理者所加，是有可能因整理者改動原文而特出此注予以說明的；即使退一步說，古本《紀年》原已誤記大戊為「中宗」，整理者引《竹書》出異文，此《竹書》也有可能是指汲冢同時出土的他書（如《瑣語》），不一定是指《紀年》。

---

[24]《輯證》附錄本，頁 229。

《晏子春秋・內篇・諫上》說：「湯、太甲、武丁、祖乙，天下之盛君也。」[25] 似是分別以太甲、武丁、祖乙為太宗、高宗、中宗。可能先秦時曾經流行此種說法，其「中宗」所指亦合於甲骨文。漢代今文《尚書》家以太甲為太宗，或即受到此說的影響，然仍疑太宗當指太戊。《尚書・無逸》篇以中宗、高宗、祖甲並提，此「中宗」實指大戊，當亦是「太宗」之誤，並且《史記・殷本紀》及今本《紀年》很可能即因轉承此誤而遂以大戊為「中宗」。

在史籍所記載的商王世系表上，小甲、雍己、大戊為兄弟而先後繼位，學者一般即以此順序，判定大戊為小甲、雍己之弟。然其日名前加區別字「大」，與大乙長子稱大丁、大丁長子稱大甲同例，則大戊本為大庚長子。據今本《紀年》所記，小甲在位 17 年，雍己在位 12 年，大戊在位 75 年，三兄弟相繼在位竟長達 104 年；若大戊確為長子，則其壽命少說也應在 110 歲以上，這是不免令人生疑的。《史記・三代世表》以小甲為大庚弟；[26] 卜辭以大戊置於雍己之前。若合此二者，則大戊在其叔父小甲之後，先於其弟雍己為王，便可部分地袪疑。《甲骨文合集》1403 云：「侑成（湯）、大丁、大甲、大庚、大戊、中丁、祖乙。」又 32385 云：「求自上甲、大乙、大丁、大甲、大庚、〔大戊〕、中丁、祖乙、祖辛、祖丁十示。」此亦可證太戊為直系長子。現存古本《紀年》佚文缺去了大戊，未詳其是否原在雍己之前；今本《紀年》雖記雍己在前，而僅載其即位及卒年，未有任何史實。

對照《紀年》及〈無逸〉篇來看，大戊在位 75 年之說當是有來歷的，大概古本《紀年》亦記作 75 年。《史記・殷本紀》載：「帝太戊立，伊陟為相。」[27]《尚書・君奭》篇說：「在太戊，時則有若伊陟、臣

---

[25] 張純一校注，《晏子春秋校注》（《諸子集成》第 4 冊），頁 31。
[26] 陳夢家先生說：「小甲為大庚之子抑弟，在卜辭中無從決定，但他在祭祀中的位次介乎大庚與大戊之間。」見《殷虛卜辭綜述》，頁 369。
[27]《史記》卷 3，頁 15。

扈,格于上帝,巫咸乂王家。」²⁸ 卜辭有戊陟（當即伊陟）、爻戊、盡戊（疑即臣扈）、咸戊（當即巫咸）,則質諸日名制,一時大臣皆出於戊宗,當是商史上戊宗最盛之時,故大戊亦可能在位特久。

武丁的年代下面再談,學者爭議「三宗」問題的焦點在祖甲。僅就〈無逸〉篇本文而言,所說祖甲指武丁之子本不該成為問題,今本《紀年》即用此說,故記其在位33年。王肅及偽孔傳以為此祖甲指大甲,《帝王世紀》承之,根據不足。其一,商王日名前的「祖」字雖可泛用,然卜辭中並無以大甲稱祖甲之例,尤其周初人尚承商人之俗,更不當以已經相對固化的祖甲之稱移用於大甲。其二,大甲（太甲）本是有爭議的人物,若〈無逸〉篇所托周公之言尚大體真實,則不當以其與大戊、武丁、周文王並列。《紀年》載伊尹放大甲而自立,大甲潛回殺伊尹（古本、今本同）,雖實際情形難以搞清,而此說大約早有流傳;後世將大甲說成是悔過自新的典型,蓋出於儒家的美化,恐不足憑。其三,《紀年》載大甲在位12年,當有一定的文獻依據。大甲的繼承者為沃丁,而沃丁至今在卜辭中未發現。

據我們研究,商代凡是在日名前加「大」、「中」、「小」區別字或只加「祖」、「帝」字及美稱的諸王,應屬於正常繼位;而在日名前加別稱的,大概都屬於非正常繼位,沃丁則是其中的第一人。²⁹ 以此估計,大甲在位時間不會太長,不當進入〈無逸〉篇的舉例。其四,漢代今文經學家不願以祖甲與武丁、周文王並列,實因《國語‧周語下》「玄

---

²⁸ 《尚書正義》,頁223。

²⁹ 非正常繼位的商王,未必不會有所作為,如盤庚。沃丁不見於甲骨文,也許是由於識別問題:今本《紀年》記載他在位19年,時間不算短,倒有可能曾是一位有所作為的王。今本《紀年》所記其事有兩項,一為元年「命卿士咎單」,一為八年「祠保衡」。《尚書序》謂「沃丁既葬伊尹于亳,咎單遂訓伊尹事,作《沃丁》」（《十三經注疏》,頁166）。疑伊尹實在大甲時被殺,沃丁即位後為之昭雪並舉行葬禮。《帝王世紀》說:「沃丁八年伊尹卒,年百有餘歲,大霧三日。沃丁葬之,以天子禮葬,祀以太牢,親臨喪以報大德。」（《尚書正義》孔疏引「皇甫謐云」）。此亦出於後世的想象,未可信以為真。

王勤商,十有四世而興,帝甲亂之,七世而隕」的負面評價[30];然此種評價可能只是針對祖甲晚年的所謂「繁刑以攜遠,殷道復衰」而言的,不害其先前曾有所作為而在位時間較長。〈無逸〉篇說他早年「不義惟王」,「不義」當讀作「不儀」,猶言不能發揚先王的威德。[31]馬融解釋為武丁欲舍祖庚而立祖甲,祖甲以為「廢長立少,不義,逃亡民間」,[32]乃迂曲之說。

實際上,武丁最初所確定的繼承人是長子祖己(卜辭稱為「小王」),故載籍稱祖甲「舊在野」,「久為小人」。今本《紀年》載祖甲十三年「西戎來賓,命邠侯組紺(周人祖先)」,蓋周人亦因此德之,而視之為商之賢王。其五,今文經學家以大甲易祖甲,當只是泥於舊籍對「中宗」的誤解,遂追溯大甲為「太宗」,而卜辭中的「大宗」原無專指。或者先秦學者談及商王的業績時,通常以大戊為太宗、祖乙為中宗、武丁為高宗,後來因相傳的祖甲年數多於祖乙,乃去祖乙而添入祖甲,又從而導致「太宗」、「中宗」之誤。是否在位33年者實為祖乙而非祖甲,甚或在位75年者實為祖乙而非太戊,都令人懷疑。不過75年與33年之數可能實有,只是主體為誰,今已無法確考。

前引〈無逸〉篇文字有兩個「自時厥後」之語,一稱「自時厥後立王,生則逸」云云,一稱「自時厥後,亦罔或克壽,或十年,或七八年,或五六年,或四三年」。兩「時」字皆讀作「是」,而偽孔傳有不同的解釋:一說「從是三王,各承其後而立者,生則逸豫無度」,以「是」字指三位商王;一說「以耽樂之故,從是其後,亦無有能壽考」,以「是」字指耽樂。這後一種解釋較通脫。大抵〈無逸〉之意,在謂商王除大戊、武丁、祖甲能知民間疾苦而勤勞王事、在位時間較

---

[30]《國語》卷3,頁43。
[31]「不儀」或稱「不儀型」。《三國志・魏志・高堂隆傳》:「昔周景王不儀刑(型)文武之明德,忽公旦之聖制……周德以衰。」〔晉〕陳壽,《三國志》(《二十五史》第2冊)卷25,頁85。
[32]《史記・魯世家》集解引「馬融曰」,頁187。

長外，其他多生於優裕的貴族環境中，耽於淫逸縱欲、酒色便嬖、游觀田獵，而不知稼穡之艱難與敬德保民，故往往廢國事、損性命而在位時間短暫。所以「自時厥後」云云，應該不只是就祖甲之後的情況而言的。

其實，〈無逸〉篇但舉三王，也只是商王中在位時間最長者；若寬泛言之，也可以包括其他較有作為的諸王。從今本《紀年》的記載來看，如前列表七所示，大乙之後外丙2年、中壬4年，大甲亦只有12年；沃丁之後大庚5年；小甲之後雍己12年；大戊之後中丁9年、外壬10年、河亶甲9年；祖乙、祖辛之後沃甲5年、祖丁9年、南庚6年、陽甲4年；盤庚之後小辛3年、小乙10年；武丁之後祖庚11年；祖甲之後廩辛4年、康丁8年。這些記載今已無法證明都十分確鑿，但可從中看出一治一亂的情形。商代30王，若以今本《紀年》的508年計，平均每王在位17年差少，而在位10年及10年以下者有15王，佔了一半。這當然不盡是由於淫逸等原因，而更與王位繼承制度及內亂有關。商代實行部族內婚範圍內的長子繼承制，以父死子繼為主，兄終弟及為輔，這一制度一旦遭破壞，王室內部的爭奪便不可避免。《史記‧殷本紀》記載雍己時「殷道衰，諸侯或不至」；「河亶甲時，殷復衰」；「陽甲之時，殷衰」；又說「自中丁以來，廢嫡而更立諸弟子，弟子爭相代立，比九世亂，於是諸侯莫朝」。[33]「廢嫡」之說還不能應用於商代，商王室在內婚範圍內尚不分嫡庶，而也許正因如此，兄弟之間的爭奪就時趨激烈。商王17世，有9世是兄終弟及的，而在這9世當中，又有7世8王的名號在日名前加別稱，這大概不是一種巧合。也就是說，這些王原是分封在外的，並不是最初依習慣法規選定的王位繼承者，而在特殊情況下入繼或奪取了王位，包括盤庚在內。史所記載的中丁遷囂、河亶甲居相、祖乙遷邢、南庚遷奄、盤庚遷殷，

---

[33]《史記》卷3，頁15。

都在中丁以下的衰亂時期，遷都的主要原因可能就在內亂。他們所遷之地，則可能就是他們先前的封地或本宗的聚居地。譬如河亶甲所遷的相，疑即近年在河南安陽新發現的洹北商城，「河亶」蓋即河岸之義，二字急讀則為「戔」。南庚可能原封在南單（在今河南淇縣東北），他即位後之所以要遷都於奄（今山東曲阜一帶），蓋因奄地本為王族庚宗的聚居地；[34] 或者「南庚」竟以南都（奄都）之庚宗得稱，亦未可知。盤庚或原封在凡城（在今河南輝縣西南），「凡」通「盤」，因他亦出於庚宗，故稱盤庚，而在即位後遂遷都於距凡城不遠的安陽殷墟。商王在位時間短者，或因高年即位，或因短壽，或因內亂被廢或被殺，或又有其他原因遜位，情況不可能一致。現在探討商王的年代，這些都可作為參考的因素。

2．盤庚遷殷之年

盤庚遷殷被看作是劃分商代前後期的標誌。[35]《史記‧殷本紀》正義釋「沙丘苑台」，引唐初《括地志》云：

> 沙丘台在邢州平鄉東北二十里。《竹書紀年》云：「自盤庚徙殷，至紂之滅，七百七十三年，更不徙都。紂時稍大其邑，南距朝歌，北據邯鄲及沙丘，皆為離宮別館。」[36]

此所引《竹書紀年》之文，不見於今本《紀年》，疑出於唐初以前學者的概括，而非《紀年》本文。所說自盤庚遷殷至紂王滅國共 773 年，

---

[34] 直到春秋時期，魯國還有地名叫「庚宗」，見《左傳》昭公四年，頁 2036。
[35] 史所習稱的「盤庚遷殷」，其實只是周人的說法，而從甲骨文來看，商人自己是從來不稱本族、本朝或本朝都城為「殷」的。今本《紀年》載盤庚「自奄遷于北蒙曰殷」，「北蒙」是商人舊稱，「曰殷」則屬後人誤指。「蒙」通「亳」，二字一音之轉，「北亳」猶言北都，是相對於南庚所遷的奄都而言的；「殷」之名號則實起於周人統稱商人為「夷」，「夷」、「殷」亦一音之轉。參見本書附錄一《利簋銘文新釋》。這裡仍稱「盤庚遷殷」，只是沿用傳統的說法。
[36]《史記》卷 3，頁 15。

因《史記》注本的不同版本而有異。南宋黃善夫刻本（即百衲本）、明嘉靖間汪諒刻本及汪廷喆刊本、清乾隆間武英殿刻本均作 773 年，而後來的武昌書局翻刻汪廷喆本、日本瀧川資言的會注考證本又作 275 年，金陵書局校刊本則作 253 年。這個 773 之數必有誤，治《紀年》者多認為當改作 273 年，清趙紹祖的《校補竹書紀年》、陳逢衡的《竹書紀年集證》、黃奭的《佚書考・竹書紀年》、朱右曾的《汲冢紀年存真》即均校訂為 273 年。今本《紀年》載盤庚十四年遷殷，由此下及帝辛五十二年，共歷 252 年，此當即金陵本校改所本。蓋金陵本由 252 年之數，復加武王克商年，亦計入商殷年代，即得 253 年。范祥雍《古本竹書紀年輯校訂補》也說，金陵本「係據吳春照依今本《紀年》所改，不足憑」。[37] 我們懷疑「自盤庚徙殷至紂之滅」的概括語下原作「二百七十三年」，但概括者是從《御覽》所引「史記」統計的，而不是依據《紀年》本文。《御覽》所引「史記」的現存條目載盤庚在位 28 年、小辛 21 年、小乙 28 年、武丁 59 年、祖庚 7 年、祖甲 16 年、廩辛 6 年、康丁 31 年、文丁 3 年（見前列表七），而缺去了武乙、帝乙、帝辛的年數，如果從《通鑒外紀》補入武乙 4 年、帝乙 37 年、帝辛 33 年，那麼這一系統從盤庚元年至帝辛亡國之年，就正好有 273 年。此種「史記」之書在唐初應該尚有流傳，故《括地志》得以引用，但所記商王年數實已不同於《紀年》。

　　273 年之數是很誘人的。如果從古本《紀年》所記，以公元前 1027 年為武王克商年，那麼上加 273 年即溯至公元前 1300 年，而近世學者即普遍估計盤庚遷殷在此前後。不過我們更傾向於今本《紀年》的 252 年。如果從今本《紀年》概括西周積年之語所說，即以帝辛五十二年（庚寅年）為武王克商年，並且仍以此年為公元前 1027 年，那麼上推 252 年，即可知盤庚遷殷之年（盤庚十四年）為公元前 1278 年，盤庚元年為公元前 1291 年。

---

[37] 范祥雍，《古本竹書紀年輯校訂補》（上海：上海人民出版社，1957），頁 21。

夏商周斷代工程的《報告（簡本）》亦討論了《史記》正義的引文，認為「從文獻上難以判定275年、273年、253年三說之正誤」。又說：

> 武王克商之年為公元前1046年，如採用275年，則盤庚遷殷在公元前1320年，如採用273年，則盤庚遷殷在公元前1318年，如採用253年，則盤庚遷殷在公元前1298年。因武丁元年確定為公元前1250年，考慮到盤庚、小辛、小乙一代三王總年數的合理性，以253年較妥，則盤庚遷殷在公元前1298年，今取整為公元前1300年。[38]

這個選擇用了三個參數：一是工程所確定的武王克商年為公元前1046年；一是文獻所記的盤庚遷殷至紂亡共253年；一是用天文手段測定的武丁元年為公元前1250年。這三個參數各有不同的來歷，若不能互證，便無由捏到一起。用前兩個參數，自然可以算出盤庚遷殷之年為公元前1046年＋253－1＝前1298年；但若用後兩個參數，則不能得出盤庚遷殷之年。問題在於253年之數本出自《紀年》，工程專家既用此數，而又完全不相信今本《紀年》所記載的商王年數，所以仍不能確知用前兩個參數所得出的盤庚遷殷之年是否正確。這樣，即使所測定的武丁元年是正確的，也歸於無用。實際上，工程所確定的武王克商年（前1046）已較古本《紀年》所記的該年（前1027）提前了19年，而所擬盤庚遷殷之年（前1298）也較我們結合古本與由今本《紀年》推出的該年（前1278）提前了20年——若減去金陵本的253年多計的一年，則這後一個年份的提前量也恰為19年。其間還有些並非巧合的東西，下文一併聯繫武丁的年代來談。

---

[38] 夏商周斷代工程專家組，《報告（簡本）》，頁60。

3・武丁的年代

武丁在甲骨學商史研究中佔有突出的地位。由於殷墟成批出土的甲骨文大致始於武丁時期，故近世學者對於武丁的年代研究亦多。主要的研究方式則為現代天文測算。

卜辭中多有日月食的記錄，一般認為賓組卜辭中的 5 次月食記錄是最可信的。這 5 次月食，原文皆作「月业（有）食」，其干支日期分別為壬申夕、癸未夕、〔甲〕午夕、[39] 乙酉夕、己未夕向庚申。[40]

用現代天文方法測算古代月食，需要有對於當時曆法體制、具體年代區間及干支紀日法的演變等一系列前提性的認知條件，因此各家的測算結果並不一致。

（1）較早董作賓先生的測算結果是：

〔甲〕午月食　公元前 1373 年（盤庚）

〔癸卯〕月食　公元前 1344 年（小乙）

〔乙酉〕月食　公元前 1320 年（武丁）

庚申月食　公元前 1311 年（武丁）

壬申月食　公元前 1282 年（武丁）[41]

（2）陳夢家先生不相信董氏對「癸卯」、「乙酉」兩個日名干支的擬補，而認為其餘 3 次月食有另一種可能：

甲午月食　公元前 1229 年（武丁）

---

[39] 「甲」字原版殘缺，為卜辭學者擬補，而也有人補為「壬」字（見下引鄭光說）。

[40] 「己未夕向庚申」的「向」字，卜辭原作 ⌘，難以確釋，此係從裘錫圭先生之說，釋為「皿」，讀作「向」。見氏著，〈釋殷墟卜辭中的 ⌘ 等字〉，收入香港中文大學中文系編，《第二屆國際中國古文字學　討會論文集》（香港：香港中文大學中國語言及文學系，1993）。曹定雲先生釋為「敦」字，以為用在此辭中，係指兩日之交，即前一天夜間接近第二天黎明的一段時間。見氏著，〈殷墟卜辭 ⌘ 乃「敦」之初文考〉，收入王宇信、宋鎮豪主編，《紀念殷墟甲骨文發現一百周年國際學術討論會論文集》（北京：社會科學文獻出版社，2003），頁 165-177。若如曹先生之說，則此字釋為「敦」，似亦可逕讀為「對」。《廣雅・釋詁》：「對，向也。」

[41] 見董作賓，〈殷代月食考〉，《中央研究院歷史語言研究所集刊》，第 22 本（1950），頁 139-159。

庚申月食　公元前 1218 年（武丁）

　　壬申月食　公元前 1183 年（武丁）[42]

（3）近年張培瑜先生先是對武丁世的 4 次月食擬定如下年份：

　　壬申夕月食　公元前 1282 年

　　十二月庚申月食　公元前 1279 年

　　癸未夕月食　公元前 1278 年

　　八月乙酉月食　公元前 1181 年 [43]

（4）後來張培瑜先生又對 5 次月食的年份統加更訂如下：

　　癸未夕月食　公元前 1201 年

　　甲午夕月食　公元前 1198 年

　　己未夕向庚申月食　公元前 1192 年

　　壬申夕月食　公元前 1189 年

　　乙酉夕月食　公元前 1181 年

此即夏商周斷代工程的階段成果報告所採取的數據。[44]

（5）鄭光先生對張培瑜先生的更訂結果提出不同意見，而作如下擬定：

　　壬午月食　公元前 1325 年

　　十二月庚申月食　公元前 1192 年

　　壬申月食　公元前 1282 年

　　八月乙酉月食　公元前 1279 年

　　癸未月食　公元前 1278 年 [45]

（6）美國學者彭氀鈞等另有不同的認證：

　　甲午月食　公元前 1322 年

---

[42] 見陳夢家，《殷虛卜辭綜述》，頁 238。

[43] 見張培瑜，〈殷商武丁世的月食和曆法〉，收入中國社會科學院考古研究所編，《中國古代天文文物論集》（北京：文物出版社，1989）。

[44] 見張培瑜，〈武丁、殷商的可能年代〉，《考古與文物》，1999 年第 4 期；夏商周斷代工程專家組，《報告（簡本）》，頁 57。

[45] 見鄭光，〈也談武丁月食〉，收入王宇信、宋鎮豪主編，《紀念殷墟甲骨文發現一百周年國際學術研討會論文集》，頁 573-581。

四、《竹書紀年》的商年代

十三月庚申月食　　公元前 1311 年

　　壬申夕月食　　公元前 1282 年

　　八月乙酉夕月食　　公元前 1279 年

　　癸未月食　　公元前 1278 年 [46]

據說相關的測定已有二十餘家，結果皆各不同。現代天文測定可以精確到年、月、日、時刻，然甲骨文所記錄的這 5 次月食，只有一次直接記錄了月份（八月），另一次的月份還有爭議（或說在十二月或正月或十三月），其餘三次則都無月份，所以要精確對號實難。

上舉 5 家 6 種測算，年代範圍分別為公元前 1373－前 1282 年、前 1229－前 1183 年、前 1282－前 1181 年、前 1201－前 1181 年、前 1325－前 1278 年、前 1322－前 1278 年，絕對年數分別為 92 年、47 年、102 年、21 年、48 年、43 年。夏商周斷代工程所取的數值範圍最小（21 年），但也不認為是唯一解。《報告（簡本）》對武丁年代的推定有如下說明：

> 根據《尚書·無逸》，武丁在位 59 年，由五次月食可大致推定武丁在位的年代：①如果乙酉夕月食當武丁末年，那麼，武丁在位的年代約為公元前 1239－前 1181 年。②如果壬申夕、乙酉夕月食下延至祖庚，那麼，武丁在位的年代約為公元前 1250－前 1192 年。從甲骨分期看，壬申、乙酉月食放在祖庚世比較好。
> 因武丁在位的年代不會超過公元前 1400－前 1160 的範圍，而在此範圍內，己未夕向庚申月食只有公元前 1192 年、1166 年兩種選擇，甲午夕月食最早為 1229 年，所以，即使不採用根據新的甲骨分期分類得到的五次月食的順序，武丁在位的年代範圍也不會有大的變化。[47]

---

[46] 見彭䶮鈞、丘錦程、周鴻翔，〈古代日月食的天文斷代和統計研究〉，收入王宇信、宋鎮豪主編，《紀念殷墟甲骨文發現一百周年國際學術研討會論文集》，頁 586。

[47] 夏商周斷代工程專家組，《報告（簡本）》，頁 57。

工程所採取的新的甲骨分期分類，是以賓組卜辭歸屬於武丁至祖庚時期的。工程專家從卜辭字體分析，認為「五次月食均屬武丁晚期到祖庚之間，所以歷時以不超過30年為好，至多不超過60年」，[48]於是即以此排序，而正式的取值範圍只有21年。

陳夢家先生曾針對董作賓先生的推算指出：「《殷代月食考》採取了早的月食，因此把武丁卜人賓所卜的甲午月食推到他所謂的盤庚時代，實在是不可能的。」[49]如果這種不可能性是可以肯定的，那麼結合古本與今本《紀年》推算，盤庚的年代應在公元前1291－前1264年之間，則賓組卜辭所見的5次月食便都不可能發生在公元前1264年之前；況且盤庚與武丁之間還有小辛、小乙，今本《紀年》載二王共在位13年，則5次月食發生的上限更當降至公元前1251年。以此檢視上述各家的測定，所擬年代大都偏早，只有夏商周斷代工程所採取的方案與此相符。工程用天文手段並結合文獻記載推定武丁的年代，所得結果之②項為公元前1250－前1192年。這一結果在我們看來，恰恰是以古本《紀年》的武王克商年為基準、由今本《紀年》的商王年數所推得的武丁年代，一年不差。詳列之即有如下算式：前1027（武王克商年）＋（帝辛11＋帝乙9＋文丁13＋武乙35＋康丁8＋廩辛4＋祖甲33＋祖庚11＋武丁59）－1＝前1250（年）。據此，便可列出5次月食記錄所對應的商王年份（各次月食的年份間距從工程之說）：

　　癸未夕月食　　武丁五十年（1201）
　　甲午夕月食　　武丁五十三年（1198）
　　己未夕向庚申月食　武丁五十九年（1192）
　　壬申夕月食　　祖庚三年（1189）
　　乙酉夕月食　　祖庚十一年（1181）

---

[48] 夏商周斷代工程專家組，《報告（簡本）》，頁56-57。
[49] 陳夢家，《殷虛卜辭綜述》，頁238。

鑒於卜辭的記錄有的無月份，日名干支也有殘缺，各次月食測定在技術上的精確性如何，也許還可以討論；但僅就這一結果與今本《紀年》的比照而言，己未夕向庚申月食恰當武丁卒年，乙酉夕月食又恰當祖庚卒年。此正可用以證成賓組卜辭跨武丁、祖庚兩世的判斷，同時也為甲骨卜辭、文獻記載、天文測算三者之間的互證提供了又一佳證。不知工程專家在推定武丁年代時，是否考慮過《紀年》的資料，實際測算的成果卻是與《紀年》的記載如此吻合。這可說又是一種奇跡般的巧合，與工程用天文手段測定西周懿王元年為公元前899年具有同樣的功效，而其必不可少的條件之一仍在有比較可靠的文獻記載可以依據。遺憾的是，斷代工程既未深考《紀年》，又據錯誤的材料推定武王克商年在公元前1046年，結果是由此上推商代後期王年也便發生節外生枝的困難，以致對天文測算所得出的正確數據也不能完全自信，仍然兩說並存。若此，對於商代後期其他王年的推導也就成問題了。

有些學者還對殷墟四期卜辭（武乙、文丁卜辭）中的日月食記錄作了斷代研究，但所謂「日又戠」、「月又戠」是不是日月食還有爭議。彭瓞鈞等認證四期卜辭中的5次日食，結論是這些日食發生在公元前1226－前1161年間。[50] 這個年代區間，據我們本文所考，要闌入武丁中期到祖甲後期了。彭氏等推考夏年代是甚相信今本《紀年》的，然純由天文及考古推定商、周始年為公元前1600年和公元前1100年，都與《紀年》實載的年代相差較大。

根據上述，我們確認古本《紀年》原載的盤庚至祖甲的年代如下：盤庚，前1291－前1264年；小辛，前1263－前1261年；小乙，前1260－前1251年；武丁，前1250－前1192年；祖庚，前1191－前1181年；祖甲，前1180－前1148年。

---

[50] 彭瓞鈞、丘錦程、周鴻翔文，〈古代日月食的天文斷代和統計研究〉，頁589。

4・帝乙、帝辛的年代

今本《紀年》所記商末4王的在位年數，凡武乙35年、文丁13年、帝乙9年、帝辛52年。這幾個年數都當來自古本《紀年》，而卜辭學者研究商末周祭卜辭，疑問最多的是帝乙、帝辛的年數。

帝乙、帝辛的卜辭不易區分，歷來考察二王年代的重要依據之一，是按卜辭及少量銅器銘文推排的周祭祀譜。此種推排始於董作賓先生，後來有不少卜辭學者做過大量的工作，已使這項專業性很強的學問日益發展和完善。陳夢家先生曾舉出周祭卜辭中「惟王二祀」的兩例，認為從祀季上分析，應分屬帝乙和帝辛；又舉出周祭卜辭中「王廿祀」的兩例及金文中「惟王廿祀」的一例，認為帝乙、帝辛「很可能皆在20祀以上」。[51] 夏商周斷代工程的考察亦大體循此路徑，而材料的運用更為充實一些。（1）相信利用周祭材料，可以排出比較可靠的帝辛祀譜，也可以排出帝乙祀譜。（2）認為黃組卜辭和金文周祭材料中的「二祀」、「六祀」各3組，必分屬三個系統，當與文丁、帝乙、帝辛三王相對應；而過去亦被分為三個系統的「廿祀」材料，有的「廿」字當是「曰」字之誤，故暫不取三王均超過20年之說（實指排除文丁在位20年以上的可能）。（3）認為由6件青銅器材料排出的帝辛元祀至十一祀的祀譜是最有根據而可信的，由此而考慮到當時歲首和月首的可能情況，擬出帝辛元年的多個可能年份，最後由已經確定的武王克商年為公元前1046年，選定帝辛元年為公元前1075年。（4）將帝乙祀譜與帝辛祀譜連接，得到帝乙的在位年數應為21年或26年，又綜合衡量月份與季節、周祭與季節的對應值，決定選擇26年之數，以公元前1101年為帝乙元年。[52]

---

[51] 陳夢家，《殷虛卜辭綜述》，頁210。

[52] 以上見夏商周斷代工程專家組，《報告（簡本）》，頁57-58。按：這方面的研究成果，詳見徐鳳先，《商末周祭祀譜合曆研究》（北京：世界圖書出版公司，2006）。此書對商末周祭祀譜的研究極為精細，包含許多新見解。書末所錄附表《以公元前1075年為帝辛祀的帝辛元年到二十五祀祀譜》，又據新發現的版方鼎曆日材料作過補證，實際已將帝辛元祀

商代晚期王年的推求，開始有周人的歷史記載可以參考，這是一個優勢，由此可以彌補商代晚期年代學史料的某些缺環。今本《紀年》所記周人事蹟，截止文王即位之前者，有以下各條：

祖乙十九年，命邠侯高圉。
盤庚十九年，命邠侯亞圉。
祖甲十三年，命邠侯組紺。
武乙元年，邠遷于岐周。
　　　三年，命周公亶父，賜以岐邑。
　　　二十一年，周公亶父薨。
　　　二十四年，周師伐程，戰于畢，克之。
　　　三十年，周師伐義渠，乃獲其君以歸。
　　　三十四年，周公季歷來朝，王賜地三十里，玉十瑴，馬
　　　　　　　十匹。
　　　三十五年，周公季歷伐西落鬼戎。
文丁二年，周公季歷伐燕京之戎，敗績。
　　　四年，周公季歷伐餘無之戎，克之；命為牧師。
　　　五年，周作程邑。
　　　七年，周公季歷伐始呼之戎，克之。
　　　十一年，周公季歷伐翳徒之戎，獲其三大夫，來獻捷。
　　　　　　王殺季歷。
　　　十二年（原注：周文王元年），有鳳集於岐山。

由這些記錄推算，周人祖先自高圉以至季歷的五世，若皆以其受殷命為準而計其在位年數，凡得高圉 62 年、亞圉 106 年、組紺（或作公叔祖類）36 年、古公亶父（太王）19 年、季歷（王季）25 年。其中前兩世的年數或有傳說成分（或是高圉、亞圉總共在位 106 年），而後三世

的正月朔日辛卯延伸到公元前 1076 年 11 月 20 日。

的事蹟應該有周人的原始記錄為依據，否則難以記錄到如此詳細。如是則組紺大致當商王祖甲、廩辛、康丁之世，古公亶父、季歷大致當武乙、文丁之世。今本《紀年》所載季歷之事，自武乙三十四年「周公季歷來朝」以下，除文丁五年「周作程邑」一條外，其餘全見於古本《紀年》佚文，可知《紀年》的商末記事，今本與古本大致無異。季歷之死在周人是絕大的事件，《紀年》記在文丁十一年，應該極可信。按今本《紀年》所記的商王年數，由前面所考武丁至祖甲諸王的年代下推，則廩辛至文丁諸王的年代為：廩辛，前1147－前1144年；康丁，前1143－前1136年；武乙，前1135－前1101年；文丁，前1100－1188年。如是，則文丁十一年當公元前1090年，亦即周文王嗣季歷之位在公元前1089年。以文王在位50年、武王嗣位至滅商共13年計，前後凡63年；而今本《紀年》實載文丁在位13年，帝乙、帝辛共在位61年，以此61年加文丁在位的最後2年，則正得文王嗣位至武王滅商的63年之數。這應該就是古本《紀年》的記錄。

現存的疑問是帝乙、帝辛二王年數的分配。今本《紀年》作帝乙9年、帝辛52年，如果即以此數為準，則由前述文丁以上各王的年代下推，帝乙元年應為公元前1087年，帝辛元年應為公元前1078年。照徐鳳先博士（上引書）的研究，按商末周祭祀譜推求，帝辛元祀的可能年份有公元前1101、1096、1091、（1085）、1080、1075、1070、1065、1060年等。這大概是考慮到在現今所設定的商末曆法和紀時背景下，紀日干支每五年左右會有一次循環，因而帝辛元祀的可能年份可以按此周期順推。她最後選定的帝辛元祀是公元前1075年，此亦即斷代工程所取的年份。不過這個年份的選擇，除祀譜上的可能性外，實際上仍依賴另外兩個參數：一是工程所確定的武王克商年為公元前1046年；二是帝辛時的周祭材料有廿五祀青銅器。這樣，帝辛元祀便不能晚於公元前1070年（1046 + 25 − 1 = 1070），於是取此前合於祀譜的最靠近的可能年份，而以公元前1075年為帝辛元祀，也就是估定

四、《竹書紀年》的商年代

帝辛在位 30 年。這個年數的估定，同時也考慮到了帝乙在位不能少於 20 年的因素。

關於帝乙在位不能少於 20 年的看法，是由卜辭周祭的「王廿祀」分屬不同系統的認定而來的。不過現在還沒有足夠的材料，能夠排出完整的帝乙時期的周祭祀譜，從而由祀譜本身確證帝乙在位超過 20 年。目前卜辭學者所採取的辦法，是由普遍認為相對可靠的帝辛祀譜上推，使之與已知的帝乙二祀至十祀的祀譜相銜接，從而估定帝乙在位 21 年或 26 年。這辦法當然並非不可行，但不能保證其間無變數。斷代工程最終採用了 26 年之說，故以公元前 1101 年為帝乙元年。而據《紀年》推考，這一年份已是武乙卒年，即文丁即位的前一年，較之《紀年》所記的帝乙元年提前了 14 年。工程所採取的武乙在位 35 年、文丁在位 11 年之數，都是依據古本《紀年》的，想來應該也是相信文丁十一年殺季歷之說的。如此，則是工程即以帝乙元年為周文王元年。又假如相信文王在位 50 年之說，那麼由工程所定的帝乙元年（前 1101）下推至武王克商年（前 1046），凡得 56 年。也就是說，從文王嗣位到武王克商共有 56 年，武王在嗣位的第五年即已滅商成功，而古籍中都沒有這樣的記載。

卜辭和銅器銘文中的周祭材料無疑是研究商代後期王年的重要參考資料，但在現存原始的曆日記錄仍然非常零碎而有限的情況下，要真正整合商末農曆和周祭兩套紀時系統，以期求出帝乙、帝辛的確切年代，也還有著極高的難度。特別是關於多項「王廿祀」的排譜問題，目前還沒有妥善的解決辦法。我們懷疑商末各王的周祭祀數不一定是與後來史籍所見的商王紀年都相重合的。譬如說，假設帝乙是在文丁去世的次年即位的，其即位之年即稱帝乙元祀，而他在即位後的第九年也去世了，那麼帝乙時的周祭祀數就只及於九祀（權且以一祀等於一年）。在這種情況下，帝乙的紀年和祀數就是完全一致的。但假如是另外一種情況，即帝乙在位 9 年並未去世，而是在讓位給帝辛 20 年後

才去世，那麼這期間的王室周祭就仍有可能是繼續按照帝乙時的祀數排下去的，直到帝乙去世後，周祭序列中又加入了帝乙，才又從帝辛元祀開始而成一個新的周祭階段。這樣的話，帝乙雖實際在位 9 年，卻可以有二十九祀；而帝辛雖實際在位 52 年，卻只有三十二祀。如果是這種情況，那麼對卜辭的二十祀材料就需要另外作編排，帝辛元祀的可能年份要下推 20 年才行。假如文丁也是讓位給帝乙，在退位後七八年才去世，那麼情況會更複雜，就有可能出現三個系統的二十祀。後來的史籍統改稱「祀」為「年」，也可能是根據原始的歷史紀錄合併了有關祀數的，反映的是各王的實際在位年數。這在目前還只是一種假說，無法由卜辭、銅器及載籍證明，但帝乙、帝辛共在位 61 年的總數應該可信。這樣，按《紀年》的記載，也就可以確定帝乙的年代為前 1087－前 1079 年，帝辛的年代為前 1078－前 1027 年。

（四）商年代小結

以上所考主要有這樣幾點：（1）古本《紀年》所說的 496 年，實是商湯伐桀至紂王三十九年的總年數，而不是下至商亡的總年數；（2）《尚書・無逸》篇所記載的中宗 75 年、高宗 59 年、祖甲 33 年，應是大戊、武丁及武丁之子祖甲的在位年數，「中宗」當是「太宗」之誤；（3）古本《紀年》所記盤庚遷殷至商亡的年數應是 252 年；（4）夏商周斷代工程用天文方法推定武丁年代所得的兩種結果，應以後一種為正，即武丁於公元前 1250－前 1192 年間在位，此當即古本《紀年》所記載的年代；（5）今本《紀年》所記商代晚期諸王的年代，以周人的事蹟對照檢查，亦大致可信。

通過上述考證，我們益信今本《紀年》的殷商紀部分基本上還是古本《紀年》的原文，漏落或改編很少。稍有混亂的是從周文王薨卒到武王克商這十幾年間的記錄，由於今本將文王卒年記錯了，又將「湯

滅夏以至於受三十九年，用歲四百九十六年」之語後移，且誤「三十九年」為「二十九王」，以致此種概括語與正文所記的商積年不能契合。今本《紀年》的周初年代實出於重構，已與古本大異，因而上及於武王克商前及文王事蹟的編年，亦於斟酌之間發生錯誤。不過這些錯誤尚未影響到古本《紀年》所存商殷年代的大框架。古本《紀年》中的商王年也不是全無可疑之處的，然而畢竟是現在還可考見的最早的歷史記錄，在沒有充分的理由證誤之前，亦未可輕加更改。所以這裡仍用今本《紀年》的資料，以古本《紀年》的武王克商年為基準，列商年代為一表，以便檢索。

表八 校訂《竹書紀年》商年代表

王	年數（公元前）	年數
大乙	1535-1523	13
外丙	1522-1521	2
中壬	1520-1517	4
大甲	1516-1505	12
沃丁	1504-1486	19
大庚	1485-1481	5
小甲	1480-1464	17
雍己	1463-1452	12
大戊	1451-1377	75
中丁	1376-1368	9
外壬	1367-1358	10
河亶甲	1357-1349	9
祖乙	1348-1330	19
祖辛	1329-1316	14
沃甲	1315-1311	5
祖丁	1310-1302	9
南庚	1301-1296	6
陽甲	1295-1292	4
盤庚	1291-1264	28
小辛	1263-1261	3
小乙	1260-1251	10
武丁	1250-1192	59
祖庚	1191-1181	11
祖甲	1180-1148	33
廩辛	1147-1144	4
康丁	1143-1136	8
武乙	1135-1101	35
文丁	1100-1088	13
帝乙	1087-1079	9
帝辛	1078-1027	52

註：大乙（成湯）年數包括伐桀之年在內。

五 《竹書紀年》的夏年代

（一）各家夏年代

古文獻記載夏王朝 14 世、17 王，世系如下：

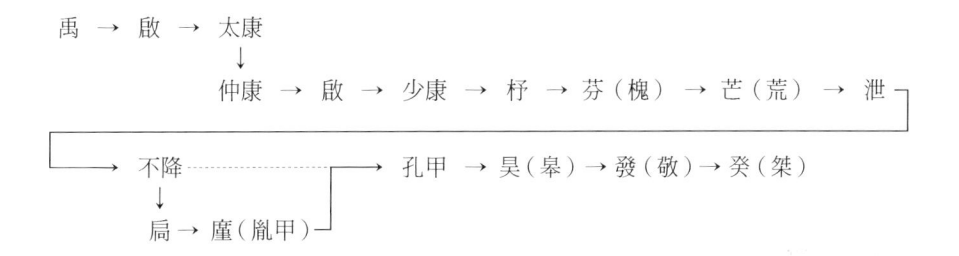

禹 → 啟 → 太康
　　　　　↓
　　　　　仲康 → 啟 → 少康 → 杼 → 芬（槐）→ 芒（荒）→ 泄
　　　　　　　　　　　　　　　　　　　　　　　　　　　　　↓
　　→ 不降 ⋯⋯⋯⋯⋯→ 孔甲 → 昊（皋）→ 發（敬）→ 癸（桀）
　　　↓
　　　扃 → 廑（胤甲）

今本《紀年》亦具載各王年數，然因編纂者假設諸王皆為前王服喪畢始即位，而所設定的服喪期又長短不一，故無端導致干支年編排的混亂（詳後）。晉以後諸書所記，與今本《紀年》差別亦大，情況如表九。

表中所列今本《紀年》的年數，「＋」號前面的數字是今本所記各王正式在位的時間，「＋」號後面的數字則為今本原編者所假設的服喪期。僅從此表來看，舊時載籍所見的夏王年亦只有兩個系統，一是今本《紀年》的系統，一是《帝王世紀》的系統，《通鑒外紀》的記載仍當大致是由《帝王世紀》而來的。這兩個系統的夏積年大體一致，實際只是同一個年代框架，疑此一年代框架本出於戰國時曾經流行的所謂「古六曆」之一的《夏曆》，而《夏曆》又本於某種《世本》的記錄。如果是這種情況，那麼《紀年》所保存的年代數據無疑更接近於原始記錄，《帝王世紀》不過據後來所見任意調整，初未有可靠的載籍以為構擬的憑藉。《路史・後紀》綜羅諸書，亦以意更定，比之《帝王世紀》走得更遠，也更少參考價值。近世學者一般只估測夏王朝始

表九 各家夏王年表

王	今本紀年	帝王世紀	通鑑外紀	路史後紀	備註
禹	8＋3		9	15	
啟	16＋3	9	9	16	真誥引竹書作 39 年；路史引紀年作 29 年
太康	4＋4	29	29	19	路史謂太康在位 19 年，失政又 10 年而死
仲康	7＋2		13	18	路史注引年代曆作 28 年，引紹運圖作 13 年
相	28＋2		28	30	
〔後羿〕			8		
〔寒浞〕	40		32	43	
少康	21		21	46	
杼	17＋2	17	17	27	
芬（槐）	44＋2	26	26	26	古本紀年作 44 年
芒（荒）	58	13	18	18	古本紀年作 58 年；帝王本紀作 13 年
泄	25＋1	16	16	26	路史引紀年作 21 年
不降	59＋3		59	59	御覽卷 83 引紀年作 69 年；路史注引紹運圖作 63 年
扃	18	21	21	21	
廑（胤甲）	8＋3	20	20	20	路史注引紹運圖作 22 年
孔甲	9＋2		31	40	路史作胤甲，謂胤甲為廑之子，作孔甲誤
昊（皋）	3＋2		11	11	古本紀年作 3 年
發（敬）	7＋2		13	12	外紀謂帝王本紀作 11 年，路史注謂帝王本紀作 13 年
癸（桀）	31		51	43	路史注引年代曆作 52 或 53 年
夏積年	434		432	490	

於公元前 21 世紀，而對夏王年都未有具體的構擬，如夏商周斷代工程亦只是暫定夏年代約在公元前 2070－前 1600 年之間。所以現在要細化夏年代的研究，仍須回歸於《紀年》的原載。

（二）關於夏代積年與王年

夏代積年之數，今本《紀年》的夏代部分之末有概括語云：

> 自禹至桀十七世，有王與無王，用歲四百七十一年。[1]

其下又有小注云：「始壬子，終壬戌。」此概括語見於《史記·夏本紀》集解、《文選·六代論》注及《太平御覽》卷 82 的徵引，必出於古本《紀年》的原載無疑。王國維先生對今本的《疏證》說：

> 此都數與上諸帝在位之年數不合。綜計上諸帝在位年數，則禹八年，啟十六年，太康四年，仲康七年，相二十八年，少康二十一年，杼十七年，芬四十四年，芒五十八年，泄二十五年，不降五十九年，扃十八年，廑八年，孔甲九年，昊三年，發七年，癸三十一年，凡三百七十三年。必無王之世有九十八年，然可得四百七十一年之數。則少康陟時，年已百二十歲，事難征信。[2] 又本書諸帝即位之年，各著歲名。以歲名核之，則夏后氏始壬子，終壬戌，凡四百三十一年，而寒浞四十年亦在其中。考昔人所以定寒浞為四十年者，以古本《紀年》云「夏四百七十一年」。而《漢書·律曆志》云「四百三十二歲」，《易緯稽覽圖》云「禹四百三十一年」，差四十，遂以此四十年為無王之世以調停之。蓋古言曆者有此說，故《通鑑外紀》云羿八年，浞三十二年，共四十年。然《外紀》用《漢志》說，以夏為四百三十二年。此書用《稽覽圖》說，以夏為四百三十一年，而無王之年仍入此中，遂與古《紀年》四百七十一年之都數不能相應。至諸帝在位年數，復與此四百三十一年之都數不合者，因作偽者復假設喪畢即位之說。故啟在位年數，以歲名差之，得十九年，而本

---

[1] 此所謂「十七世」，實指自禹至桀共有 17 王；若以世系言之，凡兄弟相繼為王者只為一世，則夏王室共有 14 世。

[2] 按：王先生此處綜計的「三百七十三年」之數當是誤計，由上錄夏王在位年數合計，實得 363 年。以是差之，若從夏積年為 471 年之數，則當言所謂「無王」階段應有 108 年，而少康卒時亦已 130 歲。不過這個統計未將夏王的所謂「服喪期」計算在內，還不是今本《紀年》所記夏積年的實數，詳下。

書云十六年陟,則禹崩逾三年始即位。太康在位年數,以歲名差之,當得八年,而本書云太康四年陟,則啟崩逾四年始即位。其餘仿此。然如芒、扃、桀三帝,又皆逾年即位,其參差無例亦甚矣。

王先生的這段話揭示了今本《紀年》的纂輯者改排夏王朝年代的良苦用心。問題出在兩端:一是假設的夏王皆喪畢即位之說;二是對所謂「無王」階段的年數及夏積年的估計。而這兩端又都牽連到干支紀年的編排,並與王年交互影響:王年不定則干支年難排,干支年排不通則王年亦不能定。

古帝王喪畢即位之說,為舊時儒家信條。《論語‧陽貨》篇載孔子曰:「夫三年之喪,天下之通喪也。」[3]《孟子‧滕文公上》又發揮說:「三年之喪,……自天子達於庶人,三代共之。」[4]而《孟子‧萬章上》更將此制上推到堯舜之時:「堯崩,三年之喪畢,避堯之子於南河之南。……舜崩,三年之喪畢,禹避舜之子於陽城。……禹崩,三年之喪畢,益避禹之子於箕山之陰。」[5]《史記‧五帝本紀》亦用此說,或即本於《孟子》。這種以今例古的說法,開啟兩千餘年間三代有無「三年之喪」的爭議,至今無定論。[6] 實際上,西周以前有無三年喪制是一事,帝

---

[3] 〔清〕劉寶楠,《論語正義》(《諸子集成》第1冊),頁382。
[4] 《孟子正義》,頁190。
[5] 《孟子正義》,頁380-382。
[6] 清代毛奇齡《四書賸言》卷3曾論三年之喪為「商以前之制,並非周制」,近世傅斯年〈周東封與殷遺民〉(《中央研究院歷史語言研究所集刊》,第4本第3分〔1932.09〕)及胡適〈說儒〉(《中央研究院歷史語言研究所集刊》,第4本第3分〔1932.09〕)實大抵從毛氏之說。郭沫若〈駁〈說儒〉〉(初刊於《中華公論》,創刊號〔1937.07〕)以為:「三年喪制本是儒家的特徵,胡適往年是認為孔子的創制,據我所見到的也是這樣,但在《說儒》裡他卻改從了傅斯年說,以為這種制度本是殷人所舊有,殷滅於周,殷之遺民行之而周不行,下層社會行之而上層社會不行……這個新說在求文獻的彼此相安、面面圓到上,誠然是美滿的發明,但可惜依然沒有證據。」又據卜辭斷言:「殷代,就連王室都是沒有行三年之喪的。」見氏著,《青銅時代》,《中國古代社會研究‧外二種》(石家莊:河北教育出版社,2000),頁418-421。後來學者對此仍時有辯論,然亦皆不能得出公認的結論。

五、《竹書紀年》的夏年代

王之紀年是否不計服喪期又是一事。美國學者便有主張天子紀年不計服喪期的一派，如倪德衛先生說：

> 在周朝（也許不只是周朝）禮制中，天子之正式紀年通常不始自其即位之年，而要從對其父王的守喪期滿之年起計算。……自君王崩逝之時起，規定守喪25（或27）個月，直至「即位之年」的某時告結。……

> 進而言之，有時在無王室喪儀舉行的情況下，則需要一個表面上的登基年曆：如果某王為行使新權力之需要而改正朔，即便其父王去世已久，他仍會下令推遲兩年使用這一年曆，俾其新臣民在正式稱服於新王之前，完成守喪義務。[7]

這樣的紀年法是很令人費解的，因為在中國古代的紀年文獻中，除了今本《紀年》的夏代部分試圖用此法外，實在找不到第二種文獻也用此法；況且今本《紀年》又只以此法用於舜、禹及夏代各王，商、周各王則皆不用，似乎所謂「三年之喪」只是夏以前特有的制度。如此追尋，歷史紀年便都成為斷續的結構，進而失去其本來應有的連續性和實用性的特徵。想來此種矛盾記錄的造成，必是由於今本《紀年》的編纂者誤信傳說的古帝王喪畢即位之說，遂又援引此例任意改編古本《紀年》原載的夏王年，此外更難以有別的解釋。

今本《紀年》對夏王年的重新編排，本來是以「三年之喪」為基準的，然所記各王順次為前王服喪的期限又非皆為3年。按今本各王在位的干支年推算，其服喪期情況如下：

> 禹（為舜服喪），3年（己酉至辛亥）；

---

[7] 倪德衛，〈論「今本」《竹書紀年》的歷史價值〉，收入邵東方、倪德衛主編，《今本竹書紀年論集》，頁46-47。

啟，3年（庚申至壬戌）；

太康，4年（己卯至壬午）；

仲康，2年（丁亥、戊子）；

相，2年（丙申、丁酉）；

少康，丙寅年生，丙午年即位，逢寒浞之亂，無為父相服喪期；

杼，2年（丁卯、戊辰）；

芬，2年（丙戌、丁亥）；

芒，壬申年即位，無服喪期；

泄，1年（庚午）；

不降，3年（丙申至戊戌）；

扃，戊戌年繼承兄位，無服喪期；

廑，3年（丙辰至戊午）；

孔甲，2年（丁卯、戊辰）；

昊，2年（戊寅、己卯）；

發，2年（癸未、甲申）；

癸，壬辰年即位，無服喪期。

以上17王，計無服喪期者4人，有服喪期者13人；有服喪期者，計服喪4年者1人、3年者4人、2年者7人、1年者1人，所見服喪期共31年。這樣，除「無王」階段外，所記夏王在位年數（363年）加服喪期，便共有394年。顯然，這樣的服喪期還是亂寫一氣的，不但初未有定準，而且近似荒唐，故決不可能是古本《紀年》原有的記錄。

現在要考慮的是如何恢復古本《紀年》原載的夏王年。對此最容易使人想到的是將今本所記各王的服喪期與在位年數相加，以此相加之和為古本各王的在位年數，也就是將今本各王的元年都提至其服喪期的第一年。但以今本所記與古本佚文相校，此路行不通。現存古本《紀年》佚文仍存繫年者，多是有關夷夏關係的記錄，如下列各條：

帝相即位，處商丘。元年，征淮夷。二年，征風夷及黃夷。
（《太平御覽》卷 82 引）

后相七年，于夷來賓。（《後漢書・東夷傳》注引）

少康即位，方夷來賓。（同上）

后芬即位三年，九夷來御。（同上）

後芒即位年，以玄珪賓於河，東狩于海，獲大魚。（《太平御覽》卷 82 引）

后泄二十一年，命畎夷、白夷、赤夷、玄夷、風夷、陽夷。（《後漢書・東夷傳》注引；今本《紀年》「陽夷」作「黃夷」）

后發即位元年，諸夷賓于王門，再保庸會于上池，諸夷入舞。（《北堂書鈔》卷 82 引）

這些記載，均見於今本《紀年》，且繫年大抵無異，唯個別條目稍有出入。[8] 以此知今本的這類紀年仍承古本，未作改動；今若以所謂服喪期併入各王的在位年數之內，而將各王的元年提前，則將與古本《紀年》全不相合。

仔細抽繹今本《紀年》的夏王紀年與古本的不同，仍可考見今本的致誤之由。

第一，禹為舜服喪 3 年之說是不可信的，當非古本《紀年》原載。今本《紀年》載帝舜十四年「命禹代虞事」，舜在位 50 年陟，禹又為舜服喪 3 年始即天子位，在位 8 年而陟於會稽。如此，則自「禹代虞事」至禹即天子位的前一年共有 40 年，復加其在位年數即共有 48 年（壬申至己未）。然今本於禹紀之末明載「禹立四十五年」，《太平御覽》卷 82 引古本《紀年》亦如此，則古本《紀年》原不載此服喪期。

---

[8] 「方夷來賓」事，今本《紀年》記在少康二年，疑《東夷傳》注所引脫去「二年」二字。又後芒「東狩于海，獲大魚」七字上，今本《紀年》有「十三年」三字，疑為衍文，蓋涉其下「三十三年」條而衍。

由舜十四年至其五十年凡37年，下接禹在位的8年，正可足45年之數，添入此服喪期後便多出了3年。帝舜十四年命禹事見於《尚書大傳》，[9]則在漢代以前已有禹立45年之說。

第二，今本《紀年》記帝啟「十六年陟」，當有誤。古本佚文有「啟征西河」事，[10]今本的現存文字為：「十五年，武觀以西河叛。彭伯壽帥師征西河，武觀來歸。」疑此「十五年」當作「二十五年」。《路史‧夏后紀下》「既征西河」注：「《紀年》在二十五年。」[11]又陶弘景《真誥》卷15「夏啟」注引《竹書》：「即位三十九年亡，年七十八。」[12]疑古本《紀年》原載啟「三十九年陟」，今本纂輯者既取服喪3年之說，遂先改為「三十六年陟」，又因調停古本的夏積年之數而復改為「十六年陟」，並進而改上條「征西河」的「二十五年」為「十五年」。這樣，今本的啟在位年數就較古本短去了23年。

第三，今本《紀年》所記后羿事蹟當有錯簡。歷來推求夏年代的疑點之一是所謂「無王」階段的年數。這一階段實指中國社會由原始走向文明的「夷夏交爭」時期，即傳說所稱后羿、寒浞相繼「代夏政」的時段。今本《紀年》記載這一時段的主要事實線索如下：

帝太康元年癸未，帝即位，居斟尋。畋于洛表。羿入居斟尋。
帝仲康元年己丑，帝即位，居斟尋。
帝相元年戊戌，帝即位，居商。
　八年（乙巳），寒浞殺羿，使其子澆居過。
　九年，相居於斟灌。
　二十八年（乙丑），寒浞使其子澆弒帝（相），后緡歸于
　有仍。

---

[9]《路史‧發揮五》注引稱《虞傳》，頁532。
[10]《北堂書鈔》卷13引《紀年》，頁32。
[11]《路史》，頁231。
[12]《真誥》，頁458。

丙寅，[13] 夏世子少康生。

乙酉，少康自有仍奔虞。伯靡自鬲帥斟鄩、斟灌之師以伐浞。

甲辰，世子少康使汝艾伐過殺澆。伯子杼帥師滅戈。伯靡殺寒浞。

乙巳，少康自綸歸于夏邑。（原注：寒浞自丙寅至乙巳，凡四十年。）

帝少康元年丙午，帝即位，諸侯來朝。

看這些記載可以知道，今本《紀年》所稱的「無王」階段是不包括后羿「代夏政」的年數在內的，而僅以寒浞在位的 40 年為「無王」階段。但按所記，羿既於太康元年入斟鄩，太康在位 4 年陟，仲康繼位後仍居斟鄩，至相八年羿被殺，則羿全似「攝政」者，顯然不符合歷史事實。故疑古本《紀年》原是以后羿事單記的，今本的「八年，寒浞殺羿」條原在太康紀年之下，且此「八年」實指后羿在位之八年（從太康卒之次年算起）；今本既錯入了帝相八年，則夏王在位的總年數便會短去 8 年。然此 8 年與啟在位年數所短去的 23 年相加為 31 年，正好與今本所設計的服喪期總數相抵，則今本的夏王在位總年數仍與古本相同。

寒浞在位的 40 年之數過於整齊，或出於假定，然未必沒有傳說來歷。據所記，假如以太康元年「羿入居斟鄩」為有窮氏「代夏政」之始，而在補入羿在位的 8 年之後，仍以太康 4 年、羿 8 年、仲康 7 年、相 28 年、寒浞 40 年相接續，則前後共達 87 年。此當大致符合傳說所稱「夷夏交爭」的歷史實際，因為雙方的爭奪涉及數代人，估計歷時不會太短。

概括地說，我們以為古本《紀年》所記的夏王年數及后羿、寒浞的年數原應如下：

---

[13] 按：自此「丙寅」至下「乙巳」諸干支年名，今本《紀年》原皆為小注。

禹，8年；啟，39年；太康，4年；羿，8年；仲康，7年；相，28年；寒浞，40年；少康，21年；杼，17年；芬（槐），44年；芒（荒），58年；泄，25年；不降，59年；扃，18年；廑（胤甲），8年；孔甲，9年；昊（皋），3年；發（敬），7年；癸（桀），31年。

這些年數的總和為434年，今本《紀年》的夏王在位年數與各王的服喪期及寒浞的年數相加亦即此數。今本的變動實際只在啟和羿的年數，其餘都未改作，唯因採取喪畢即位之說，又因錯簡而漏去羿的年數，遂導致各王年與干支年編排的一片混亂。

古本《紀年》謂夏代「有王與無王，用歲四百七十一年」，《易緯稽覽圖》則謂「禹（夏）四百三十一年」。歷來學者對此有兩種解釋：一是431年仍從禹「即位」算起，但不包括寒浞在位的40年，若包括此40年在內方為471年[14]；二是夏積年從「禹代虞事」算起，由431年上加禹「即位」前的40年（包括為舜服喪的3年），即得471年。兩說相校，前說顯然不可通，因為按今本《紀年》所記，寒浞的40年實已包括在431年的總數中。事實上，古本《紀年》原未有服喪之說，故所載夏積年若從禹「即位」算起，便有434年；若從「禹代虞事」算起，則須再加37年，即得471年之數。古本上文既云「禹立四十五年」，故於「夏紀」之末概括夏代總年數，亦從「禹立」算起，而云「用歲四百七十一年」。今本《紀年》添設了禹為舜服喪的3年，實際

---

[14] 《路史‧後紀》十四〈夏后紀下〉載：「桀立四十有三歲，而放三年，死於亭山，夏氏凡四百八十有三歲。」其下自注引《汲記年》云：「並窮、寒四百七十二年。《三統曆》云十七主，通羿、浞四百三十二年，世多從之，非也。」（頁247）此注所說的「並窮、寒四百七十二年」，即是將夏王在位的總年數與「無王」階段的40年合計，只不過所取夏王在位的總年數仍從《世經》，以432年為定數。今本《紀年》載桀在位31年，《路史》則作43年，多出12年，以471年加此12年，即得483年之數。然《路史‧夏后紀上》又謂禹立十五年南巡而崩，較今本《紀年》多出7年，則據所記推算，自禹即位至桀亡時共有490年。其所據年代材料來源不一，而前後所推又不能彼此照應，故不免舛互抵牾。

五、《竹書紀年》的夏年代

是將禹「即位」之年推遲了 3 年，故所記自禹「即位」至桀亡的總年數為 431 年，亦即小注所說的「始壬子，終壬戌」。《易緯稽覽圖》亦用此年數，看來也採取了禹為舜服喪 3 年之說。今本《紀年》以「始壬子，終壬戌」注於「用歲四百七十一年」之下，而實與 471 年之數不符，疑原作「始壬申，終壬戌」，「壬子」乃傳抄者就合今本的禹「即位」之年而誤改。今本的干支年編排已不能與古本的王年相契合，然因夏積年的總數未變，故由壬戌年上推到壬子、壬申年的系統仍然可通。[15]

《世經》謂夏后氏「繼世十七王，四百三十二歲」，[16] 較今本《紀年》及《易緯稽覽圖》所記多出一年。蓋《世經》實取夏積年為 431 年之數，而又據《三統曆》推排，定此積年之數的下限為商湯伐桀的前一年；若以湯伐桀之年亦屬之夏，則夏積年即為 432 年。《新唐書·曆志·日度議》亦引述「夏后氏四百三十二年」，[17] 仍從《世經》。《春秋命曆序》別載夏「凡十有四世，治四百七十三年」，[18] 此當即《路史》注引稱的「並窮、寒四百七十二年」之說，或傳抄者誤「二」為「三」。

歷史地來看，夏王朝是由「五帝」時代最高層次的部落聯盟組織（或稱部族聯合體）蛻變而來的，與商、周王朝的建立有所不同。禹在夏族歷史上的地位，應大致相當於商族的契，都是本族祀統上的始祖。因此在文獻史學上，所謂「禹代虞事」之年可視為禹始為夏人首領之年，夏王朝之始年則以舜死後禹代為盟主之年為準。這樣就出現了兩種夏積年：一種如古本《紀年》所概括，自「禹代虞事」算起，至桀亡共 471 年；一種如今本《紀年》所編排，自禹「即位」算起，

---

[15] 《晉書·束皙傳》括述古本《紀年》「夏年多殷」，其意難明。據現在所知，古本《紀年》實記夏之積年自「禹立」算起為 471 年，而商之積年又有 496 年之文，則不得言夏年多於殷年。疑束皙誤以為自禹即位至桀亡凡 471 年，又加禹即位前的 37 年則共有 508 年，而於商之積年又誤從 496 年之說，遂以為「夏年多殷」。如是，則所說實出於雙重的誤解。

[16] 《漢書》卷 21 下，頁 102。

[17] 《新唐書》卷 27 上，頁 71。

[18] 安居香山、中村璋八輯，《緯書集成》中冊，頁 883。

至桀亡共431年。實則禹為盟主之時，部落大聯盟的性質並未發生根本性的變化。在他死後，啟嗣位，「家天下」的權力結構始萌芽；此後經過近百年的「夷夏交爭」，大抵到少康、後杼時期，夏人逐漸征服和控制東夷地區，以姓族統治為特徵的夏王朝才算真正建立並鞏固下來，開出三代華夏政治的新局。這裡仍從傳統的看法，以禹繼承舜盟主之年為夏王朝之始年，而將舊時所設定的禹為舜服喪的3年也一併計算在內，統謂夏積年為434年。

（三）夏始年參證上的幾個問題

1・關於禹時「五星聚」

古籍中有關夏年代的具體記錄很少，而零星的天象資料受到重視。其中主要的一項見於《太平御覽》卷7所引《孝經鉤命訣》：「禹時，《鉤命訣》曰：〔五〕星累累若貫珠，炳炳如連璧。」[19]這個記錄可能有脫字。依古人認識，「貫珠」指五星，或稱「連珠」、「聯珠」、「編珠」；「連璧」則指日月，或稱「合璧」、「懸璧」。原文「炳炳」二字上當有「日月」二字，而緯書中往往以「貫珠」與「連璧」兩種概念混同。實則五星如「珠」，日月如「璧」，二者在用語上仍當有分別。

夏商周斷代工程的專家是看重這一記錄的，工程的階段成果報告指出：

> 有學者計算出在公元前1953年2月26日有一次很好的五星聚會。經對夏代立國前後的五星聚合重新推算，也證實了這次五星聚會是迄今五千年中最難得的一次。公元前1953年2月中旬至3月初，在黎明時分的東方地平線上，土星、木星、

---
[19]《太平御覽》，頁220。

水星、火星和金星排成一列，在 2 月 26 日，五大行星之間的角距離小於 4 度。這種奇異壯觀的天象，很可能在古人記憶中流傳下來，因此可以作為估定夏代年代的參考。[20]

這話所概括的是張培瑜先生的見解，同時也綜合了美國學者彭瓞鈞等人的研究成果，後者推算這次「五星聚」在公元前 1953 年 2 月 23 日。張先生還強調：「由於行星運動比較複雜，古代學者不可能對其進行準確的計算，因而這次記錄不可能是後世星象家逆推出來的，更不可能是偽造的。」[21] 但既將「禹時」定在「夏代立國前後」，又推算這次「五星聚」在公元前 1953 年，與工程所定的夏始年為公元前 2070 年相去頗遠。

我們以為，從文獻學的角度考察，《孝經鉤命訣》的說法是不可信的，用現代天文學的測算標準去套合古人虛構的東西也不合情理。尤其是對於緯書材料的使用，嚴肅的古史年代學研究更須格外小心和提防。西漢時尚無緯書，所以《漢書‧藝文志》刪錄劉歆《七略》而成，其中還全不見緯書，緯書的出現估計不會早於新莽代漢及東漢初光武年間。[22] 現存的「五星聚」記錄，最早的是相傳漢高祖劉邦入關中時的「五星聚於東井」，載見《史記》的〈天官書〉及〈張耳陳餘列傳〉，《漢書》的〈高祖紀〉、〈天文志〉、〈陳餘傳〉、〈劉向傳〉及〈敘傳〉亦屢言之。對於這一記錄，《魏書‧高允傳》記有高允的看法，已據《星傳》指摘其「謬」，認為漢高祖元年十月五星不可能聚於東井，正史所記不過是「史官欲神其事，不復推之於理」[23]。此又可見先前流行的《甘石星經》等書中原無關於「五星聚」的明確記錄。當時崔

---

[20] 夏商周斷代工程專家組，《報告（簡本）》，頁 80。
[21] 引見何炳棣、劉雨，〈懷疑真古，相信假古──夏商周斷代工程基本思路質疑〉，《古史考》第 9 卷《民間論三代》（海口：海南出版社，2003），頁 143。
[22] 參見顧頡剛，《中國上古史研究講義》（北京：中華書局，1988），頁 250-270。
[23] 〔北齊〕魏收等，《魏書》（《二十五史》第 3 冊）卷 48，頁 124。

浩曾質疑高允的看法，後來又給以首肯，認為這次「五星聚于東井」當提前三個月。後世學者每從崔浩之說，然其事亦難確斷。晚出的記錄，又有周文王時「五星聚房」、齊桓公時「五星聚箕」之說（見《宋書・天文志》及〈符瑞志〉等），因皆不合于現代天文學的推算，故斷代工程亦不以前者用於推求西周王年。[24] 至於齊桓公時的「五星聚」，《管子》書中亦不見記載。

有關「五星聚」的較為具體的記載見於《漢書・律曆志》：

> 前曆（《顓頊曆》）上元泰初四千六百一十七歲，至於元封七年（即太初元年），復得閼逢攝提格之歲，中冬十一月甲子朔旦冬至，日月在建星（即斗、牛間）。……宦者淳于陵渠復覆《太初曆》，晦朔弦望皆最密，日月如合璧，五星如連珠。[25]

其事在漢武帝太初年間，當時武帝因淳于陵渠的奏狀，乃詔用鄧平所造八十一分律曆。顏師古注「合璧」、「連珠」引孟康曰：「謂太初上元甲子夜半朔旦冬至時，七曜皆會聚斗、牽牛分度，夜盡如合璧、連珠也。」「上元」的推算和設置，各家曆法不一，然推之往古，所謂「五星聚」當只是一種觀念上的存在，古人實不能逆推其真。又查《史記・曆書》，當初漢武帝詔書只稱「以（元封）七年為太初元年，年名閼逢攝提格，月名畢聚（指月在畢宿及室宿、壁宿間），日得（十一月）甲子，夜半朔冬至」，[26] 並無「五星聚」之說。所以我們懷疑，「五星聚」

---

[24] 周文王時「五星聚房」事，今本《紀年》載在帝辛三十二年，即所謂「王錫命西伯得專征伐」的前一年。美國學者班大為以為這次「五星聚」還是可以測算的，並確定其發生的時間在公元前 1059 年 5 月底。（參見夏含夷〈《竹書紀年》與周武王克商的年代〉，收入邵東方、倪德衛主編，《今本竹書紀年論集》，頁 132。）不過「五星聚房」之說，實出於緯書《春秋元命苞》（見《文選・始出尚書省詩》注、《褚淵碑文》注、《齊故安陸昭王碑文》注及《藝文類聚》卷 10、《太平御覽》卷 5 等所引）；今本《紀年》所記，當亦為今本編纂者據《宋書・符瑞志》等所添加，而不可能是古本《紀年》之文。

[25] 《漢書》卷 21 上，頁 98。按：此處引文括號內的文字為引者所加。

[26] 《史記》卷 26，頁 164。

的話頭大約只是到《太初曆》頒行以後才為曆算家所重，而到西漢末劉歆改造《太初曆》為《三統曆》之後始得廣傳，前此都難徵。如《初學記》卷 4 引桓譚《新論》云：「從天元以來，訖十一月甲子朔朝冬至，日月若連璧。」[27]《史記‧曆書》索隱亦引虞喜云：「天元之始，於十一月甲子夜半朔冬至，日月若連珠，俱起牽牛之初。」[28] 這一類說法，顯然都是附和《太初曆》、《三統曆》而來的。司馬遷的《史記》成書於太初年間以後，所記高祖元年「五星聚於東井」很可能也出於《太初曆》編製前後的造說，而並非是漢初史官的實錄。其言托於「甘公」，這個「甘公」大約也只是星占家的一種代稱，有如善醫者即稱「扁鵲」，未必當時實有其人。

　　緯書原是迷信的淵藪，故附會「五星聚」亦不遺餘力。如《古微書》卷 2 引《尚書考靈曜》：「天地開闢，元曆紀名，月首甲子冬至，日月五緯俱起牽牛初，仰觀天形如車蓋，日月若懸璧，五星若編珠。」同書卷 4 又引《尚書中候》：「天地開闢，甲子冬至，日月若懸璧，五星若編珠。」[29] 同類言詞見於緯書者不知凡幾，現存《開元占經》卷 19《五星占》部分引錄多多，可以參看，且所錄不但「五星聚」而已，即「四星聚」、「三星聚」等亦連篇累牘。周文王時「五星聚房」之說本出於《春秋元命苞》，而原書稱周為「蒼帝之子」，亦即伏羲之後，亦由附會劉向、劉歆父子的「五德終始」說而來。至於工程所引用的《孝經鉤命訣》之文，性質亦無兩樣。按緯書家的「十紀」說，「天地開闢，⋯⋯日月五緯俱起牽牛，四萬五千年，日月五緯一輪轉」，[30] 那麼在他們的觀念上，這些天體總會有連成一線的可能。以五千年間「五星聚」現象的唯一性考慮古人的說法，不是必然的邏輯途徑，古人不

---

[27]〔唐〕徐堅，《初學記》（《四庫全書》第 890 冊），頁 68。
[28]《史記》卷 26，頁 164。
[29]〔明〕孫瑴輯，《古微書》（《四庫全書》第 194 冊），頁 828、838。
[30] 語出《漢學堂叢書‧春秋命曆序》，引見顧頡剛，《中國上古史研究講義》，頁 262。

準確的經驗觀察同樣可以導出「五星聚」的傳聞，或者也可以根據某種政治的或技術的需要而「偽造」出來。不過這也要等到天文學的知識有相當積累的時候才行。如果相信所謂禹時「五星聚」是「在古人記憶中流傳下來」的夏代天象，那麼緯書多將「五星聚」推溯到「天地開闢」之時，「古人記憶」及現代天文學又如何測度？而且即使就真實的天象而言，行星之間的角距離可大可小，「五星聚」的判斷原亦無固定的標準，工程所推定的公元前 1953 年的一次，對於夏始年的估定也並無幫助。按我們在上節所推考，公元前 1953 年當古本《紀年》所記的啟八年，但這也不過是一種巧合，並不能用以印證夏初曾有「五星聚」，因為緯書的謊說原與科學的實測毫不相關。不但上古如此，即後世為儒者所樂道的著名「五星聚」，如唐天寶九載、宋乾德五年、元太祖二十一年、明嘉靖三年的幾次，[31] 正史似乎言之鑿鑿，而實際多半出於政治上的附會，質諸現代嚴格的天文科學方法，恐怕也都難以較真。

2・關於仲康日食

有關夏年代的另一條天象資料是相傳的仲康日食。《左傳》昭公十七年載魯太史之言云：

〈夏書〉曰：「辰不集于房，瞽奏鼓，嗇夫馳，庶人走。」此月朔之謂也，當夏四月，是謂孟夏。[32]

今本《尚書・胤征》篇記其事較詳，其文云：

惟仲康肇位四海，胤侯命掌六師。羲和廢厥職，酒荒於厥邑，

---

[31] 分見《新唐書・天文志三》（頁 100）、《宋史・太祖紀》（頁 19）、《元史・太祖紀》（頁 10）、《明史・天文志二》（頁 51）。

[32] 《春秋左傳正義》，頁 2082-2083。

胤侯承王命徂征。告於眾曰：「……惟時羲和，顛覆厥德，沈亂於酒。畔官離次，俶擾天紀，遐棄厥司。乃季秋月朔，辰弗集于房，瞽奏鼓，嗇夫馳，庶人走。羲和尸厥官，罔聞知，昏迷於天象，以干先王之誅。……」[33]

此言「仲康肇位四海」，似乎以為所記是仲康即位之年事。《史記·夏本紀》用〈書序〉之文，只稱仲康時「羲和湎淫，廢時亂日」，[34]而未記具體時間；今本《紀年》則徑謂「帝仲康……五年秋九月庚戌朔，日有食之」，年、時、月、日俱全。

夏商周斷代工程亦用此為參證夏年代的依據之一。工程的階段成果報告說：

> 此記載長期被認為是世界最早的日食記錄，自梁代虞鄺認為發生於仲康元年以來，已有 13 種說法。夏商周斷代工程對這 13 種說法進行了核算，發現都有問題，根據現有條件進行這樣遙遠時期的日食推算，還很困難。經計算，「季秋」與「房宿」對應的時代是公元前 14 世紀—前 6 世紀，夏代季秋之月太陽不在房宿，「季秋」與「房宿」中只能有一條符合仲康日食。日在何宿是看不到的，古人如《左傳》杜預注也不認為「房」是房宿，因此，「季秋」的可能性比「房宿」要大。將「季秋」設定在 10 月 1 日至 12 月 18 日之間，對洛陽地區公元前 2250 年—前 1850 年共 400 年間的可見日食進行普查性計算，得出符合季秋的大食分日食有 11 次，其中發生在公元前 2043 年 10 月 3 日、公元前 2019 年 12 月 6 日、公元前 1970 年 11 月 5 日和公元前 1961 年 10 月 26 日的幾次可供作為夏初年代的參考。[35]

---

[33] 《尚書正義》，頁 157-158。
[34] 《史記》卷 2，頁 13。
[35] 夏商周斷代工程專家組，《報告（簡本）》，頁 81。

這話的前半部分是客觀的。根據所陳述的理由，對這次日食本不必再進行測算；若為保險起見而有聞必測，其結果也無法作為推求夏王年的參考。

美國學者彭瓞鈞等援引 Nivison & Pang《Early China》（1990）的研究成果，認為《左傳》所記仲康日食的月份當有誤，今本《紀年》所記的日干支亦為後人竄改。他們用數學方法校正此次日食的月份和日干支，以使《左傳》、〈胤征〉、今本《紀年》的三種記錄相一致，並據以推算出此次日食發生在公元前 1876 年 10 月 6 日，又通過今本《紀年》的校訂，確定是年即仲康五年。[36] 這樣的推算方法不免有改動古文獻以就合己意之嫌，恐亦難以認同。

純從文獻學上看，現存有關仲康日食的記錄當來源於先秦時已流行的《尚書‧夏書‧胤征》篇，但所依據的事實可能實即公元前 6 世紀前後的天象，只不過把所托的故事上溯到夏時。今本《尚書‧胤征》篇不屬於漢代今文系統，當是晚出的篇章，其「季秋月朔」一語即使為先秦〈胤征〉篇所原有，也不可能出於戰國以前，因為此語必須在具備相當豐富的天文學知識，並確知日食發生於房宿位置當在秋季之後才能有。有學者考證《左傳》所引〈夏書〉的日食記錄是漢代劉歆和晉代梅賾相繼偽造的結果，[37] 是否如此，尚須商量，而季秋房宿日食的知識晚起是可以肯定的。《新唐書‧曆志》載《大衍曆議‧日度議》云：「新曆，仲康五年癸巳歲九月庚戌朔，日蝕在房二度。」[38] 此年、時、月、日皆由《大衍曆》推排得出，而今本《紀年》所記全同，是知今本此條必為唐人所補，非古本《紀年》所原有。考之古史，夏之仲康正當「夷夏交爭」之時，既無所謂「肇位四海」，也談不上所謂羲和「廢時亂日」及月朔、二十八宿等系統知識，相關史事必出於附會。

---

[36] 彭瓞鈞、丘錦程、周鴻翔，〈古代日月食的天文斷代和統計研究〉，頁 591。
[37] 何幼琦，〈仲康日食辨偽〉，《殷都學刊》，2001 年第 1 期。
[38] 《新唐書》卷 27 上，頁 71。

五、《竹書紀年》的夏年代

我們懷疑《胤征》所記事原與夏王胤甲的傳說有關。古本《紀年》載胤甲居西河,「天有妖孽,十日並出」,其年胤甲陟。[39] 今本《紀年》載其事在胤甲八年。這故事所反映的,可能是古代十干日名制初起時的情況。郭沫若先生曾說:「有十日迭出之傳說,故有以十日為一旬之曆制。」「由傳說之性質言,十日乃帝俊之子,亦當出於殷人所構想;故以十日為旬之制當始於殷人。十日旬制既始於殷人,則以日為名號之事亦當始於殷人。」[40] 所說將十日傳說與十干日名制聯繫起來,特有見地,但以為十干日名制起於商代則不確,夏王已有胤甲、孔甲、履癸（桀）之號,商王室先公上甲微等亦在夏時。細審其源流,日名制最早是以子丑寅卯等十二辰名為名號的,大約到夏代中後期才逐漸轉換為以甲乙丙丁等十干為名號,且這一制度直到西周時仍然盛行,下至春秋戰國之際才漸次趨向消亡。[41] 如果以為十干日名制始創於商人,那麼據甲骨文可知,上甲微就是使用這種名號的商先公之第一人。今本《紀年》載上甲微當夏王后泄、不降時,較胤甲年代稍早。因此可以設想,當胤甲時,因貴族內婚制度、王位繼承制度發生混亂,從而導致日名制亦發生紊亂,而且異姓貴族也使用與王室貴族同樣的日名,故有「十日並出」、「羲和亂日」及「胤征」等傳說產生。後世或將其事推溯至仲康時,且附會日食言之,則於史實、傳說更無從稽考。至於「瞽奏鼓,嗇夫馳,庶人走」的「救日」描述,當有古禮依據,但也不大可能早到夏代,商代甲骨文中亦不見有這方面的確實記錄。

3．夏始年的考古印證

以考古學研究成果印證夏王朝始建年代的工作,近世以來格外

---

[39] 見《山海經‧海外東經》郭璞注、《開元占經》卷6、《太平御覽》卷4及卷82、《路史‧後紀》卷13下等。詳《輯證》,頁14、188。

[40] 郭沫若,《郭沫若全集‧甲骨文字研究》（北京:科學出版社,1982）,頁168、191-192。

[41] 參見拙文〈商王名號與上古日名制研究〉,頁23-27。

受到關注，但至今未能發現在性質上能與安陽「殷墟」相類比的「夏墟」，因此考古測年也還存在諸多困難。

　　許多考古學者認為二里頭文化的早期部分屬於夏文化，晚期部分屬於商文化。夏商周斷代工程亦取此說，因而採集二里頭遺址系列含碳樣品進行 14C 年代測定、擬合，並與考古分期相整合，以推定二里頭文化各期的年代範圍。擬合結果是二里頭文化一期的年代約在公元前 1880－前 1640 年之間，二期的年代約在公元前 1685－前 1590 年之間，三、四期的年代約在公元前 1610－前 1521 年之間。[42] 其早期部分顯然不能滿足工程所估定的夏年代約在公元前 2070－前 1600 年之間的方案要求，於是工程又以河南龍山文化晚期遺存的測年數據作補，並以王城崗遺址為代表作測定，擬合結果是王城崗一、二期的年代約在公元前 2190－前 2082 年之間，三、四期的年代約在公元前 2090－前 1985 年之間，五期的年代約在公元前 2030－前 1965 年之間。[43] 其中還特別提出以新砦二期文化作為銜接河南龍山文化晚期（新砦一期）與二里頭文化一期的過渡環節。

　　這種分解同一考古文化而又拼合不同考古文化的方法是可議的，即使在工程專家內部分歧也很多。李維明先生曾概括學者對工程所定夏始年的討論說：

> 部分從事考古學和歷史學研究的學者認為其上限定的偏早，根據考古學、碳十四測年數據、文獻研究提出夏始年應在公元前 1986 年前後，或在公元前 21 世紀－公元前 20 世紀之交。其中有的學者根據《簡本》中公佈不同地點、不同時期二里頭文化標本碳十四測年擬合存在矛盾現象，判斷其中心

---

[42] 見夏商周斷代工程專家組，《報告（簡本）》表二十〈二里頭遺址分期與常規 14C 測年數據〉，頁 76-77。
[43] 見夏商周斷代工程專家組，《報告（簡本）》表二十一〈河南龍山文化晚期遺存分期及 AMS 測年數據〉，頁 79。

然有一些數據不可靠,指出二里頭文化各期測年存在偏晚的可能,聯繫有關文獻認為夏商周斷代工程設定夏始年偏早。也有部分從事歷史學研究的學者認為其上限定的偏晚,並且提出夏禹即位之年應在公元前 2174 年,或夏禹執政之年為公元前 2204 年。[44]

劉緒先生是認為工程所定夏始年偏早的,並聯繫《竹書紀年》的記載作了具體的推論:

> 河南龍山文化晚期碳 14 測年數據表明,該文化的下限年代為公元前 2030－前 1965 年,即公元前 2000 年左右。以往對黃河中下游地區其他遺址龍山文化的年代也有測定,下限與此相當,應該接近於實際。這說明各地區龍山文化的結束基本是同步的,它的結束也標誌著另一個新時代的來臨。在黃河中下游地區,繼龍山文化之後確實出現了若干新的考古學文化,構成了又一個新的歷史時代,二里頭文化僅是其中之一,並非偶然現象,這應該有其深層的歷史原因,很可能與最初王朝的產生密切相關。因此,我認為以河南龍山文化的下限年代為夏代起始之年更合情理。從大範圍、長時段分析理應如此,從具體材料分析也有足夠的理由。第一,如上所述,商代起始之年公元前 1600 年的估定偏早,依此上推夏代始年為前 2070 年必然也會偏早。第二,《簡本》中夏代積年採古本《竹書紀年》471 年之說,而於商、周二代不採,若統一標準,都採《竹書紀年》之說,則夏代起始之年為前 1994 年,接近前 2000 年。第三,可解決夏文化由早晚兩種文化構成的矛盾。第四,根據新砦遺址發掘的新材料,新砦第二期應屬二里頭文化,時代早於二里頭遺址所見二里頭文化第一期,

---

[44] 李維明,〈尋逝歲流年,續學術長河──夏商周斷代工程階段成果公佈後有關學術動態示要〉,《古史考》第 9 卷,頁 35。

其年代上限應接近公元前 2000 年。[45]

近些年學術界逐漸形成一種共識，即考古的龍山文化時期大略相當於史學上的「五帝」時代。「龍山文化」的命名比較寬泛，各地類型不同，年代也不一致。以中原及海岱地區龍山文化為代表，其下限普遍測定在公元前 2000 年左右，故按目前的認識，可以推定「五帝」時代的結束及夏代的起始亦在此際。劉緒先生謂夏始年當為公元前 1994 年，是以古本《紀年》所記的周滅商在公元前 1027 年為基準，又取商積年為 496 年、夏積年為 471 年之說而上推得出的。據我們所考，若以商積年為 508 年、夏積年為 434 年為準，則夏始年應是公元前 1968 年（詳下節表十）；若更上推到「禹代虞事」之年，即復加 37 年，以禹為夏人首領之年為夏始年，則此年便可上推到公元前 2005 年。

其實，考古的文化編年是粗線條的，用以印證細緻的文獻紀年有很大局限性。蔣祖棣先生說：「夏商周文明雖在具體年代上有所缺失，但其年代框架和文明特徵都相當確定和清楚。」又就西周年代說：「工程的所謂『多學科研究』，其重點就是把非文字研究引入了西周具體王年的討論。此舉雖屬創新，但並不值得誇耀。考古地層劃分、陶器分期或 14C 測年應當無法成為討論西周具體王年的直接證據。西周年代序列具體細節最終的真相大白，定然不會是出於對非文字史料的分期、『擬合』或推論。」[46] 夏王朝的考古學證明還需要有更多的新材料，但中國傳統史學一致肯定夏王朝的存在，這點應當受到尊重，而且年代學的研究還可相對忽略國家起源、文明界定等理論上的爭議。然三代王年的具體推求，最終要落實於文獻記錄，現代科技測年若不能準確無

---

[45] 劉緒，〈有關夏代年代和夏文化測年的幾點看法〉，《古史考》第 9 卷，頁 50。
[46] 蔣祖棣，〈西周年代研究之疑問——對「夏商周斷代」工程方法論的批評〉，《古史考》第 9 卷，頁 94。

誤地確定具體的年份，就還很難有所作為。

（四）夏年代小結

今本《紀年》中的夏年代框架尚未突破古本，但所記啟的在位年數有誤，羿的在位年數漏書，又因採取喪畢即位之說而致王年不接續。今統加訂正而回歸古本《紀年》之後，所得夏年代如下表。

表十　校訂《竹書紀年》夏年代表

王	年代（公元前）	年數
禹	1968-1961	8
啟	1960-1922	39
太康	1921-1918	4
「無王」階段（羿）	1917-1910	8
仲康	1909-1903	7
相	1902-1875	28
「無王」階段（寒浞）	1874-1835	40
少康	1834-1814	21
杼	1813-1797	17
芬（槐）	1796-1753	44
芒（荒）	1752-1695	58
泄	1694-1670	25
不降	1669-1611	59
扃	1610-1593	18
廑（胤甲）	1592-1585	8
孔甲	1584-1576	9
昊（皋）	1575-1573	3
發（敬）	1572-1566	7
癸（桀）	1565-1535	31

注：此表以禹繼舜為盟主之年為夏始年，即公元前1968年；若以禹為夏人首領之年為夏始年，則上推37年，即為公元前2005年。

六 三代年代總結

（一）夏商西周年代總表

以上各篇主要圍繞《竹書紀年》，分考夏、商、西周的年代。在經過一番清理之後，筆者所得到的基本認識是：

第一，今本《紀年》的夏代部分，實載夏積年為431年，由此上推到「禹代虞事」之年，補加40年，即合於古本《紀年》所記的夏積年為471年之數。在這一框架之內，只要消除今本因採取古帝王喪畢即位之說而造成的混亂，調整夏啟的在位年數，增入後羿「代夏政」的年數，其餘仍從今本所記，也就可以得到古本《紀年》原載的夏代各王年。

第二，今本《紀年》的商代部分，大抵還是古本《紀年》的原文，所記各王的在位年數，目前也都還沒有理由更動。合計所得商積年為508年，此當即古本《紀年》原載的實數。後來普遍認為出於古本的「湯滅夏以至於受二十九王，用歲四百九十六年」之文有誤，糾正這一錯誤之後，仍當以今本所記商王年為古本的原載。

第三，今本《紀年》的西周部分，問題較多。其年代編排上的最大問題，是突破古本《紀年》所記西周共積257年的框架，據漢代《世經》補加周初武王、成王的年數，致使西周積年多出24年而增至281年。去此24年，仍在古本257年的框架內，以《史記》所載的魯國紀年為主要參照系，調整和校正今本《紀年》的西周王年，亦可得到古本原載的各王年代。

通過上述處理，我們發現古本《紀年》原載的三代年代仍然全都可以恢復，這是我們在展開此項工作之前所沒有想到的。按先前的設想，現存的古史年代學資料零亂繁雜，各家的考證推求亦紛然不一，

其中有一部分大概會接近於古本《紀年》的原載，另有相當一部分則難以判斷它們跟古本《紀年》有什麼樣的聯繫。現在達成的結果確有些出乎意料，而所從途徑歸結到根本性的一條，即在既要充分利用現存的古本《紀年》佚文，又不要輕棄今本《紀年》的年代記錄。學術界對今本《紀年》的成見由來已久，而真正撥其亂而求其真，細校善擇，始可言古本年代的復原。歷來學者的研究已為這項工作的開展奠定了很好的基礎，現在綜合來做也正當其時。

本書對《竹書紀年》夏、商、西周年代的考證結論，前面各篇的小結部分已分別列表，這裡為方便查對，仍總列一表如下表十一。

表十一　校訂《竹書紀年》夏商西周年代總表

朝代	王	年代（公元前）	年數
夏	禹	1968-1961	8
	啟	1960-1922	39
	太康	1921-1918	4
	「無王」階段（羿）	1917-1910	8
	仲康	1909-1903	7
	相	1902-1875	28
	「無王」階段（寒浞）	1874-1835	40
	少康	1834-1814	21
	杼	1813-1797	17
	芬（槐）	1796-1753	44
	芒（荒）	1752-1695	58
	泄	1694-1670	25
	不降	1669-1611	59
	扃	1610-1593	18
	廑（胤甲）	1592-1585	8
	孔甲	1584-1576	9
	昊（皋）	1575-1573	3
	發（敬）	1572-1566	7
	癸（桀）	1565-1535	31
商	大乙	1535-1523	13
	外丙	1522-1521	2

表十一 校訂《竹書紀年》夏商西周年代總表（續）

朝代	王	年代（公元前）	年數
商	中王	1520-1517	4
	大甲	1516-1505	12
	沃丁	1504-1486	19
	大庚	1485-1481	5
	小甲	1480-1464	17
	雍己	1463-1452	12
	大戊	1451-1377	75
	中丁	1376-1368	9
	外王	1367-1358	10
	河亶甲	1357-1349	9
	祖乙	1348-1330	19
	祖辛	1329-1316	14
	沃甲	1315-1311	5
	祖丁	1310-1302	9
	南庚	1301-1296	6
	陽甲	1295-1292	4
	盤庚	1291-1264	28
	小辛	1263-1261	3
	小乙	1260-1251	10
	武丁	1250-1192	59
	祖庚	1191-1181	11
	祖甲	1180-1148	33
	廩辛	1147-1144	4
	康丁	1143-1136	8
	武乙	1135-1101	35
	文丁	1100-1088	13
	帝乙	1087-1079	9
	帝辛	1078-1027	52
西周	武王	1027-1026	2
	成王	1025-1008	18
	康王	1007-982	26
	昭王	981-963	19
	穆王	962-924	39
	共王	923-900	24

表十一　校訂《竹書紀年》夏商西周年代總表（續）

朝代	王	年代（公元前）	年數
西周	懿王	899-882	18
	孝王	881-873	9
	夷王	872-865	8
	厲王	864-842	23
	共和	841-828	14
	宣王	827-782	46
	幽王	781-771	11

　　根據此表，總算下來，夏王室 14 代（自禹算起），歷 434 年，正好每代為 31 年；商王室 17 代（自湯算起），歷 508 年，也差不多是每代 30 年；西周王室 11 代（自武王算起），歷 257 年，平均年數稍短，這主要與武王克商後在位時間過短等有關係。這個古本《紀年》的年代框架，在細節上亦未必完全可靠，個別地方容或有誤差。然畢竟為先秦古文獻之遺錄，總要較之後人的各種推算更接近於歷史實際。以此框架所確定的三代總積年，上加傳說的「五帝」時代，那麼中華文明可由文獻考見的歷史就至少在 4500 年左右。夏商周斷代工程所採取的多學科研究方法，從理論上說，還是今後用力的方向。將來隨著考古學的發展，古史年代學的研究會更趨精密，然《紀年》所提供的三代年代框架估計不會有大的變動。

（二）關於《真誥》中涉及三代積年的幾項數據

　　南朝梁時陶弘景（456-536）所撰道教經典《真誥》中有幾項資料，涉及古本《紀年》所記載的三代積年之數。有學者認為其中的一項與今本《紀年》的記錄完全相合，適可看作是今本不偽的證據，故在這裡有必要特別加以分析。

　　《真誥》卷 13〈稽神樞第三〉於經文「昔高辛時……忽已三千年

矣」下有注云：

> 《諸曆檢課》謂堯元年戊戌至齊之己卯歲，二千八百〔四十〕三年。[1]高辛即堯父，說此語時又應在晉世，而已云三千年，即是堯至今不當二千八百年。外曆容或不定，如此丁亥之數不將已過乎？《汲冢紀年》正二千六百四十三年，彌複大懸也。[2]

文中所說「齊之己卯歲」，指南齊東昏侯（蕭寶卷）永元元年（499）；所說「丁亥」，疑指《諸曆檢課》所記帝嚳高辛氏元年。[3]此注大意是說，曆法書《諸曆檢課》以為從唐堯元年戊戌歲至南齊己卯歲共有2843年，而晉時人已說自堯之父高辛以來凡歷3000年，那麼自堯元年至南齊己卯歲就不止2800年。俗間曆法或是不準確的，按所記上推到高辛氏元年，就更要超過3000年。而《汲冢紀年》記載自堯元年至南齊己卯歲共有2643年，與《諸曆檢課》所記相差很多。

陶氏所舉的2643年之數，無疑是據古本《紀年》所作的統計。陳力先生曾指出，今本《紀年》以堯元年為丙子年，按所記干支年系統，是年當公元前2145年；而按《真誥》注，由南齊永元元年（499）「逆推2643年（不計當年），正是公元前2145年，於干支歲名為丙子，既與今本《紀年》完全相合，又與《隋書·律曆志》所引《紀年》『堯元年丙子』之文合」。所以他據此推論，「陶弘景所見《紀年》及《隋書·律曆志》等所引與今本《紀年》是完全一致的」。[4]這樣的推論恐怕

---

[1] 此處「四十」二字原文脫去，當是傳抄致誤，今按文意補入。依所記戊戌至己卯的干支年編排推算，此年數當作「二千八百四十三年」。

[2] 陶弘景，《真誥》，《四庫全書》第1059冊，頁438。

[3] 《諸曆檢課》以堯元年為戊戌年，由戊戌年上推71年即為丁亥年。《帝王世紀》謂帝嚳在位70年（《史記·五帝本紀》集解及《藝文類聚》卷9引），或《諸曆檢課》即取此數，而又以曆法編排為71年。

[4] 陳力，〈今古本〈竹書紀年〉之三代積年及相關問題〉，收入邵東方、倪德衛主編，《今本竹書紀年論集》，頁222-223。

是有問題的,因為今本《紀年》的干支年系統出於後人的推排,現在還沒有材料能夠證明古本《紀年》原來就有干支紀年,或者它在晉初出土後整理者已添加干支紀年。後人推排的干支年是個自我圓滿的系統,不關乎今本或古本記載的正誤,因之也不能用作判斷今古本異同的標準。照我們所考,今本《紀年》成書於唐初,它和《隋書·律曆志》皆以堯元年為丙子年,本出於同一種推排,並非古本《紀年》原有「堯元年丙子」之文。

仔細推敲《真誥》所記,我們以為這個自堯元年以至南齊永元元年共積 2643 年的資料,必是陶氏由古本《紀年》原載的堯、舜在位年數及括述夏、商、西周積年的幾個數字推算得來的。這只需一個簡單的算式就可說明:

$$
\begin{array}{r}
100\,(堯在位年數)\\
50\,(舜在位年數)\\
471\,(夏積年)\\
496\,(不完整商積年)\\
257.\,(西周積年)\\
+\quad 770.\ \text{B.C.}\\
\hline
2144.\,(年)\\
+\quad 499\ \text{A.D.}\\
\hline
2643\,(年)
\end{array}
$$

此積數包括齊永元元年在內,據以推算,堯元年為公元前 2144 年(丁丑年),與今本《紀年》實不相同。按今本《紀年》的實際記錄,算式應如下:

```
         100（堯在位年數）
           3（舜為堯服喪期）
          50（舜在位年數）
           3（禹為舜服喪期）
         431（夏積年，包括夏亡之年）
         508（商積年，包括商亡之年）
         280（西周積年，不包括武王克商年）
  +      770 B.C.
       ─────────
        2145（年）
  +      499 A.D.
       ─────────
        2644（年）
```

此積數也包括齊永元元年在內，據以推算，則堯元年為公元前 2145 年（丙子年），較前一算式所得結果提前一年。兩種算式所用的資料有異，故所得積數有一年之差。以是言之，這兩個積數的接近實出於偶然，故不可採取不計永元元年的辦法，使前者就合後者。

據本書所考，陶弘景的計算對古本《紀年》的夏、商積年有誤解。商積年取 496 年之數，較之古本《紀年》（今本同）實載的 508 年少了 12 年；夏積年取 471 年之數，又以其與舜在位的 50 年之數相接，則較古本所記多出了 37 年。以所多與所少相折合，則夏、商積年之總數便多出了 25 年。又因古本商積年的 508 年和西周積年的 257 年都包括了商亡之年，所以在計算商、周積年之總數時仍須減去 1 年。如此，則陶氏所說的 2643 年實較古本原載多出了 26 年。按古本原載，如果仍從堯元年計至南齊永元元年，則應有如下算式：

```
          100（堯在位年數）
           50（舜在位年數）
          434（夏積年，包括夏亡之年）
          508（商積年，包括商亡之年）
          256（西周積年，不包括武王克商年）
     ＋   770 B.C.
     ─────────────
         2118（年）
     ＋   499 A.D.
     ─────────────
         2617（年）
```

此即 2643 年減去 26 年所得的差數。據此數推算，堯元年應為公元前 2118 年（癸卯年），夏始年則為公元前 1968 年（癸酉年），這才是古本《紀年》原本實有的記錄。

《真誥》卷 15《闡幽微第一》於經文「夏啟為東明公」條下又有注云：

> 禹之子也，姓姒。《竹書》云：即位三十九年亡，年七十八。自崩滅後至今己卯歲，凡二千四百二十五年。按《司命說格》，在位二千四百年，得上補九宮，如此則宋元徽四年去矣。[5]

此所謂《竹書》，顯然還是指卷 13 所稱的《汲冢紀年》。所謂「自崩滅後」，當是指啟卒之次年，亦即太康元年。此注意思是，古本《紀年》記載從夏太康元年到南齊永元元年共有 2425 年；《司命說格》所記的 2400 年，與古本《紀年》對照，則只能是從劉宋元徽四年（476）上溯到夏啟卒年的總年數。

陶氏的這段注文實際給出了兩個數據：一是自夏太康元年至南齊

---

[5] 《真誥》，頁 458。

永元元年（499）共2425年；一是自夏太康元年至劉宋元徽四年（476）共2400年。但這兩個數據不一致：

$$2425 - 499\text{A.D.} = 1926\text{B.C.}$$
$$2400 - 476\text{A.D.} = 1924\text{B.C.}$$

兩者相差2年。若從2425年之數，則後者當言元徽二年（474）。不過這個2425年之數也是有問題的。按上述古本《紀年》原本的實有記錄，並且仍從陶氏所計的2643年之數推算，則夏太康元年應由下列算式得出：

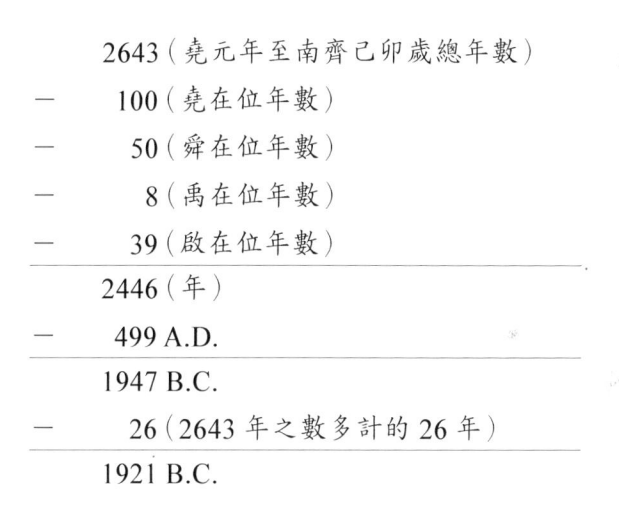

```
   2643（堯元年至南齊己卯歲總年數）
 -  100（堯在位年數）
 -   50（舜在位年數）
 -    8（禹在位年數）
 -   39（啟在位年數）
   ────
   2446（年）
 -  499 A.D.
   ────
   1947 B.C.
 -   26（2643年之數多計的26年）
   ────
   1921 B.C.
```

此即前列表十一中的太康元年。我們懷疑《真誥》此注的2425年之數，是由《諸曆檢課》所稱的堯元年為戊戌歲推排得出的。若以戊戌歲為2643年的上限之年，則由此下推197年（堯至啟在位總年數），太康元年即為乙卯歲；而由南齊己卯歲逆推至此乙卯歲，正得2425年之數。但2643年的上限之年實為丁丑歲，而丁丑歲下距戊戌歲尚有21年，若以戊戌歲為堯元年，則2643年之數將會短去21年。此種推排雖有錯誤，而由2425年之數推定太康元年為公元前1926年，仍與古

本《紀年》實載的公元前 1921 年相接近。

　　由上述考察，我們益信前列表十一即為古本《竹書紀年》原載的三代年代。

七 校訂《竹書紀年》夏商西周大事年表

說明

  此年表以今本《紀年》所記載的事實為主，並參古本《紀年》佚文，而據著者所考《紀年》原載的年代，擇要編錄夏、商、西周三代大事。所錄絕大多數條目為《紀年》本文，唯今本的西周部分（特別是成王部分）或有少量條目原不出於《紀年》。著者的意圖，一是鑒於本書的年代考證頭緒紛繁，引文有限，借此集錄有關史事，或可較便於翻檢者的參考；二是也想借此表示，三代年代史料雖零落殘缺，而收拾遺編斷簡，用心清理，也未嘗不可以組織起較粗略的編年，正不必為三代歷史無年曆歎息，也不必都等待現代考古或科技手段的新突破。舊材料能重新利用起來，力求有所發明，也便是一種突破。

夏

公元前

- 2005 年　舜十四年
  命禹代虞事。按：《竹書紀年》記夏后氏史事始此。

- 1986 年　舜三十三年
  禹受命於神宗，置九州。

- 1984 年　舜三十五年
  禹奉舜命征有苗。

- 1969 年　舜五十年
  是年舜卒於鳴條。

- 1968 年　禹元年
  禹即位，居冀（一說都陽城）。頒夏時於邦國。按：依古本《紀年》，夏王朝始此。

- 1967 年　禹二年
    舉皋陶（東夷首領）為繼承人，皋陶卒。
- 1964 年　禹五年
    東巡狩，會諸侯於塗山。
- 1961 年　禹八年
    會諸侯於會稽，殺防風氏。
    是年禹卒於會稽。
- 1960 年　啟元年
    禹子啟即位於夏邑，饗諸侯於鈞台。
- 1959 年　啟二年
    伯益（東夷首領）與啟爭位，為啟所殺。
    啟以有扈氏亦不服，率師伐有扈，大戰於甘。
- 1951 年　啟十年
    巡狩，舞《九韶》於大穆之野。按：《路史・後紀》十三注引《紀年》，謂「啟登後九年，舞《九韶》」，似繫其事於前一年。
- 1950 年　啟十一年
    放王季子武觀於西河。
- 1936 年　啟二十五年
    武觀以西河叛。啟命彭伯壽率師征西河，武觀來歸。
- 1922 年　啟三十九年
    是年啟卒。
- 1921 年　太康元年
    啟子太康即位，居斟尋。
    太康畋游於洛表，為羿（東夷有窮氏首領）所逐。羿入居斟尋，代夏政。
- 1918 年　太康四年
    是年太康卒。

- 1917 年　羿元年

    羿居斟尋。按：今本《紀年》不載羿之紀年。疑古本原於太康卒年後接記羿事，故今權且增入此條。又，若以羿入斟尋為其元年，則此當言「羿五年」，此下「羿八年」亦當言「羿十二年」。

- 1910 年　羿八年

    寒浞殺羿。寒浞使其子澆居過。

- 1909 年　仲康元年

    太康弟仲康即位，居斟尋。

- 1904 年　仲康六年

    命昆吾氏為伯。

- 1903 年　仲康七年

    是年仲康卒。世子相出居商丘，依邳侯。按：此「商丘」疑當作「帝丘」（今河南濮陽）。下年「商丘」同此。

- 1902 年　相元年

    相即位，居商丘。是年征淮夷。

- 1901 年　相二年

    征風夷及黃夷。

- 1896 年　相七年

    於夷來賓。

- 1894 年　相九年

    相居斟灌。

- 1888 年　相十五年

    商侯相土作乘馬，遂遷於商丘（疑即今河南商丘）。

- 1883 年　相二十年

    寒浞滅戈。

- 1877 年　相二十六年

    寒浞使其子率師滅斟灌。

- 1876 年　相二十七年
  寒浞之子澆伐斟尋，大戰於濰，覆其舟，滅之。
- 1875 年　相二十八年
  澆殺相。相妻後緡逃歸有仍氏。夏臣伯靡出奔鬲。
- 1874 年　寒浞元年
  相遺腹子少康生。
- 1855 年　寒浞二十年
  少康為澆所逼，自有仍奔虞，虞使少康邑於綸。
- 1835 年　寒浞四十年
  少康使汝艾伐過殺澆，使世子杼率師滅戈。
  伯靡自鬲率斟尋、斟灌之師伐寒浞，殺之。
  少康自綸歸於夏邑。
- 1834 年　少康元年
  少康即位，諸侯來朝，賓虞公。
- 1833 年　少康二年
  方夷來賓。
- 1824 年　少康十一年
  使商侯冥治河。
- 1817 年　少康十八年
  少康遷於原。
- 1814 年　少康二十一年
  是年少康卒。
- 1813 年　杼元年
  少康世子杼即位，居原。
- 1809 年　杼五年
  杼自原遷於老丘。

- 1806 年　杼八年

    杼征於東海，及三壽，得一狐九尾。

- 1801 年　杼十三年

    商侯冥死於河。

- 1797 年　杼十七年

    是年杼卒。

- 1796 年　芬元年

    杼子芬（一名槐）即位。

- 1794 年　芬三年

    九夷來御。

- 1781 年　芬十六年

    洛伯用與河伯馮夷鬥。

- 1764 年　芬三十三年

    封昆吾氏之子於有蘇。

- 1753 年　芬四十四年

    是年芬卒。

- 1752 年　芒元年

    芬子芒（一名荒）即位。

    以玄珪賓於河，命九夷。東狩於海，獲大魚。

- 1695 年　芒五十八年

    是年芒卒。

- 1694 年　泄元年

    芒子泄即位。

- 1683 年　泄十二年

    商侯子亥（一稱王子亥）賓於有易氏，有易氏殺而放之。

- 1679 年　泄十六年

    商侯上甲微以河伯之師伐有易，殺其君綿臣。

- 1674 年　泄二十一年
  命畎夷、白夷、玄夷、風夷、赤夷、黃夷。按：《後漢書・東夷傳》引「黃夷」作「陽夷」。

- 1670 年　泄二十五年
  是年泄卒。

- 1669 年　不降元年
  泄子不降即位。

- 1664 年　不降六年
  伐九苑。

- 1635 年　不降三十五年
  商滅皮氏。

- 1611 年　不降五十九年
  是年不降讓位於其弟扃。

- 1610 年　扃元年
  扃即位。

- 1601 年　扃十年
  不降卒。史稱其「有聖德」。

- 1593 年　扃十八年
  是年扃卒。

- 1592 年　廑元年
  扃子廑（一名胤甲）即位，居西河。

- 1589 年　廑四年
  昆吾氏遷於許。

- 1585 年　廑八年
  天有妖孽，十日並出，其年胤甲卒。

- 1584 年　孔甲元年
  不降子孔甲即位，居西河。

七、校訂《竹書紀年》夏商西周大事年表

在位時好事鬼神，肆行淫亂，夏始衰。又廢豕韋氏，使劉累豢龍，劉累懼而遷於魯陽，為後世晉國范氏祖先。

- 1576 年　孔甲九年
  是年孔甲卒。

- 1575 年　昊元年
  孔甲子昊（一名皋）即位。使豕韋氏復國。

- 1573 年　昊三年
  是年昊卒。

- 1572 年　發元年
  昊子發（一名敬）即位。諸侯賓於王門，再保墉會於上池，諸夷入舞。

- 1566 年　發七年
  是年昊卒，泰山震。

- 1565 年　桀元年
  發子桀（曰名癸，亦稱履癸）即位，居斟尋。

- 1563 年　桀三年
  築傾宮，毀容台。
  畎夷入於岐以叛。

- 1560 年　桀六年
  岐踵戎來賓。

- 1556 年　桀十年
  地震，伊、洛竭。

- 1555 年　桀十一年
  會諸侯於仍，有緡氏逃歸，遂滅有緡。

- 1553 年　桀十三年
  遷於河南。初作輂。

- 1552 年　桀十四年

《竹書紀年》與夏商周年代研究

命扁伐岷山。

岷王獻二女於桀，桀刻二女之名於苕華之玉，曰琬、琰。棄其元妃末喜氏於洛，於傾宮飾瑤台居之。

- 1551 年　桀十五年　商湯元年
  商湯遷於亳。按：湯又稱成唐、成湯，甲骨文分稱成或唐，日名大乙，載籍又謂其名履。

- 1549 年　桀十七年　商湯三年
  湯使伊尹朝夏。

- 1546 年　桀二十年　商湯六年
  伊尹歸於商亳，會汝鳩、汝方於亳北門。

- 1545 年　桀二十一年　商湯七年
  商師征有洛，克之。遂征荊伯，荊伯降。

- 1544 年　桀二十二年　商湯八年
  湯朝夏，被囚於夏台。

- 1543 年　桀二十三年　商湯九年
  桀釋湯，諸侯遂賓於商。

- 1540 年　桀二十六年　商湯十二年
  商滅溫。

- 1538 年　桀二十八年　商湯十四年
  昆吾氏伐商。
  商會諸侯於景亳，遂征韋。
  商師取韋，遂征顧。
  夏太史令終古出奔商。

- 1537 年　桀二十九年　商湯十五年
  商師取顧。
  夏臣費伯昌出奔商。
  是年冬鑿山穿陵，以通於河。

- 1536 年　桀三十年　商湯十六年

  瞿山崩。桀殺其大夫關龍逢。

  商師征昆吾。

  是年冬，夏聆隧災。

- 1535 年　桀三十一年　商湯十七年（建國元年）

  商自陑征夏邑，克昆吾。與夏師大戰於鳴條，夏師敗績。桀出奔三朡，商師復征三朡，戰於郕。獲桀於焦門，放之於南巢，夏亡。商王朝建立。按：今本《紀年》以下年為湯建國元祀，今從湯建國後在位十三年之說提上一年。

商

- 1534 年　湯十八年（建國二年）

  湯居亳，始屋夏社。

- 1533 年　湯十九年（建國三年）

  大旱。

  氐、羌來賓。

- 1532 年　湯二十年（建國四年）

  大旱，禁弦歌舞。

  夏桀卒於亭山。

- 1528 年　湯二十四年（建國八年）

  自十九年至是年，連續六年大旱，湯禱於桑林。

- 1523 年　湯二十九年（建國十三年）

  是年湯卒。晚年作《大濩樂》，巡狩定獻令，遷九鼎於商邑。

- 1522 年　外丙元年

  湯長子太丁早卒，是年太丁弟外丙（名勝）即位，居亳。命卿士伊尹。按：商王日名前加「外」字者，有外丙、外壬。由日名制推考，二人當是前王之侄。甲骨文「外」作「卜」。

《竹書紀年》與夏商周年代研究

- 1521 年　外丙二年
  是年外丙卒。

- 1520 年　仲壬元年
  外丙弟仲壬（名庸）即位，居亳。命卿士伊尹。

- 1517 年　仲壬四年
  是年仲壬卒。

- 1516 年　太甲元年
  太丁子太甲（名至）即位，居亳。命卿士伊尹。伊尹放太甲於桐而自立。

- 1510 年　太甲七年
  太甲潛出自桐，殺伊尹，乃立其子伊陟、伊奮，命復其父之田宅而中分之。

- 1505 年　太甲十二年
  是年太甲卒。

- 1504 年　沃丁元年
  太甲子沃丁（名絢）即位，居亳。命卿士咎單。

- 1497 年　沃丁八年
  祠保衡（伊尹）。

- 1486 年　沃丁十九年
  是年沃丁卒。

- 1485 年　太庚元年
  沃丁弟太庚（名辨）即位，居亳。按：《紀年》誤「太庚」為「小庚」。

- 1481 年　太庚五年
  是年太庚卒。

- 1480 年　小甲元年
  太庚子小甲（名高）即位，居亳。按：一說小甲為太庚弟。

- 1464 年　小甲十七年

  是年小甲卒。

- 1463 年　雍己元年

  太庚子雍己（名伷）即位,居亳。

- 1452 年　雍己十二年

  是年雍己卒。史稱其在位時商道衰。

- 1451 年　太戊元年

  太庚子太戊（名密）即位,居亳。命卿士伊陟、臣扈。按：甲骨文以太戊置於雍己之前。

- 1445 年　太戊七年

  有桑、穀共生於朝。按：穀即楮樹。

- 1441 年　太戊十一年

  命巫咸禱於山川。

- 1426 年　太戊二十六年

  西戎來賓,太戊使王孟聘於西戎。

- 1421 年　太戊三十一年

  命費侯中衍（秦人祖先）為車正。

- 1394 年　太戊五十八年

  城蒲姑。

- 1391 年　太戊六十一年

  東九夷來賓。

- 1377 年　太戊七十五年

  是年太戊卒,後稱太宗。史稱其在位修身有行,遠方慕明德重譯而至者七十六國,商道復興。

- 1376 年　仲丁元年

  太戊子仲丁（名莊）即位,自亳遷於囂。

- 1371 年　仲丁六年

  征藍夷。

- 1368 年　仲丁九年
  是年仲丁卒。

- 1367 年　外壬元年
  仲丁弟外壬（名發）即位，居囂。
  邳人、侁人叛。

- 1358 年　外壬十年
  是年外壬卒。

- 1357 年　河亶甲元年
  外壬弟河亶甲（名整）即位，自囂遷於相。按：其名號甲骨文作「戔甲」。

- 1355 年　河亶甲三年
  彭伯克邳。

- 1354 年　河亶甲四年
  征藍夷。

- 1353 年　河亶甲五年
  侁人入於班方。彭伯、韋伯伐班方，侁人來賓。

- 1349 年　河亶甲九年
  是年河亶甲卒。史稱其在位時商復衰。

- 1348 年　祖乙元年
  仲丁子祖乙（名滕）即位，自相遷於耿。
  命彭伯、韋伯。

- 1347 年　祖乙二年
  毀耿城，自耿遷於庇。

- 1346 年　祖乙三年
  命卿士巫賢。

- 1341 年　祖乙八年
  城庇。

七、校訂《竹書紀年》夏商西周大事年表

- 1334 年　祖乙十五年

  命邠侯高圉（周人首領）。

- 1330　祖乙十九年

  是年祖乙卒，後稱中宗。史稱其在位時商道復興。

- 1329 年　祖辛元年

  祖乙子祖辛（名旦）即位，居庇。

- 1316 年　祖辛十四年

  是年祖辛卒。

- 1315 年　沃甲元年

  祖辛弟沃甲（名踰）即位，居庇。按：其名號《紀年》作「開甲」，甲骨文作「羌甲」。

- 1311 年　沃甲五年

  是年沃甲卒。

- 1310 年　祖丁元年

  祖辛子祖丁（名新）即位，居庇。

- 1302 年　祖丁九年

  是年祖丁卒。

- 1301 年　南庚元年

  沃甲子南庚（名更）即位。居庇。

- 1299 年　南庚三年

  自庇遷於奄（在今山東曲阜一帶）。

- 1296 年　南庚六年

  是年南庚卒。

- 1295 年　陽甲元年

  祖丁子陽甲（名和）即位，居奄。按：其名號甲骨文作「象甲」，今本《紀年》原注「一名和甲」。

- 1292 年　陽甲四年
    是年陽甲卒。史稱陽甲時商衰。

- 1291 年　盤庚元年
    陽甲弟盤庚（名旬）即位，居奄。

- 1285 年　盤庚七年
    應侯來朝。

- 1278 年　盤庚十四年
    自奄遷於北蒙。史稱自盤庚遷此以至商亡，更不徙都。按：「北蒙」即「北亳」，猶言北都，即今河南安陽殷墟。周人稱商人為「夷」，初用「衣」字，後轉用「殷」字，故又稱商朝及此都為「殷」，後世載籍亦習稱「盤庚遷殷」，皆非商人自稱。甲骨文稱此都為「大邑商」、「天邑商」，猶商朝第一都之意。下為簡便起見，仍從《紀年》，稱此都邑為「殷」。

- 1277 年　盤庚十五年
    營新都殷邑。

- 1273 年　盤庚十九年
    命邠侯亞圉（周人首領）。

- 1264 年　盤庚二十八年
    是年盤庚卒。史稱其遷都之後行湯之政，百姓安寧，商道復興。

- 1263 年　小辛元年
    盤庚弟小辛（名頌）即位，居殷。

- 1261 年　小辛三年
    是年小辛卒。

- 1260 年　小乙元年
    小辛弟小乙（名斂）即位，居殷。

- 1255 年　小乙六年
    命世子武丁（名昭）居於河，學於甘盤。

- 1251 年 小乙十年

  是年小乙卒。

- 1250 年 武丁元年

  武丁即位，居殷。命卿士甘盤。

- 1248 年 武丁三年

  夢見傅說，訪求得之。相傳傅說原為傅岩地方從事版築的奴隸。

- 1245 年 武丁六年

  命卿士傅說。

  視學養老。

- 1239 年 武丁十二年

  報祀上甲微。按：上甲微名微，日名甲，為商王室甲宗先公先王的第一人，故稱「上甲」。他同時也是商代先公先王使用十干日名的第一人，甲骨文所見對先公先王的大合祭多以上甲為首。

- 1226 年 武丁二十五年

  王子孝己卒於野。按：孝己為祖庚、祖甲之兄，甲骨文稱為「祖己」，又稱「小王」。當是本為武丁長子，被確定為王位繼承人，後廢去，卒於民間。據甲骨文，其死後仍列入王室祀典。後世相傳「其母早死，高宗惑後妻言，放之而死」（《尸子》）。

- 1222 年 武丁二十九年

  肜祭太廟，有雉鳥飛來，落鼎耳而鳴。按：傳世《尚書》有《高宗肜日》篇反映其事，或說事在祖己生前。

- 1219 年 武丁三十二年

  伐鬼方，次於荊。按：此「荊」字或為「邢」字之誤。

- 1217 年 武丁三十四年

  商師克鬼方，氐、羌來賓。

- 1208 年 武丁四十三年

  商師滅大彭。

- 1201 年　武丁五十年

  征豕韋，克之。

- 1192 年　武丁五十九年

  是年武丁卒，後稱「高宗」。史稱其在位力行王道，不敢荒甯，安定天下，邦國無怨，商道復興。在位時甲骨文始盛。

- 1191 年　祖庚元年

  武丁子、祖己弟祖庚（名曜）即位，居殷。

  作《高宗之訓》。按：《尚書序》謂作《高宗之訓》者為祖己。

- 1181 年　祖庚十一年

  是年祖庚卒。

- 1180 年　祖甲元年

  祖庚弟祖甲（名載）即位，居殷。按：其名號或作「帝甲」。甲骨文所見商晚期諸王祀典，子稱父為「帝」。

- 1169 年　祖甲十二年

  征西戎，得一丹山。是年冬自西戎返。

- 1168 年　祖甲十三年

  西戎來賓。命邠侯組紺（周人首領）。

- 1157 年　祖甲二十四年

  重作《湯刑》。按：《左傳》昭公六年謂「商有亂政，而作《湯刑》」。

- 1154 年　祖甲二十七年

  命王子囂、王子良。按：相傳二人為雙胞胎。

- 1148 年　祖甲三十三年

  是年祖甲卒。史稱其舊在野，及即位，能保惠庶民，不侮鰥寡；至於晚年，繁刑而民離，商道復衰。

- 1147 年　廩辛元年

  祖甲子廩辛（名先）即位，居殷。按：其名號《紀年》作「馮辛」。

- 1144 年　廩辛四年

  是年廩辛卒。

- 1143 年　康丁元年

    廩辛弟康丁（名囂）即位，居殷。按：其名號甲骨文作「康丁」，《紀年》及其他載籍皆誤作「庚丁」。

- 1136 年　康丁八年

    是年康丁卒。

- 1135 年　武乙元年

    康丁子武乙（名瞿）即位，居殷。

    周人自邠遷於岐山之原（後世稱「岐周」或「周原」）。

- 1133 年　武乙三年

    自殷遷於河北。

    命周公亶父（周太王），賜以岐邑。

- 1121 年　武乙十五年

    自河北遷於沬邑。

- 1115 年　武乙二十一年

    周公亶父卒，其子季歷嗣位。

- 1112 年　武乙二十四年

    周師伐程，戰於畢，克之。

- 1106 年　武乙三十年

    周師伐義渠，獲其君以歸。

- 1102 年　武乙三十四年

    周王季歷朝商，商賜以地三十里、玉十瑴、馬十匹（一作八匹）。

- 1101 年　武乙三十五年

    周王季歷伐西落鬼戎，俘其二十狄王。

    武乙畋獵於黃河、渭水之間，被暴雷震死。

- 1100 年　文丁元年

    武乙子文丁（名托）即位，居殷。按：甲骨文稱其名號為「文武丁」，載籍作「太丁」（為長子者可稱「太」）。又按：武乙先後遷徙河北、沬邑事尚待證明。今本《紀年》注謂文丁復「自沬歸殷邑」。

- 1099 年　文丁二年
  周王季歷伐燕京之戎，敗績。

- 1098 年　文丁三年
  洹水一日三絕。

- 1097 年　文丁四年
  周王季歷伐余無之戎，克之。商命季歷為牧師。

- 1096 年　文丁五年
  周作程邑。

- 1094 年　文丁七年
  周王季歷伐始呼之戎，克之。

- 1090 年　文丁十一年
  周王季歷伐翳徒之戎，獲其三大夫，獻捷於商。

  文丁殺季曆。按：周原甲骨有「☒周方伯」之辭。今本《紀年》按語：「王嘉季歷之功，賜之圭瓚、秬鬯，九命為伯。既而執諸塞庫，季歷困而死，因謂文丁殺季歷。」

- 1089 年　文丁十二年　周文王元年
  周西伯昌（文王）嗣位為周人首領。按：載籍稱文王於是年受天命，有鳳集於岐山。

- 1088 年　文丁十三年　周文王二年
  是年文丁卒。

- 1087 年　帝乙元年　周文王三年
  文丁子帝乙（名羨）即位，居殷。

- 1085 年　帝乙三年　周文王五年
  帝乙命南仲西拒昆夷，城朔方。

  是年六月，周地震。按：《呂氏春秋・製樂》篇謂此次地震在周文王立國八年。

- 1079 年　帝乙九年　周文王十一年
  是年帝乙卒。按：據卜辭周祭譜，帝乙或是遜位於帝辛，非是在位九年卒。

- 1078 年　帝辛元年　周文王十二年
  帝乙子帝辛（名紂，又作受）即位，居殷。命九侯、周侯、邗侯。

- 1075 年　帝辛四年　周文王十五年
  紂王大蒐於黎。又作炮烙之刑。

- 1074 年　帝辛五年　周文王十六年
  是年夏，紂王築南單之台。
  亳雨土（疑為沙塵暴），天大曀。

- 1073 年　帝辛六年　周文王十七年
  西伯昌初禴於畢。

- 1070 年　帝辛九年　周文王二十年
  紂王遣師伐有蘇，獲妲己以歸。作瓊室，立玉門。

- 1069 年　帝辛十年　周文王二十一年
  夏六月，紂王畋獵於西郊。

- 1062 年　帝辛十七年　周文王二十八年
  西伯伐狄。
  冬，紂王游於淇上。

- 1058 年　帝辛二十一年　周文王三十二年
  諸侯朝周。
  商孤竹君之子伯夷、叔齊自孤竹歸於周。

- 1057 年　帝辛二十二年　周文王三十三年
  紂王大蒐於渭。

- 1056 年　帝辛二十三年　周文王三十四年
  紂王囚西伯於羑里（在今河南湯陰）。

《竹書紀年》與夏商周年代研究

- 1050 年　帝辛二十九年　周文王四十年
　　紂王釋西伯，諸侯迎之，歸於程。
- 1049 年　帝辛三十年　周文王四十一年
　　西伯率諸侯入貢於商。
- 1048 年　帝辛三十一年　周文王四十二年
　　西伯治兵於畢，得呂尚以為師。
- 1047 年　帝辛三十二年　周文王四十三年
　　有赤鳥集於周社。
　　密人侵阮，西伯率師伐密。
- 1046 年　帝辛三十三年　周文王四十四年
　　密人降於周師，文王遂遷於程。
　　是年紂王賜命西伯，使得專征伐。
- 1045 年　帝辛三十四年　周文王四十五年
　　周師取耆及邢，遂伐崇，崇人降。
　　冬，昆夷侵周。
- 1044 年　帝辛三十五年　周文王四十六年
　　周大饑。西伯自程遷於豐（在今陝西長安西南灃河西）。
- 1043 年　帝辛三十六年　周文王四十七年
　　諸侯朝於周，遂伐昆夷。
　　西伯使世子發（即周武王）營鎬（在今陝西長安韋曲西北）。
- 1040 年　帝辛三十九年　周文王五十年
　　商大夫辛甲出奔周。
　　周文王卒。史載葬於畢，地在豐西三十里。
- 1039 年　帝辛四十年　周武王元年
　　武王嗣西伯之位。相傳受丹書於呂尚。
- 1035 年　帝辛四十四年　周武王五年
　　西伯發伐黎。按：舊說伐黎者為文王。或與文王「取耆」為一事。

- 1032 年　帝辛四十七年　周武王八年
  　　商內史向摯出奔周。
- 1029 年　帝辛五十年　周武王十一年
  　　紂王囚箕子，殺王子比干，微子出奔。
  　　是年冬，周始伐商，至盟津會諸侯而還。
- 1028 年　帝辛五十一年　周武王十二年
  　　是年秋，周師次於鮮原。
  　　冬，武王率西夷諸侯伐商，渡盟津，次牧野。

西周

- 1027 年　帝辛五十二年　周武王十三年（建國元年）
  　　夏曆正月初一甲子，周師與商師大戰於牧野，商師倒戈，潰敗。
  　　武王親擒紂於南單之台。紂被殺（一說自焚死），商亡。
  　　武王即位，周王朝建立。釋箕子之囚，訪以政事。立紂王子武庚（字祿父），使續商祀。封微子於宋。
  　　四月，武王歸於豐，獻俘於太廟。
  　　大封諸侯。建管叔、蔡叔等於殷故地，使監殷人，武王遂巡狩於管。
- 1026 年　武王十四年（建國二年）
  　　是年武王病卒。弟周公（名旦）攝政。
- 1025 年　成王元年
  　　武王子成王（名誦）即位。周公以冢宰總百官，誥諸侯於皇門。
  　　武庚以殷叛，周公出居於東。
- 1024 年　成王二年
  　　奄人、徐人及淮夷入於邶以叛。
  　　周公伐殷。
- 1023 年　成王三年
  　　周師滅殷，殺武庚，遷殷民於衛。遂伐奄，滅蒲姑。

- 1022 年　成王四年
    周師伐淮夷，遂入奄。
- 1021 年　成王五年
    春，成王在奄，遷其君於蒲姑。
    夏，成王歸自奄，遷殷民於洛邑，遂營成周。
- 1018 年　成王八年
    春正月，相傳周公還政於成王，成王初涖阼親政。
    命魯侯禽父、齊侯伋。按：齊、魯兩國正式受封為諸侯當始此。
    遷庶殷（殷民六族）於魯。
    冬，周師滅唐，遷其民於杜。
- 1017 年　成王九年
    肅慎氏來朝，成王使榮伯賜肅慎氏命。
- 1016 年　成王十年
    命叔虞（成王弟）為唐侯。按：晉國初稱唐，受封始此。
    周公出居於豐。
- 1015 年　成王十一年
    成王如豐，命周平公（或說為周公旦子、伯禽弟君陳）治東都。
- 1014 年　成王十二年
    周師、燕師城韓。周賜韓侯命。
- 1013 年　成王十三年
    周師會齊侯、魯侯伐戎。
    夏六月，魯大禘於周公廟。按：疑周公即卒於是年或上年。葬於畢。
- 1008 年　成王十八年
    夏四月，成王卒。
- 1007 年　康王元年
    成王子康王（名釗）即位。命冢宰召康公總百官。
    諸侯朝於豐宮。

七、校訂《竹書紀年》夏商西周大事年表

- 1005 年　康王三年

  定樂歌。吉禘於先王。申戒農官，告於廟。

- 1002 年　康王六年

  齊太公呂尚卒。

- 999 年　康王九年

  唐侯燮父（叔虞子）遷於晉，作宮而美，康王使人讓之。按：晉國自此稱晉。

  魯公伯禽卒，子考公酋立。

- 996 年　康王十二年

  夏，康王如豐，賜畢公命。

  秋，毛懿公卒。

- 995 年　康王十三年

  魯考公卒，弟煬公熙立。

- 994 年　康王十四年

  魯煬公即位，築茅闕門。

- 992 年　康王十六年

  賜齊侯伋命。

  康王南巡狩，至九江廬山。

- 989 年　康王十九年

  魯煬公卒，子幽公宰立。

- 984 年　康王二十四年

  召康公卒。

- 982 年　康王二十六年

  秋九月，康王卒。

- 981 年　昭王元年

  康王子昭王（名瑕）即位。復設象魏。

- 976 年　昭王六年
  賜郇伯命。
  冬十二月，桃李華。

- 975 年　昭王七年
  魯幽公弟㵒兄自立，是為魏公。

- 966 年　昭王十六年
  昭王伐楚，涉漢，遇大兕。

- 963 年　昭王十九年
  祭公、辛伯從昭王伐楚。
  天大曀，雉兔皆震，周喪六師於漢，昭王死。

- 962 年　穆王元年
  昭王子穆王（名滿）即位。作昭宮（昭王廟）。命辛伯餘靡。
  冬十月，築祇宮於南鄭。

- 957 年　穆王六年
  徐子誕來朝，賜命為伯。

- 955 年　穆王八年
  北唐來賓，獻一驪馬，生綠耳。

- 954 年　穆王九年
  築春宮。

- 952 年　穆王十一年
  命卿士祭公謀父。

- 951 年　穆王十二年
  毛公班、井公利、逄公固率師從穆王伐犬戎。
  冬十月，穆王北巡狩，遂征犬戎。行流沙千里、積羽千里，取其五王以東，遂遷戎於太原。

- 950 年　穆王十三年
  春，祭公率師從穆王西征，次於陽紆，至於青鳥之所憩。

秋七月，西戎來賓。

徐戎侵洛。冬十月，造父御王，入於宗周。

- 949 年　穆王十四年

  穆王率楚子伐徐戎，克之。

  夏四月，畋獵於軍丘。

  五月，作范宮。

  秋九月，狄人侵畢。

  冬，蒐於萍澤，作虎牢（養虎之處）。

- 948 年　穆王十五年

  春正月，留賓氏來賓。

  作重璧之台。

  冬，穆王觀於鹽澤。

- 947 年　穆王十六年

  霍侯舊卒。

  命造父，封於趙。

- 946 年　穆王十七年

  穆王西征昆侖丘，見西王母。是年西王母來朝，賓於昭宮。

- 945 年　穆王十八年

  春正月，居祇宮，諸侯來朝。

- 942 年　穆王二十一年

  祭公謀父卒。

- 928 年　穆王三十五年

  荊人入徐，毛伯遷率師敗荊人於泲（濟）。

  作〈呂刑〉，命呂侯於豐。按：《尚書・呂刑》篇謂穆王「享國百年」，命呂侯（亦稱甫侯）修訂刑法，時稱〈呂刑〉（亦稱〈甫刑〉）。據古本《紀年》，此「享國百年」當是指周建國百年，今權且繫其事於是年。

《竹書紀年》與夏商周年代研究

- 926 年　穆王三十七年

    大起九師，東至於九江，架黿鼉為梁。遂伐越，至於紆。
    荊人來貢。

- 925 年　穆王三十八年

    魯魏公卒，子厲公擢立。

- 924 年　穆王三十九年

    會諸侯於塗山。
    是年穆王卒於祇宮。

- 923 年　共王元年

    穆王子共王（名繄扈）即位。

- 920 年　共王四年

    周師滅密。

- 915 年　共王九年

    使內史良賜毛伯遷命。

- 900 年　共王二十四年

    是年共王卒。

- 899 年　懿王元年

    共王子懿王（名堅）即位。天再旦於鄭。

- 893 年　懿王七年

    西戎侵鎬。

- 888 年　懿王十二年

    魯厲公卒，弟獻公具立。

- 887 年　懿王十三年

    狄人侵岐。

- 885 年　懿王十五年

    懿王自宗周遷於槐里。
    虢公率師北伐犬戎，敗逋。按：今本《紀年》記其事在懿王二十一年，繫年誤，今權且隸於此。

七、校訂《竹書紀年》夏商西周大事年表

- 882 年　懿王十八年

  是年懿王卒。史稱「懿王之時，興起無節，號令不時，挈壺氏不能共（供）其職，於是諸侯攜德」。

- 881 年　孝王元年

  共王弟孝王（名辟方）即位。命申侯伐西戎。

- 877 年　孝王五年

  西戎來獻馬。

- 875 年　孝王七年

  冬，大雨雹，牛馬死，江漢俱凍。

  是年厲王生。

- 874 年　孝王八年

  初牧於汧渭之間，使秦非子主之。

- 873 年　孝王九年

  是年孝王卒。

- 872 年　夷王元年

  懿王子夷王（名燮）即位。《史記・周本紀》：「孝王崩，諸侯復立懿王太子燮，是為夷王。」

- 871 年　夷王二年

  蜀人、呂人來獻瓊玉，賓於河，用介珪。

- 870 年　夷王三年

  夷王致諸侯，烹殺齊哀公於鼎。

- 867 年　夷王六年

  夷王獵於杜林，獲一犀牛歸。

- 866 年　夷王七年

  虢公率師伐太原之戎，至於俞泉，獲馬千匹。

  冬，雨雹，大如礪。

  楚子熊渠伐庸，至於鄂。

- 865 年　夷王八年

  夷王有疾，諸侯祈於山川。

  是年夷王以病退位。史稱「夷王衰弱，荒服不朝」。按：今本《紀年》於夷王八年記事下書「王陟」。依筆者所考，疑其時夷王尚未病卒，又歷 11 年始去世。或古本《紀年》於夷王紀年之末原載「十九年，王陟」。此 11 年為厲王初立階段，至夷王去世，厲王始正式即位。以下按實編列，仍以此 11 年併入厲王的正式紀年。

- 864 年　厲王元年

  夷王子厲王（名胡）初立。時年十二歲。

- 856 年　厲王九年

  魯獻公卒，子真公濞立。

- 854 年　厲王十一年

  疑夷王卒於是年。

- 853 年　厲王十二年

  是年厲王正式即位。作夷宮（夷王廟），命卿士榮夷公落。按：《紀年》以此年為厲王元年。

  楚人來獻龜貝。

- 851 年　厲王十四年

  淮夷侵洛，厲王命虢公長父征之，不克。按：此從《紀年》。據金文，其事或始於前一年。

  齊獻公山卒。

- 848 年　厲王十七年

  楚子熊延卒。

- 846 年　厲王十九年

  厲王暴虐，是年初以衛巫監謗。

  周大夫芮良夫（芮伯）戒百官於朝。

- 843 年　厲王二十二年

  西戎入於犬丘。

七、校訂《竹書紀年》夏商西周大事年表

- 842 年　厲王二十三年

  國人暴動，厲王出奔彘。國人圍王宮，執召穆公之子殺之。按：是年當魯真公十五年、齊武公九年、衛釐侯十三年、秦仲三年、楚熊勇六年。

- 841 年　厲王二十四年（共和元年）

  厲王在彘，共伯和攝行天子事。按：是年即後世所稱共和元年，但「共和」本非年號，當時王室仍行用厲王紀年。這裡為合於後世習慣，仍括注共和年份。

- 840 年　厲王二十五年（共和二年）

  玁狁侵宗周西鄙。

  召穆公率師追荊蠻，至於洛。

- 838 年　厲王二十七年（共和四年）

  蔡武侯卒。

  楚子熊勇卒。

- 835 年　厲王三十年（共和七年）

  曹夷伯卒。

- 832 年　厲王三十三年（共和十年）

  大旱。

  陳幽公卒。按：此從《紀年》，與《史記·十二諸侯年表》同。《史記·陳杞世家》所記有舛互。

- 831 年　厲王三十四年（共和十一年）

  大旱。

  宋僖公卒。

- 830 年　厲王三十五年（共和十二年）

  大旱。

  杞武公卒。按：此從《紀年》，《史記·陳杞世家》所載與此不合。

- 829 年　厲王三十六年（共和十三年）

  大旱。

楚子熊嚴卒。按：此從《紀年》，與《史記‧十二諸侯年表》同。依《史記‧楚世家》，熊嚴卒於共和十四年。

- 828 年　厲王三十七年（共和十四年）

  大旱。

  厲王卒於彘，周定公、召穆公立太子靖為王，是為宣王。

  共伯和歸其國，遂大雨。今本《紀年》按語：「大旱既久，廬舍俱焚。會汾王（即厲王）崩，卜于大陽，兆曰『厲王為祟』。周公、召公乃立太子靖，共和遂歸國。和有至德，尊之不喜，廢之不怒，逍遙得志於共山之首。」

- 827 年　宣王元年

  宣王即位，周定公、召穆公輔政。

  復田賦，作戎車。

  燕惠侯卒。

- 826 年　宣王二年

  賜太師皇父、司馬休父命。

  魯真公卒，弟武公敖立。

  曹公子蘇 其君幽伯彊。

- 825 年　宣王三年

  命大夫仲（秦仲）伐西戎。

  齊武公壽卒。

- 824 年　宣王四年

  命蹶父如韓，韓侯來朝。

- 823 年　宣王五年

  夏六月，尹吉甫率師伐玁狁，至於太原。

  秋八月，方叔率師伐荊蠻。

- 822 年　宣王六年

  召穆公率師伐淮夷。

  宣王率師伐徐戎，皇父、休父從，次於淮。

宣王歸自伐徐，賜召穆公命。

西戎殺秦仲。

楚子熊霜卒。

- 821 年　宣王七年

  賜申伯命。

  命樊侯仲山甫城齊。

- 820 年　宣王八年

  初考室（初成宮廟）。

  魯武公來朝，賜魯世子戲命。按：此從《紀年》。《史記‧魯世家》載武公朝周在宣王十一年。

- 819 年　宣王九年

  會諸侯於東都，遂狩於甫。

- 816 年　宣王十二年

  魯武公卒，世子戲立，是為懿公。

  齊人 其君厲公無忌，立公子赤，是為文公。

- 813 年　宣王十五年

  賜虢文公命。

  衛釐侯卒。

- 812 年　宣王十六年

  晉遷於絳。按：是年晉獻侯卒，穆侯初立，自曲沃徙都絳。

- 810 年　宣王十八年

  蔡夷侯卒。

- 807 年　宣王二十一年

  魯公子伯御 懿公自立。按：《史記‧魯世家》載伯御為懿公兄括之子。一說伯御即括。

- 806 年　宣王二十二年

  賜王子多父命，居洛。按：多父名友，為周厲王少子。

- 804 年　宣王二十四年
    齊文公赤卒。

- 803 年　宣王二十五年
    大旱,宣王禱於郊廟,遂雨。

- 801 年　宣王二十七年
    宋惠公卒。

- 800 年　宣王二十八年
    楚子熊卒。

- 799 年　宣王二十九年
    初不藉千畝。

- 798 年　宣王三十年
    有兔舞於鎬京。

- 796 年　宣王三十二年
    宣王伐魯,殺伯御。
    命魯孝公稱於夷宮。
    陳僖公孝卒。
    有馬化為人。

- 795 年　宣王三十三年
    周師伐太原之戎,不克。
    齊成公脫卒。

- 791 年　宣王三十七年
    燕僖侯卒。
    楚子熊鄂卒。

- 790 年　宣王三十八年
    周師及晉穆侯伐條戎、奔戎,周師敗逋。

- 789 年　宣王三十九年
    周師伐姜戎,戰於千畝,周師敗逋。

- 788 年　宣王四十年
  料民於太原。
  戎人滅姜邑。
  晉人敗北戎於汾隰。

- 787 年　宣王四十一年
  周師敗戎於申。按：今本《紀年》作「周師敗于申」，無「戎」字。《後漢書・西羌傳》引古本《紀年》作「王征申戎，破之」，今權且據以補「戎」字。

- 785 年　宣王四十三年
  宣王殺大夫杜伯，其子隰叔出奔晉。
  晉穆侯費生卒，弟殤叔自立，穆侯世子仇出奔。

- 784 年　宣王四十四年
  晉殤叔元年。按：《紀年》用晉國紀年自此始。

- 782 年　宣王四十六年
  是年宣王卒。

- 781 年　幽王元年
  宣王子幽王（名涅）即位。賜太師尹氏、皇父命。
  晉世子仇歸於晉，殺殤叔。晉人立仇，是為文侯。

- 780 年　幽王二年
  涇、渭、河、洛竭，岐山崩。
  初增賦。
  晉文侯同王子多父伐鄶，克之。多父乃居鄭父之丘，是為鄭桓公。

- 779 年　幽王三年
  幽王嬖愛褒姒。
  冬，大震電。

- 778 年　幽王四年
  秦人伐西戎。
  夏六月，隕霜。
  陳夷公卒。

- 777 年　幽王五年

    幽王世子宜臼出奔申。

    皇父作都（邑）於向。

- 776 年　幽王六年

    命伯士率師伐六濟之戎，周師敗逋。

    西戎滅蓋。按：《後漢書・西羌傳》作「戎圍犬丘」，王國維《疏證》以為「蓋」字乃「犬丘」合文之訛。

    冬十月辛卯朔，日有食之。

- 775 年　幽王七年

    虢人滅焦。

- 774 年　幽王八年

    賜司徒鄭伯多父命。

    立褒姒之子伯般（載籍作伯服），以為太子。

- 773 年　幽王九年

    申侯聘西戎及鄫。

- 772 年　幽王十年

    春，幽王及諸侯盟於太室。

    秋九月，桃杏實。

    周師伐申。

- 771 年　幽王十一年

    正月，日暈。

    申人、鄫人及犬戎入宗周，弒幽王及鄭桓公。犬戎殺王子伯般，執褒姒以歸。西周亡。

    申侯、魯侯、許男、鄭子立幽王世子宜臼於申，是為平王。虢公翰立王子余臣於攜，時稱攜王。按：次年平王東遷洛邑，為東周之始。平王十一年（晉文侯二十一年，前 760），攜王為晉文侯所殺。

附錄一

利簋銘文新釋

1976 年在陝西臨潼出土的利簋,到目前為止,仍是已知西周最早的有銘文銅器。其銘文共有如下三十二字:

珷(武王)征商隹(唯)甲子
朝歲鼎克聞
夙又(有)商辛未
王才(在)闌𠂤(師)
易(錫)又(有)事(司)利金用
乍(作)𣪘(檀)公寶尊彝

此銘直接涉及武王克商的重大史實,歷來受到高度重視。然學者的訓釋至今尚分歧無定,故此再就有關資料略加檢討,試提出一種新解釋。

一、關於「歲鼎」

利簋銘文的史料價值主要在前十四字,本文亦只講這十四字。以往各家訓釋的問題點,集中於「歲鼎克聞夙有商」七字,而尤以「歲鼎」二字聚訟最多。較有代表性的看法可以舉出下列幾種:

1. 唐蘭先生對「鼎」上一字不釋「歲」,而釋為「戉」,通「越」,以為「越鼎」即「奪鼎」,指奪取政權。[1]
2. 釋「歲」字為歲星,「鼎」訓「當」,以為「歲鼎」指「歲星正當其位」。此說由于省吾先生提出,[2] 但未堅持;張政烺先生有細緻的申

---

[1] 唐蘭,〈西周時代最早的一件銅器利簋銘文解釋〉,《文物》,1977 年第 8 期。
[2] 于省吾,〈利簋銘文考釋〉,《文物》,1977 年第 8 期。

論,並謂「克昏夙有商」指「一夜就得以佔有商國」。[3]近年夏商周斷代工程採用此說,同時別存一種解釋,以為「歲鼎」當講為「歲星上中天」。[4]

3．釋「歲」字為歲祭,「鼎」訓「貞」,即貞問。許倬雲先生同意此說,以為「歲釋祭名無疑,不能作為祭的對象」,又謂「武王伐商,奉文王的木主以征,……戰事前以用戈殺牲的歲祭來致禱,也是可能的」。[5]

4．楊寬先生釋「歲」字通「劌」,訓殺傷;「鼎」通「丁」,義為「當」;以為「歲鼎克」三字應連讀,意謂「衝殺後當即得勝」;又謂「夙有商」指「快速佔有商邑」。[6]

這幾種看法,以「歲祭」與「歲星」說影響較大,而近年尤其流行「歲星」說。此二說訓「鼎」字不同,有衝突。張政烺先生認為「古人迷信,像征商這樣大事,卜筮在所不免」;但在甲子朝,已陳師牧野,「殷商之旅,其會如林」,「周武王面對強大敵人,只能決戰,不容遲疑,當無再卜問鬼神的餘地,而文義絕非倒述興師前的預卜,可見此鼎字不作貞卜講」。楊寬先生則以為「歲鼎」事敘述在「甲子朝」之後,若釋「歲」字為歲星或歲祭,皆「未免文理難通」。

「歲祭」說的難處,首先在於與甲骨文、金文的辭例不合。甲骨文中用作祭名的「歲」字下,多接牲類、牲數或以「於」字介出祭祀對象之稱,如「歲二牛」、「歲於上甲」之類,且皆為貞卜內容,而絕無以貞卜之「貞」字置於「歲」字之後者。若謂利簋銘文的「歲鼎」為特例,而講「鼎」字為貞問,則其下「克聞夙有商」便成卜疑的內容。持此說者釋讀「聞」字為「昏」,以為指黃昏時候,如此則原文當

---

[3] 張政烺,〈利簋釋文〉,《考古》,1978 第 1 期。收入氏著,《張政烺文史論集》,頁 464-466。
[4] 夏商周斷代工程專家組,《報告(簡本)》,頁 44-45。
[5] 許倬雲,《西周史》,頁 98。
[6] 楊寬,《西周史》,頁 500。

點作:「甲子朝,歲,鼎(貞):克,昏夙又(有)商?」然金文中所見的賞賜冊命文字皆為已有事實之陳述,又斷不可能使用此類疑問句式。若說此所記錄的只是占卜結果,金文中亦絕無此類事例。

持「歲星」說者,多以「歲鼎」與《國語‧周語下》所記伶州鳩語中的「昔武王伐殷,歲在鶉火」相比照,以為「歲鼎」亦應是指星象,似乎有所依據。然據筆者考察,《國語》所記伶州鳩語問題極多,很難與利簋銘文相印證(詳附錄二)。

聯繫「甲子朝」及下文「夙」字來看,我們以為「歲鼎」二字仍當是時間用語,而不當作其他理解。學者多謂此「鼎」字用作「貞」,訓「正」,這在文字訓詁上是沒有問題的,故「歲貞」可讀為「歲正」。假如這個「歲正」確為時間用語,那麼「歲」字即可講為年歲之歲,而不必轉借為他字;如是,則「正」字亦可順承「歲」字來講,視為表時日之詞,而不能視為狀態詞。所以由文意斟酌,我們判斷這個「歲正」實指商人的正月初一(夏正),亦即歲旦,蓋為當時成語;在文法上,則「歲正」以名詞用為時間副詞,實為「甲子」之日的說明語。《大戴禮‧夏小正》云:「初歲祭耒,始用暘。……其曰初云爾者,言是月始用之也。初者,始也。」[7]以「初歲」繫於正月下,可與「歲正」對看。《周禮》中凡五見「正歲」一詞,鄭玄於〈小宰〉注云:「正歲,謂夏之正月。」又於〈大司徒〉注云:「正歲,夏正月朔日。」[8]後者尤可證「歲正」為正月初一,「正歲」可視為「歲正」之倒語。《周禮》中還屢見「正月之吉」、「孟月吉日」、「月吉」等詞,鄭玄皆以「朔日」解之。《後漢書‧周磐傳》云:「歲朝會集諸生,講論終日。」李賢注:「歲朝,歲旦。」[9]此當即古語之孑遺,又可與「朝歲正」對讀。

---

[7] 〔清〕王聘珍,《大戴禮記解詁》(北京:中華書局,1983),頁 26。
[8] 〔唐〕賈公彥等,《周禮注疏》(《十三經注疏》上冊),頁 655、709。
[9] 《後漢書》卷 69,頁 159。按:此處注文的「歲旦」二字,武英殿本誤刻為「歲日」,《四庫全書》本作「歲旦」。

甲骨文中已常見「正月」之稱，與「一月」並用，而「正」字單用多指禎祥。「正月」之稱可能實起於以歲首之月的第一日為「正」（禎祥）的風俗，因為這一天是全年的第一個吉日，故稱「歲正」，或久而即以此月為「正月」。

「歲正」一詞，在金文中尚未見於其他銅器，但金文中的時日同位語是極普遍的。如「正月初吉丁亥」之類，倘若「初吉」是指特定的某一日，那麼它與「丁亥」便形成同位語的結構。「月相詞語＋日干支」的結構，與「初吉＋日干支」相類，只是「初吉」是不是月相詞語，月相詞語是不是定點，目前都還不能確定；而即使不能確定，此類用法也多少帶有同位語的性質。利簋銘文中的「甲子朝歲正」，若不計「朝」字，「甲子」和「歲正」是可以顛倒位置的，亦即既可說「甲子歲正」，也可說「歲正甲子」。若說「歲正甲子」，那麼在文法上就與「初吉丁亥」之類無異了。

要確切地瞭解「歲正」概念的此種意義，還須對「甲子朝」的具體涵義有恰當的領會。

二、關於「朝」字

各家解釋利簋銘文，都講「甲子朝」為甲子日的清晨，以為這是不言自明的。實則這個「朝」字別有意義，並非是指清晨。這點對理解利簋銘文甚為緊要，過去忽略於此，未免是個疏失。

「朝」字在西周金文與古文獻中有特殊用法。如下列各例：

(1) 唯十月月吉癸未，明公朝至于成周。（令方彝）
(2) 時甲子昧爽，王朝至于商郊牧野。（《尚書・牧誓》）
(3) 唯二月既望，越六日乙未，王朝步自周，則至于豐。（《尚書・召誥》）

（4）粵若來三月，惟丙午朏，越三日戊申，太保朝至于洛。
　　　（同上）
（5）若翼日乙卯，周公朝至于洛。（同上）
（6）越七日甲子，周公乃朝用書。（同上）
（7）予惟乙卯朝至于洛師。（《尚書・洛誥》）
（8）越若來二月既死魄，越五日甲子朝至，接于商。（《逸周
　　　書・世俘》）
（9）時四月既旁生魄，越六日庚戌，武王朝至，燎于周。（同
　　　上）
（10）肆伐大商，會朝清明。（《詩・大明》）
（11）會朝爭盟，何踐吾期？（《楚辭・天問》）
（12）朝要甲子之期而紂為禽。（《呂氏春秋・貴因》）

這些「朝」字，前人基本上都講為清晨、清早或早，未見得愜當。僅按詞性而言，上舉諸例大致可分為兩類，這裡權且稱為甲類和乙類。甲類包括例（1）—（9），皆用作副詞；乙類包括例（10）—（12），皆用作名詞。乙類的意義較為明顯，「朝」字均指約期。例（11）以「會朝」與「踐期」相對，蓋「會朝」猶言「會期」，「會朝爭盟」即踐會約期而爭相參與盟誓之意；例（12）以「朝」與「甲子之期」相對，而「要」字之義即約，「朝要甲子之期」猶言會戰的日期約定在甲子這一天。此二例都以「朝」、「期」為互文，只不過前者是指武王伐紂傳說中的盟津之會，後者則指克商的日期。例（10）的「會朝清明」，疑與例（11）的「會朝爭盟」同意，「清」或為「請」字之訛，「明」讀作「盟」；若此例的「朝」和「清明」都講為清晨，則詞義重複，且失去「會期」的意義（「清」字可能即因誤解「朝」字和「明」字而訛）。古人稱一日為「一朝」，以「朝」字代指日期容易理解，用為動詞則即指會期。

甲類多以「朝至」連言，蓋為周人熟語，尤當仔細辨析。陳夢家先生知此類「朝」字講為清早不愜，故舉出上引（2）、（4）、（5）、

(7) 四例,別出見解,以為「朝至」當講為「東至」:

> 凡此洛、洛師、牧並成周由西土的周說來,都屬於東國,所以朝至也者謂東至。金文朝字一旁象日出草中,一旁象水潮之形。日出東方為朝,故朝有東義;《考工記》匠人建國「以正朝夕」,《正義》以為「言朝夕即東西也」,《爾雅・釋山》「山東曰朝陽」。[10]

以此說解釋上引甲類句例,大部分可以講通;然例(9)的「武王朝至,燎于周」,實指武王自東國之地西至於周,與陳先生所解釋的「東至」不合。我們的看法是,「朝」字的本義指早晨,在用為泛指的時間名詞或副詞後,已轉義為初、始或先。《荀子・禮論》有「月朝卜日,月夕卜宅」之文,楊倞注:「月朝,月初也;月夕,月末也。」[11]劉向《洪範五行傳》有「日之朝」、「月之朝」、「歲之朝」諸語,注謂「自平旦至食時為日之朝」、「上旬為月之朝」、「自正月盡四月(疑當作三月)為歲之朝」。又《文選・東都賦》「夏正三朝」薛注:「三朝,歲、月、日朝。」[12]這類「朝」字都已轉義為初,「歲、月、日朝」猶言歲之初季、月之初旬、日之初段。以此解釋上舉甲類句例,則無一不能通順。如例(3)的「王朝步自周」,可釋為王初行於周或始發於周;例(6)的「朝用書」,可釋為初用書或始用書。其餘諸例的「朝至」,則可釋為初至或始至,言某日「朝至」即指某日到達;若謂「朝至」都是指清晨到達,則不合情理。「朝」、「初」古音同屬宵部,可以相通。《史記・伯夷列傳》索隱引傳說,謂「夷、齊之父名初,字子朝」,[13]質諸古人名、字相應之例,此恰可證古「朝」字有「初」義。

---

[10] 陳夢家,《西周銅器斷代》,頁39。
[11] 〔清〕王先謙,《荀子集解》(《諸子集成》第2冊),頁240。
[12] 參見〔清〕阮元,《經籍籑詁》(成都:成都古籍書店,1982)上冊,頁250。
[13] 《史記》卷61,頁245。

明白了古「朝」字的這一用法，即可引出對利簋銘文的新解釋。甲骨文中的紀時詞語，「朝」指「旦」（天亮）至「大食」（早飯）之間的時段，「旦」之前稱「昧爽」（天朦朦亮），「昧爽」之前稱「夙」，「夙」指前夜的最後一段。[14] 依此種紀時法，若用「朝」字而不用「旦」字，便應以夙－昧爽－朝為序。利簋銘文有「夙」字，顯然是紀時詞語；而原文稱「甲子朝歲鼎，克聞，夙有商」，「朝」居前而「夙」居後，假如以「朝」字指早晨，則顯然與紀時的順序不侔。《尚書‧牧誓》只稱「甲子昧爽」，「昧爽」也可說是「夙」時的末段。所以我們認為，利簋銘文的「朝」字仍當理解為「初」，雖為時間副詞，而不是紀時詞語。「甲子朝歲鼎」五字當連讀，猶言「甲子初歲正」，意謂正當甲子歲旦這一天，或曰甲子日剛好是歲旦。如此乃文意貫通，全無齟齬。《逸周書》謂「甲子朝至，接于商」，意指周人於甲子這天剛剛到達牧野之地，就已與商人接戰，「朝」亦為「至」之狀語，而不是指早晨。

三、關於「甲子」的日期

　　利簋銘文的出土，無可置疑地證實了傳世文獻所記載的武王克商在甲子日是正確的。然本文即以此「甲子」之日為歲旦，因現在已難以找到直接的證據，或不免令人生疑。不過這點仍可由傳世古曆法資料作些推導。

　　商、周曆法的真實情況，如今已無法搞清。過去劉朝陽等先生曾主張商代曆法實行的是「一甲十癸」之制，後來學者多不之信，然此說未見得可以輕易否定（詳見附錄三）。假如商周之際仍行用傳統的夏曆，並確曾實行過以祀曆與農曆合一的「一甲十癸」之制，那麼其

---

[14] 參見常玉芝，〈百年來的商殷曆法研究〉，收入王宇信、宋鎮豪主編，《紀念殷墟甲骨文發現一百周年國際學術研討會論文集》，頁41-42。

時每年都以甲子之日為歲旦就完全有可能。《甲骨文合集》著錄的第24440版，有「月一正曰食麥」之文，卜辭學者多謂指正月嘗新麥。若依此說，因北方地區嘗新麥當在夏曆五月，則殷曆的正月相當於夏曆的五月，殷正當建午而非建丑。但這有可能是一種誤解。我們很懷疑「月一正」其實是指夏曆的正月一日，「月一」即一月，「正」即一日。因為這一天要吃麵食，故稱「食麥」，而這正是中國幾千年流傳下來的固有傳統。此版為一干支表，在「月一正曰食麥」六字下即刻一月份的日干支，始於甲子，終於癸巳；下接「二月父秘」（「父秘」二字的隸定和考釋尚無定說），然後刻二月份的日干支，始於甲午，終於癸（亥）。兩月皆為30天，合於所謂「一甲十癸」之制，亦可作為甲子日即夏曆正月初一的佐證。

　　武王征商的曆日，後人純按周正建子的朔望月體制編排，甲子之日的月份定位及所對應的月相必與周初夏曆不同。《逸周書・世俘》篇謂「來二月既死魄，越五日甲子」，可能實以「二月既死魄」為周正二月的末段，而以甲子日為周正的三月一日，以當夏正的正月一日；《世經》所錄《尚書・武成》篇的逸文，謂「來三月既死霸，粵五日甲子」，「三月」可能是「二月」之訛（王引之《經義述聞》卷4有此說），大概由於傳抄者誤認為甲子日即三月五日而擅改。實際上，「一甲十癸」制下的月相所對應的日期段落是不固定的，與朔望月體制下的月相所對應的日期段落相對固定的情況完全不同，後人若以舊有的月相及其所對應的日期記錄改按時下的新曆推排，則必致鑿枘不入。現存〈武成〉、〈世俘〉篇中的武王征商曆日之所以前後參差，無論如何變通都推不攏，想來根本原因即在此。《世經》全由西漢《三統曆》推排，而定武王克商的甲子日為二月五日，又添置閏二月，更非周初實有的曆日，尤不可較真。大概在春秋戰國以前，此甲子之日本為夏曆的正月初一還是人人皆知的事實，因此史不絕書，而後來這一事實逐漸湮沒不彰，就連曆法學者也竟不能知其所以然了。

附錄一

四、關於「克聞」

最後需要解釋的是「克聞夙有商」五字的意義，其中的關鍵是「聞」字。

「聞」字的隸釋有甲骨文為依據，當不誤。此字在銘文中不能作本字解，這是顯然的；但以為此字通「昏」，用作紀時詞語，亦大可商量。以「昏夙」連言看似順理成章，而用在利簋銘文中實屬費解。張政烺先生謂「昏夙是從初昏到黎明前，指一個夜晚」，[15] 若果然如此，便與「甲子」指稱白晝之日的常規意識不合。卜辭中的「昏」字指暮時，所指並不延伸到夜間，更不是指一整夜。所以「甲子」之日至多從昧爽時算起，並不能包括此前的夜晚時段；即使如有的學者所說，商人的一日從夜半算起，也涉及不到前一日的昏時。楊寬先生以「朝」、「昏」相對，以為指牧野之戰從早到晚的一整天，此從情理上可通；然以「歲鼎克」連讀已成問題，又別講「夙」字為快速，恐怕與訓詁及事實皆難相契。滅商之役可以是一整天，但此役商人倒戈，周人未必是到黃昏時才得以佔領商城。若將此「昏」字與《逸周書‧世俘》篇的「時甲子夕，商王紂取天智玉琰五，環身厚以自焚」聯繫起來，[16] 也講不順，因為「昏」若指「甲子夕」，則與「夙」字連用當言「夙夕」，而不當言「昏夙」。這些都與「朝歲鼎」的考釋有關，此三字講不通，則以「聞」字通「昏」亦難通。

今按古今載籍，凡言周人滅商事，最常見的是以「克商」、「克殷」為言，例不勝舉。毫無疑問，此本為周人慣用語，故利簋銘文的「克聞」亦當循此作解，且為現今所見此類用語的最早實例。成王時的小臣單觶銘文，有「王後坚克商」之語，照陳夢家先生的看法，係指周

---

[15] 張政烺，《張政烺文史論集》，頁 466。
[16] 《逸周書》，頁 29。

初第二次「克商」(平定武庚之叛)，[17] 則正可與利簋的「克聞」之語相參證。所以照我們的意見，此「聞」字當借釋為「衣」或「殷」，為「克」字的賓語，實指商人。自郭沫若先生發明「衣即殷城」之後，[18] 學者皆知商人原不自稱「殷」，稱「殷」出於周人的習慣，且在早於書面語中亦只寫作「衣」而不寫作「殷」，周原甲骨 H11：1 即稱商王為「衣王」。商人本出於東夷，在據有中原之後，夷人廣布各地，故居處西土的周人率稱商人為夷人。用作族稱的「夷」字在甲骨文中本寫作「尸」，因「尸」字與「人」字易混，故有時在「尸」字之外包加「衣」形作為聲符而寫作「衷」，「尸」(夷)、「衷」、「衣」、「殷」皆一聲之轉。周人稱夷人為「衣」即由此而來，實是「衷」字脫落了「尸」之本字而只剩了聲符。以「殷」字專指商人較晚起(大約不早於周初成、康之際)，繼後「殷」字流行，「衣」的稱呼遂廢；但西周金文中稱四方夷人仍用「尸」字，大概直到西周末至春秋初才逐漸改用「夷」字。《尚書‧武成》篇的「一戎衣，天下大定」，「衣」字即當讀作「夷」，句意實指周武王統一了西戎東夷各部，而自偽孔傳及鄭玄解釋為「殺兵殷」之後，種種附會之說都不足據。[19] 依此解釋利簋銘文，「克聞」之「聞」釋為「殷」順理成章，「聞」(殷)指商人的東夷身份，「夙有商」的「商」字則指商都。「聞」、「殷」二字古音皆屬文部，自可通假；「衣」屬微部，而微、文二部亦可陰陽對轉。

---

[17] 陳夢家先生釋「叀」字為屈、詘、絀、黜諸字之假借，以為「絀克商」即成王克武庚之叛。見氏著，《西周銅器斷代》，頁 10。
[18] 見郭沫若，《卜辭通纂》，《郭沫若全集 考古編第 2 卷》(北京：科學出版社，1982)，頁 496、503。
[19] 詳見拙作，〈殷名號起源考〉，《殷都學刊》，2001 年第 2 期。又見《人大複印資料‧中國文化分冊》，2001 年第 9 期。

附錄一

五、結語

根據本文所考，現在可以對利簋銘文的前十四字作一總結。此十四字當標點為：

武王征商，唯甲子朝歲貞（正），克聞（殷），夙有商。

意為：武王征伐商國，在甲子歲旦這天打敗殷人，一大早就佔領了商城。看來周人滅商，是乘商人過大年之機，以長途奔襲的戰術閃擊成功的。商人無備，鬥志鬆懈，故一觸即潰，當天即滅國。由此可以考見好多問題。如《史記·周本紀》記載周人於當年十二月由盟津渡過黃河，至二月甲子昧爽才到達商郊牧野。實則周人既取突襲之策，決不會行軍這麼久，從盟津到商都頂多不過十天左右，即使從周人始發兵算起，大約也不過個把月。同篇又載武王伐紂，「諸侯兵會者車四千乘」，「紂聞武王來，亦發兵七十萬人距（拒）武王」。這說法對雙方的兵力當都有誇大。他書或說武王用於牧野之戰的兵力只有戎車三百輛、虎賁三千人，可能接近於實際。蓋周人先以精銳突擊，數千甲士即足使商人兵敗如山倒。商人倉促起兵接敵，很可能只有守城的幾萬人（或可達到七萬人左右），其結果可想而知。商末連年征伐東夷，國力大耗，大概當周人伐商時，商朝的兵力也還多在東方。周人正是利用了這一點，才聯合西部諸侯，一舉滅商。利簋銘文原是很直白的，而以「歲鼎」二字記錄了甲子日為歲旦的事實，是其最可貴之處。如今若不能看破這一點，便使銘文的價值大打折扣。至於以「歲鼎」與歲祭、歲星等扯上關係，反而使銘文的解釋變得複雜化，更無法說清楚了。

（原載《山東大學學報》2010年第2期）

附錄二

《國語・周語下》伶州鳩語中的天象資料辨偽

　　《國語・周語下》載有春秋末年周景王時樂官伶州鳩的幾段話，涉及商、周之際的重大事件——牧野之戰前的一系列天象，以往多被用為推求武王克商年的重要依據，近年暫時結項的夏商周斷代工程亦如此。我們以為這一資料是不可靠的，有必要再加考辨。

　　〈周語〉所記載的伶州鳩之事語，大要分為兩端。先是，景王二十三年（前522）將鑄大鐘，單穆公極諫「不可」，景王又問於伶州鳩。伶州鳩雖以「臣之守官弗及」為推托，而也講了「政象樂，樂從和，和從平」等道理，然後作結語說：「若夫匱財用，罷（疲）民力，以逞淫心，聽之不和，比之不度，無益於教，而離民怒神，非臣之所聞也。」他的意見和單穆公是一致的，即認為破壞舊有的用樂制度而造大鐘，不但浪費國財，有失民心，而且所造大鐘也不一定能夠諧和音律。景王不聽，卒鑄大鐘。次年鐘成，「伶人告和」，伶州鳩仍說「未可知也」。又次年景王崩，鐘律果然不諧和。

　　本來，故事至此已相當完整，無須再贅說什麼。但是〈周語〉於此下忽然又出以「王將鑄無射，問律於伶州鳩」一事。所記伶州鳩語皆是有關樂律問題的答對，其中涉及武王伐殷天象的最緊要的一段如下：

> 昔武王伐殷，歲在鶉火，月在天駟，日在析木之津，辰在斗柄，星在天黿。星與日、辰之位皆在北維，顓頊之所建也，帝嚳受之。我姬氏出自天黿，及析木者，有建星及牽牛焉，則我皇妣大姜之姪、伯陵之後逢公之所憑神也。歲之所在，則我有周之分野也。月之所在，辰馬農祥也，我太祖後稷之所經緯也。王欲合是五位三所而用之，自鶉及駟七列也，南

北之揆七同也。凡人神以數合之，以聲昭之，數合聲和，然後可同也。故以七同其數，而以律和其聲，於是乎有七律。[1]

這一類的話語，在當時大概還是很好懂的，而現在讀起來已有如「天書」。文中的幾個概念，依韋昭注：「五位」指歲、月、日、星、辰；「三所」指逢公所憑神、周分野所在、后稷所經緯；「七列」指從十二次的鶉火到天駟所在天區的張、翼、軫、角、亢、氐、房七宿；「七同」指歲在鶉火到星在天黿的各次，即十二次中的鶉火、鶉尾、壽星、大火、析木、星紀、玄枵七次，按地支編排也就是午、未、申、酉、戌、亥、子七次。不過對「七同」似乎也可作另外的解釋，即張、翼、軫三宿屬於南方，斗、牛二宿及建星屬於北方，南北之間正好隔著東方的角、氐、亢、房、心、尾、箕七宿。此即所謂「南北之揆」，「揆」當通「暌」，義為隔。「同」的概念大概是指配合而言的，[2] 在此則指東方各宿配合南北各宿。伶州鳩的話大意是說，「七」是天數，也就是自然之數，這種自然之數的規律形之於聲即有七音，只有七音諧和才可稱是天人相應。七音的諧和要靠律來調節，故有十二律，按七音而言也可稱為「七律」。

李學勤先生論伶州鳩語，指出：「自西漢劉歆作《世經》以來，歷代學者多引為考論武王伐紂年代的依據。近年有些作品表示懷疑，以為伶州鳩杜撰或後人偽作，但未能提出確鑿理由。」李先生認為「歲在鶉火」一段話「是〈周語下〉原文，不可能為後世竄入」，「周朝樂官世代相傳著一套與武王伐紂事蹟有關的樂律及占候的理論，其起源很可能早到周初」，「伶州鳩家世任樂官，武王時天象應為其先祖所傳述」。[3] 這一結論同樣不好說已有「確鑿理由」。現在仔細審查伶州鳩語，

---

[1] 《國語》卷 3，頁 41-42。
[2] 可參《周禮‧大司樂》「六律六同」鄭玄注及賈公彥疏（頁 794）。鄭注謂「六律合陽聲者也，六同合陰聲者也」，則「同」即「合」，猶言配合。
[3] 李學勤，《夏商周年代學札記》，頁 206-212。

仍然可以提出不少問題，其中有些是前人已作了不同程度的認證的，有些則還有待深入檢討。

1·伶州鳩語前後思想不一致

　　文獻辨偽的問題，是可以從不同的角度看待的。例如就伶州鳩語而言，現存的記錄是否為〈周語〉的原文自是問題的一個層面，而其中的天象資料所反映的是否為周初的真實天象又是另一個層面。這兩個層面是互相關聯的，但也可以分開來看。李學勤先生（上引文）強調〈周語下〉有關景王的四條記述比較詳細，「文字組織嚴密，先後呼應」，從中看不出「歲在鶉火」云云一段可能為後人「插改的痕跡」。此說自有道理，然即使這段文字確為〈周語〉原文，也不能說它所描述的天象就一定是周初的實際情形。這要看周初人是否已具備「歲在鶉火」一類的天文學知識，並且能夠將這類知識運用到日常生活中。假如答案是否定的，那麼這類文字就必定是晚出的，不能保證它不會以後世所測知的天象托言為周初的天象。在這一層面上，就可以說它所記錄的事實有「偽」，或說文不偽而事偽。不過僅就文獻編纂而言，現在也還沒有確實的資料，能夠證明「歲在鶉火」一類文字可能會出於春秋以前，《國語》所集錄的也並不都是春秋時期各國史官的原始記錄。

　　從〈周語〉的記載來看，關於伶州鳩之事語的兩段文字，所體現的思想是不一致的。先前伶州鳩對景王問鑄鐘問題的回答，和單穆公的勸諫一樣，展示的完全是傳統的儒家觀念，即以禮治、生財、保民為言，反對侈樂、費財而製作「離民之器」。可是接下去對十二律和七音的解釋及論說卻不厭其詳，用意與前述並不相「呼應」，反倒使人懷疑是在贊成鑄鐘，把其事看成是自己職分內的事了。這種思想上的差別，可以反映出前後兩事的資料來源並不相同。下文還將談到，伶州鳩語在詳述樂律理論之後，接著以武王伐殷時的天象為舉證，實出於

兵家言論。這樣的言論一般估計應在戰國以降才會有，不可能產生太早。

2．伶州鳩所言天象不可能出於傳述

學者對伶州鳩所述天象的懷疑，重點不在這些天象是否確曾存在甚或同時發生，而在它們所發生的時代。近年何炳棣、劉雨先生撰有批評斷代工程的專文，認為托名伶州鳩的天象敘述是典型的戰國星象家的星占說，不能作為推求武王克商年的依據。他們的意見主要有三點。

第一，伶州鳩語中的「分野」說缺乏邏輯的合理性。其說與《周禮・春官・保章氏》鄭注所引《堪輿》之書的十二星次「分野」出於同一來源，而據《堪輿》之書，鶉火所對應的周地只能是洛陽的東周，而不會是指西土的宗周；且《堪輿》之書中有韓、趙、魏之「分野」，伶州鳩語中的「分野」顯然也是三家分晉以後流行的戰國星占說。

第二，伶州鳩語所述天象並非周初原始觀測的記錄。「歲在鶉火」，據天文學家們研究，凡《左傳》、《國語》中所記「歲在某某」者，皆與實際天象不符，而且所差是有規律的，只要以戰國中期前後的歲星位置，按12歲一周往上推，即可相符。「日在析木之津」，講太陽所在的星宿位置，而當太陽出來時眾星宿皆隱去，無法直接觀測；「辰在斗柄」，如果按韋昭注所說是指「日月之會」，即日月在斗宿合朔，那麼朔月也是不可見的；「星在天黿」若指水星，用肉眼也是很難看見的。這些都只能靠推算得知。

第三，西周人尚不具備二十八宿和十二次的知識。這方面的材料，目前最早還僅見於湖北出土的戰國曾侯乙墓中隨葬漆箱蓋上的青龍白虎二十八宿圖，估計人們對二十八宿的認識不會早到西周，流傳至今

的《詩》、《書》及金文中也都不見有二十八宿和十二次的痕跡。[4]

這幾點意見，大體上也代表了當下多數學者的一般看法，茲不多述。

3·《世經》對伶州鳩語的解說不能與伶州鳩語互證

《漢書·律曆志下》完整引錄的《世經》，對伶州鳩語有逐句的解說，其文如下（文中所引稱的《傳》指《春秋外傳》，即《國語》）：

> 三統上元至伐紂之歲，十四萬二千一百九歲，歲在鶉火，張十三度。……自文王受命而至此十三年，歲亦在鶉火，故《傳》曰「歲在鶉火，則我有周之分野也」。師初發以殷十一月戊子，日在析木，箕七度，故《傳》曰「日在析木」。是夕也，月在房五度，房為天駟，故《傳》曰「月在天駟」。後三日得周正月辛卯朔，合辰在斗前一度，斗柄也，故《傳》曰「辰在斗柄」。明日壬辰，晨星始見。癸巳，武王始發。丙午，還（逮）師。戊午，度于孟津。……明日己未冬至，晨星與婺女伏，歷建星及牽牛至於婺女天黿之首，故《傳》曰「星在天黿」。[5]

劉歆等人用《三統曆》推算的日期是不可信的，因而他們的天象安排也不合實際，而且他們推算歲星的運行用的是超辰法，也不是先秦時曾經通行的方法。陳夢家先生說：「《左傳》、《國語》並有歲星紀年法，係根據紀元前三七五年前後所見之歲星位置，按歲星十二年一周天之定律推定以前歲星所當年之位（即所謂十二次之次）。然今人精測歲星周天密律為一一點八六二二年，故古人據十二年率推定之歲星所當之年之位置，自與天象不合。伐紂年之歲星雖不在鶉火，然『歲在鶉火』係紀元前四世紀之人用當時不超辰之歲星紀年法據當時所傳西

---

[4] 何炳棣、劉雨，〈懷疑真古，相信假古——夏商周斷代工程基本思路質疑〉，頁 125-127。
[5] 《漢書》卷 21 下，頁 102-103。

周年數推定者,可由此求得戰國中期關於西周年數之記錄。乃劉歆用超辰之歲星紀年法(即歲星一百四十四年行一百四十五次,此率亦不正確),按戰國中期人用不超辰之歲星紀年法所推得之伐紂年『歲在鶉火』,而更為推定伐紂在紀元前一一二二年。此其誤有三:一誤歲星在鶉火為周初實錄,二誤用超辰法推算,三無年代之依據。」[6] 夏商周斷代工程的專家或比照劉歆的說法,強調「歲在鶉火」到「星在天黿」這些天象不是完全同時發生的,而是在武王出師直到渡過孟津這段時間裡順次發生的。這其實並不能說明什麼,而且是以伶州鳩語信而有徵為前提的;然而反過來,欲推證伶州鳩語為正確,又以劉歆的引證為前提。這種互為證據的證明方法不可取。

4・伶州鳩語中包含有「五德終始」說的內容

細心檢視伶州鳩語就可以看出,其語確包含有「五德終始」說的內容,而且這些內容與《世經》中的「五德終始」說是屬於同一個體系的。對於伶州鳩所說的「顓頊之所建也,帝嚳受之」二語,韋昭注云:「顓頊,帝嚳所代也。帝嚳,周之先祖,后稷所出。《禮(記)・祭法》曰:周人禘嚳而郊稷。顓頊,水德之王,立於北方。帝嚳木德,故受之於水。今周以木德,當受殷之水,猶帝嚳之受顓頊也。」這說法便是由《世經》而來的。《世經》中所記載的「五德」體系如下:

太昊帝(伏羲)	德始於木,故為帝太昊。
炎帝	以火承木,故為炎帝。
黃帝	火生土,故為土德。
少昊帝	土生金,故為金德。
顓頊帝	金生水,故為水德。
帝嚳	水生木,故為木德。

---

[6] 陳夢家,《西周銅器斷代》,頁499。

唐帝（堯）	木生火，故為火德。
虞帝（舜）	火生土，故為土德。
伯禹（大禹）	土生金，故為金德。
成湯	金生水，故為水德。
周武王	水生木，故為木德。

這一種「五德」說，用的是五行相生的系統，與秦王朝曾經使用過的五行相克系統反一調。而《世經》的作者雖然認為上古共工在火木之間，秦王朝在木火之間，都當有水德，但皆因「伯而不王」、「任知刑以強」，非是正常的五行之序，所以在他們的系統中沒有二者的地位，均被當作「閏位」處理。五行相生說在現存古籍中始見於董仲舒的《春秋繁露》，其書第五十八、五十九兩篇即分別為〈五行相勝〉與〈五行相生〉。漢朝屬於哪一種「德」，西漢學者曾經久有爭論。高祖時，因為作北畤祀黑帝，故自承為水德，張蒼亦以河決金堤之故而定漢為水德。到文帝時，賈誼、公孫臣等人又說漢為土德，因而武帝時曾依土德改制。到西漢末，劉向、劉歆父子乃倡漢為火德說，其根據即《易‧說卦傳》中的「帝出乎〈震〉」一語（〈震〉卦屬東、為木）。《漢書‧郊祀志》「贊曰」云：

> 劉向父子以為「帝出乎〈震〉」，故包羲氏始受木德。其後以母傳子，終而復始，自神農、黃帝下歷唐、虞、三代，而漢得火焉。故高祖始起，神母夜號，著赤帝之符，旗章遂赤，自得天統矣。[7]

顧頡剛先生的名文〈五德終始說下的政治和歷史〉，對相關內容有極為詳盡的討論。[8] 按五行相生說，「五德」的幾種重要的對應元素如下：

---

[7] 《漢書》卷 25 下，頁 126。
[8] 顧頡剛，〈五德終始說下的政治和歷史〉，收入氏著，《古史辨自序》下冊（石家莊：河北

土德	正朔未詳,服色尚黃,數以五為紀,音律尚黃鐘
木德	歲首建寅,服色尚青,數以八為紀,音律尚姑洗
金德	歲首建丑,服色尚白,數以九為紀,音律尚無射
火德	歲首建子,服色尚赤,數以七為紀,音律尚林鐘
水德	正朔未詳,服色尚黑,數以六為紀,音律尚大呂

伶州鳩語講「數」而專注於「七」,故總括說:「凡人神以數合之,以聲昭之,數合聲和,然後可同也。故以七同其數,而以律和其聲,於是乎有七律。」「七列」、「七同」、「七律」都合於數尚「七」的制度,是和「火德」相應的,而不與「木德」相應。「七」是天數,「五位三所」之數也是天數,這些數字在古人那裡都被賦予神秘的意義。以此言之,伶州鳩語即便不是出於劉向父子的托撰或增飾,也決不會是戰國中晚期以前的說話。雖然在早也有周為火德之說,秦從五行相克觀念而自定為水德,即以周為火德,但這也不能證明伶州鳩語一定出於戰國以前。

5・伶州鳩所述武王「吹律定聲」的故事出於「旋宮法」

伶州鳩語在上面所引羅列天象的一段文字後,緊接著又有如下一段話(下錄為便於分析,分句起行,每句之末分別加次序標號):

王以二月癸亥夜陳,未畢而雨;以夷則之上宮畢,當辰,辰在戌上,故長夷則之上宮,名之曰「羽」,所以藩屏民則也。(A)
王以黃鐘之下宮布戎於牧之野,故謂之「厲」,所以厲六師也。(B)
以太簇之下宮布令於商,昭顯文德,底紂之多罪,故謂之「宣」,所以宣三王之德也。(C)

教育出版社,2000),頁 504-513。

反及嬴內，以無射之上宮布憲施捨於百姓，故謂之「嬴亂」，所以優柔容民也。(D)

這一段文字，古今無善解，韋注亦多不能明。照我們設想，這些話其實是由漢代流行的所謂「旋宮法」而來的。《禮記・禮運》有云：「五聲、六律、十二管，還（旋）相為宮。」鄭玄注：「五聲，宮、商、角、徵、羽也。其管陽曰律，陰曰呂，布十二辰，始於黃鐘。管長九寸，下生者三分去一，上生者三分益一，終於南呂，更相為宮，凡六十也。」孔穎達疏對此有詳盡的解釋：

> 云「終於南呂，更相為宮，凡六十也」者，以十二管更相為宮，以黃鐘為始。當其為宮，備有五聲，言黃鐘下生林鐘，林鐘上生大簇，……此則相生之次也。隨其相生之次，每辰各自為宮，各有五聲。十二管相生之次，至中呂而匝。黃鐘為第一宮，下生林鐘為徵，上生大簇為商，下生南呂為羽，上生姑洗為角；………是十二宮各有五聲，凡六十聲，南呂最處於末，故云「終於南呂」。[9]

所言實指古人確定宮調及音高的方法，亦即以十二律輪流作為宮音（主音）而構成不同音高的五聲音階和其他音階的方法，依此可以轉換出12種調式，而音高的變化可以多至60種。所謂「下生」、「上生」，皆指各律因三分損益法而確定的相生關係。七音與十二律的配合模式可用下圖表示：

---

[9] 《禮記正義》，頁 1423。

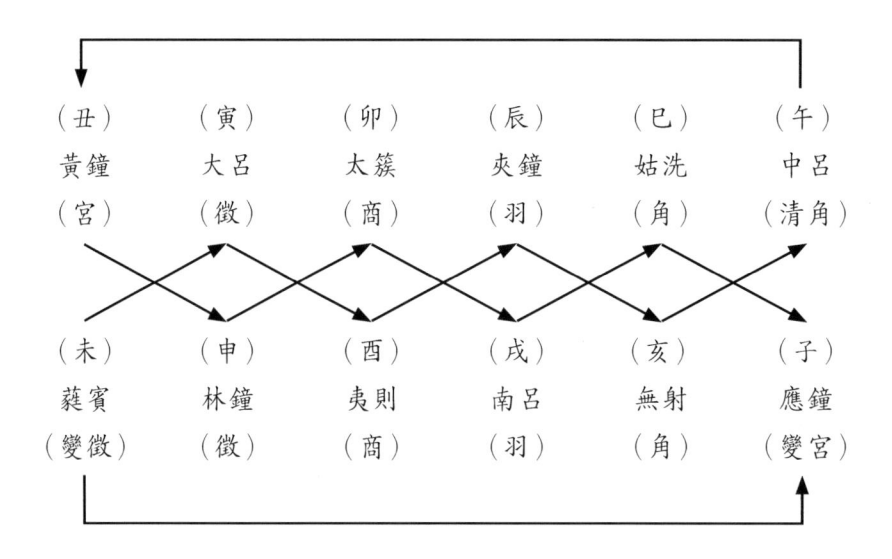

```
（丑）   （寅）   （卯）   （辰）   （巳）   （午）
黃鐘    大呂    太簇    夾鐘    姑洗    中呂
（宮）   （徵）   （商）   （羽）   （角）   （清角）

（未）   （申）   （酉）   （戌）   （亥）   （子）
蕤賓    林鐘    夷則    南呂    無射    應鐘
（變徵）  （徵）   （商）   （羽）   （角）   （變宮）
```

此圖為黃鐘宮調式，即孔疏所說的第一宮。圖中箭頭表示相生關係，凡自上而斜下者稱「下生」，自下而斜上者稱「上生」，應鐘生蕤賓、中呂生黃鐘則皆屬「上生」。[10]

用此圖可以解釋上引伶州鳩語。從傳說的武王伐商的次序看，伶州鳩語的 B 句指周師至牧野而布兵，應在 A 句之上；A 句指甲子日前一天夜間的排陣，應在 B 句之下。這樣，所用「旋宮法」就是正（右）旋的。各句大意可試釋如下：

B 句「黃鐘之下宮」即林鐘律，「下」指黃鐘下生林鐘而言。韋注謂「黃鐘在下，故曰下宮也」，不通。林鐘律對應於徵音（相當於現代簡譜的5），徵音激厲奮發，「故謂之厲」，「厲」當是「徵」的別稱。《史記·律書》：「林鐘者，言萬物就死，氣林林然。」[11] 又〈刺客列傳〉：「高漸離擊筑，荊軻和而歌，為變徵之聲，士皆垂淚涕泣。」[12]「變徵之聲」近似於現代簡譜的4，更增加幾分淒厲。此句寫牧野之戰前周

---

[10] 此圖若改用同心圓的形式會看得更清楚，所謂「旋宮」即是就同心圓的形式而言的。這裡為排印簡便計而用行列式。
[11] 《史記》卷25，頁162。下引《史記·律書》之文均同頁，不另注。
[12] 《史記》卷86，頁284。下引〈刺客列傳〉之文同頁。

人激奮誓死之象。

A 句「夷則之上宮」即夾鐘律,「上」指夷則生夾鐘而言。《史記‧律書》:「夾鐘者,言陰陽相夾廁也。」《漢書‧律曆志上》:「夾鐘,言陰夾助大族(太簇),宣四方之氣而出種物也。」[13]夾鐘對應於羽音(相當於現代簡譜的 6)。《史記‧刺客列傳》:「(荊軻)復為羽聲忼慨,士皆瞋目,髮盡上指冠。」陰氣主兵,此句寫戰前周人慷慨昂揚之象。但句中「當辰,辰在戌上,故長夷則之上宮」十三字甚費解,疑本為注文而傳抄誤入正文。「長」字當是「辰」字之訛,即「故」下六字當作「辰,夷則之上宮」,蓋謂「辰」為「夷則之上宮」。然以夾鐘「當辰」,則是以應鐘為子,黃鐘為丑,……如此則如上圖所示,縱向看即「辰在戌上」,亦即夾鐘在南呂之上。古人一般以黃鐘為子,對應於夏曆的十一月,而終於以應鐘為亥,與周正以十一月為歲首相合;疑伶州鳩語用的是殷正,故上圖權且以黃鐘為丑。

C 句「以太簇之下宮布令於商」疑有錯誤。「太簇之下宮」即南呂律,南呂律在上圖中對應於羽音而不對應於商音;若從商音,則「太簇之下宮」當作「林鐘之上宮」或「大呂之下宮」。若以為「太簇之下宮」不誤,且使南呂律為商音,則調式當改換為林鐘宮;但改換之後,B 句、A 句又將不相應。《史記‧律書》:「泰簇者,言萬物簇生也。」「南呂者,言陽氣之旅入藏也。」《漢書‧律曆志上》:「大族,族、奏也,言陽大奏地而達物也。」「南呂,南、任(妊)也,言陰氣旅助夷則任成萬物也。」此句寫牧野之戰勝利後的景象,律中商音(相當於現代簡譜的 2),較和緩。然原文稱「故謂之宣,所以宣三王之德也」,又不與太簇或南呂相應,相應的似乎應是大呂律。《漢書‧律曆志上》:「大呂,呂、旅也,言陰大,旅助黃鐘宣氣而牙(芽)物也。」或者古人的「旋宮法」有不同的編排,因互相牽混而致誤。

---

[13]《漢書》卷 21 上,頁 96。下引《漢書‧律曆志》之文均同頁。

D句「無射之上宮」即中呂律，為十二律相生一周的最後一律，相應於清角之音。《韓非子・十過》篇云：「昔者黃帝合鬼神於西太山之上，⋯⋯大合鬼神，作為清角。」[14] 則清角為大合樂之音。《史記・律書》：「中呂者，言萬物盡旅而西行也。」《漢書・律曆志上》：「中呂，言微陰始起，未成著於其中，旅助姑洗宣氣齊物也。」此句寫戰後「布憲施捨於百姓」，有和樂之象。文中「嬴內」、「嬴亂」二詞，以往皆不得其解，或釋「嬴內」為地名（如指為媯汭），僅屬猜測。按本文理解，「嬴」當讀作「盈」，「內」則指後（如《論語・鄉黨》「不內顧」皇疏：「內，猶後也」），「嬴內」猶言十二律相生次序滿一周。「嬴亂」之「亂」，古人或用以指稱「樂之卒章」，即終曲，這裡也應是指「旋宮法」的最後一宮。

上面的考釋似乎離題遠了一些，但更可證明諸如伶州鳩語之類的話頭不可當真。這類文字絕無可能是戰國中晚期以前的遺文，並且很可能出於漢人的托撰或改造。其中的天象內容既出於推算或附會，自然也不可能來自樂官世家的傳述。

6・伶州鳩語源出於兵家言論

《史記・律書》講六律，一開頭就有這樣一段話：

> 六律為萬事根本焉，其于兵械尤所重，故云望敵知吉凶，聞聲效勝負，百王不易之道也。武王伐紂，吹律定聲，推孟春以至於季冬，殺氣相並而言尚宮。同聲相從，物之自然，何足怪哉！[15]

有人認為所說「武王伐紂，吹律定聲」，便是指《國語》中的伶州鳩語，這也不一定。同樣的傳說可以有不同的版本，《國語》作者和司

---

[14]《韓非子集解》，頁44。
[15]《史記》卷25，頁161。

馬遷的引用也可能同出於兵書，而繁簡不同。《周禮・春官・大師》云：「大師，執同律以聽軍聲而詔吉凶。」鄭玄注：

> 大師，大起軍師。兵書曰：王者行師，出軍之日授將弓矢，士卒振旅，將張弓大呼。大師吹律合音，商則戰勝軍士強，角則軍擾多變失士心，宮則軍和士卒同心，徵則將急數怒軍士勞，羽則兵弱少威明。[16]

古人行軍打仗，「吹律定聲」而占吉凶，其事關乎天時地利、氣象變化、軍兵士氣、時機選擇等種種主客觀因素，有後人不可僅以情理推測者。鄭玄注明引「兵書」，可知兵書中多有此類內容；而賈公彥疏以為所引乃「武王出兵之書」，又純然是一種想象。現存的兵書中可供直接對照的是《六韜・龍韜・五音》篇：

> 武王問太公曰：「律音之聲，可以知三軍之消息、勝負之決乎？」太公曰：「深哉，王之問也！夫律管十二，其要有五音，宮、商、角、徵、羽。此其正聲也，萬代不易五行之神道之常也，可以知敵。金、木、水、火、土，各以其勝攻之。……角聲應管，當以白虎；徵聲應管，當以玄武；商聲應管，當以朱雀；羽聲應管，當以勾陳；五管聲盡不應者，宮也，當以青龍。此五行之符，佐勝之徵，成敗之機。」……[17]

此文首數句，與上引《史記・律書》之文可說如出一轍，可見司馬遷之說亦引自兵書。其下「角聲應管」云云，以五聲與二十八宿等相應，又與伶州鳩語異曲同工。所以我們說，伶州鳩語多半亦源出於兵家言

---

[16]《周禮注疏》，頁796。
[17]〔周〕呂望，《六韜》（《四庫全書》第726冊），頁26。

論,特別是「兵忌」之說。

7・荀子所稱的武王「東面而迎太歲」與「歲在鶉火」無關係

學者所關注的周初天文資料,除本文所辨的伶州鳩語外,還涉及到《荀子・儒效》篇中的一段話:

> 武王之誅紂也,行之日以兵忌,東面而迎太歲。至汜而汎,至懷而壞,至共頭而山隧(墜)。霍叔懼曰:「出三日而五災,無奈不可乎?」周公曰:「刳比干而囚箕子,蜚廉、惡來知政,夫又惡有不可焉?」遂選馬而進,朝食於戚,暮宿於百泉,厭旦於牧之野,鼓之而紂卒易鄉(向),遂乘殷人而誅紂。[18]

這是最明確不過的談「兵忌」之言,意謂武王伐紂不顧兵家所忌,背逆太歲的方位而東向發兵,一舉而滅紂。「行之日以兵忌」,指以兵忌之日發兵;「東面而迎太歲」的「迎」字則是「逆」的意思,不是迎接之迎。此正可與伶州鳩語出於兵家之說相參證。然學者援引此文,或只取「東面而迎太歲」一語,以與伶州鳩所稱的「歲在鶉火」相照應,並由此引伸開來,斷定利簋銘文的「歲鼎」二字也是指歲星正當其位或歲星上中天。實則此語用的是極晚出的太歲紀年法(與歲星紀年法次序相反的虛構形式)所指稱的歲陰方位,照張政烺先生的說法,大抵謂「不能在太歲頭上動土」,[19] 與伶州鳩語所說並不屬於同一系統。即使純從天象上說,依《國語》韋昭注,鶉火之次指張、翼、軫三宿,三宿在二十八宿系統上屬於南方,與「東面」之說也不相合。《尸子》

---

[18] 《荀子集解》,頁 85-86。
[19] 張政烺,〈利簋釋文〉,收入氏著,《張政烺文史論集》,頁 465。

記武王伐紂，魚辛諫「歲在北方，不北征」[20]，又恰與「歲星正當其位」之說相違。《論衡‧難歲》篇引「移徙法」曰：「徙抵太歲凶，負太歲亦凶；抵太歲名曰歲下，負太歲名曰歲破，故皆凶也。」[21] 此即形法家的所謂「迎歲」、「背歲」，又斷不可一味附會有關歲星的天象解之。

古人用兵重視天象，又有「吹律定聲」之類的名堂，都可以理解。《淮南子‧兵略》篇說：「明於星辰日月之運，刑德奇賅之數，背鄉（向）左右之便，此戰之助也。」[22] 所說「背鄉（向）左右」是指天象而言的，與「分野」說相應。然而也有不信這一套的，荀子的「東面而迎太歲」之言即明顯地透露出這一傾向。《韓非子‧飾邪》篇則更直截了當地指出：「初時者，魏數年東鄉（向）攻盡陶衛，數年西鄉（向）以失其國，此非豐隆、五行、太一、王相、攝提、六神、五括、天河、殷搶、歲星非數年在西也，又非天缺、弧逆、刑星、熒惑、奎台非數年在東也。故曰：……左右背鄉（向）不足以專戰。」[23] 此言羅列了一系列星名，總之是說天象並不能決定戰爭的勝負。時至今日，如果我們仍然相信伶州鳩語中的天象資料為商周之際的實錄，則無異於相信古代兵家的占星術也都是歷史真實。

（原載《東方論壇》2005 年第 3 期，此錄有改動）

---

[20] 引見《尚史》卷 25，頁 428。
[21] 〔漢〕王充，《論衡》(《諸子集成》第 7 冊)，頁 240。
[22] 《淮南子》，頁 255。
[23] 《韓非子集解》，頁 88-89。

附錄三

古史年代學研究的誤區
——夏商周斷代工程金文曆譜問題分析

近年暫時結項的夏商周斷代工程提倡多學科交叉研究的方法，其中金文曆譜的構建和應用佔有特殊的地位，工程所擬定的西周王年事實上大部分是由所作金文曆譜推導出來的。但這一方法並不可靠，自工程「階段成果報告」發表以來已受到不少批評。本文僅就個人學習所得，再就有關問題略作分析和討論。

一、可能性和可行性

制定金文曆譜的難度和缺陷，前輩學者早已有中肯的論說。郭沫若先生還在 1945 年就說過：「彝銘中多年月日的記載，學者們愛用後來的曆法所製的長曆以事套合，那等於是用著另一種尺度任意地作機械的剪裁。在二三十年以前的舊人僅僅就一二例以作嘗試，其結果倒也無足輕重，近一二十年來的新人們更擴大規模作整套的安排，大表長編，相沿成為風習。作俑者自信甚強，門外者徒驚其浩瀚，其實那完全是徒勞之舉。周室帝王在位年代每無定說，當時所用曆法至今尚待考明，斷無理由可以隨便套合。」又說：「像這樣的年代考定實在比原來沒有經過考定的更加渾沌。沒有經過考定，我們僅是不知道年代而已，而經過所謂考定，我們所得到的是錯誤的年代。故爾用錯誤的方法從事考定，愈考定，愈增加問題的渾沌。」[1] 差不多在同時，陳夢家先生也指出：「西周之曆法，今尚不能推求其詳。用後世某一種曆法根據某虛擬之起點試譜西周年曆，更取某組史料之曆日譜入之，其

---

[1] 郭沫若，《中國古代社會研究・青銅時代》，頁 581、583。

事非不可能，而不可據此認為推定正確。」[2] 後來又說：「這種推算，首先要以為（一）西周各王年數是可以擬定的，（二）西周曆法是可以知道的，（三）西周金文中的月象的解釋是正確的。對於上三事，到現在為止，都不能確定。在年代學、古曆學未能明確以前，安排的年譜一定是有問題的。」[3] 岑仲勉先生也曾談到：「無論何家，於現時而欲安排一周初曆譜，縱非絕不可能，要屬來得太早，此則魯實先氏所謂共和前年數，史記未明，古曆疏闊，難以逆推，……今不必侈言上古，試就唐觀之，則天光宅元強進正月癸未為甲申，聖曆元強易甲午朔為甲子，永昌元僅十一月，久視元乃十五月，其他與推步相差之處，更仆難數。……中古如此，上古可知，試問吾人有何術以推求其如何疏誤耶？」[4]

這裡不厭其煩地引錄前輩大家之言，只是想表明，現時金文資料之豐雖非昔比，而僅就金文曆日試譜西周年曆也還不具備充足的條件。「曆法久則必差，推步後而愈密」（章學誠語），其間變數多多，除非有密集而連續不斷的金文資料，且斷代皆準確無誤，實難輕言所譜可信。所以工程專家所製定的《西周金文曆譜》，雖稱「以嚴格的考古類型學方法」排定，也還是不能完全自圓。據工程的「階段成果報告」所說，所製曆譜利用了「66條年、月、紀時詞語、日干支確定的文獻和金文材料」，但因「對西周曆法的若干細節目前尚有未能掌握之處」，所以還「只能是一個西周王年表」。[5]《報告（簡本）》自謂66條資料中有3條不合，然已有全程參加工程曆法小組研究工作的專家指出，其中離譜及勉強不離譜之器仍多達十餘件，「與前此出現的諸種曆譜不相伯仲，至多是五十步百步之別」；同時又批評說：「《報告》所擬定的

---

[2] 陳夢家，《西周銅器斷代》，頁500。
[3] 陳夢家，《西周年代考・重編前言》，《尚書通論》附《外二種》，頁408。
[4] 岑仲勉，《兩周文史論叢》（北京：中華書局，2004），頁131。
[5] 夏商周斷代工程專家組，《報告（簡本）》，頁29。

這個『金文曆譜』，是主觀的產物，凡與其觀念不合的資料都遭到不公正的對待。……這已超出學術研究水平高低的範圍，而是學風不誠實的表現。」[6] 另有學者經過專門的審查，縷舉十餘例，令人信服地指出了《報告》所錄曆譜存在的失月、不合曆、置閏過多、失閏過多等情況，[7] 言之鑿鑿，無可辯駁。這樣的曆譜，即使僅作為「王年表」來看待也是不行的，因為曆譜不準則銅器斷代失據，銅器斷代失據則曆譜不準，二者交互影響，欲以此推求正確或接近正確的「王年」也就無從談起。2003 年陝西眉縣新出土的銅器群，其銘文的曆日已與工程矜為「標誌性成果」之一的共和以下曆譜發生衝突，此尤為現時的各種曆譜還不能達到一定可靠指數的新證據。事有可能而不可行者，古曆譜的製定便是。

二、關於推定西周王年的幾個支點

陳夢家先生說：「西周曆之重譜，須先探尋西周曆法及西周年代，此二事金文材料或有所貢獻也。」[8] 工程的銅器斷代研究是下過大功夫的，而且對權威專家的意見多有吸取，排譜的手段當然也未嘗不可用。然而這種專門而艱深的學問一旦用於具體的求年過程，往往亦因曆法不明、年代錯位而捉襟見肘。例如工程列入推定西周王年七個支點的銅器，有的就還存在相當大的爭議。

七個支點中的第一個是上世紀 90 年代新出土的吳虎鼎。其銘文有云：

惟十有八年十又三月既生霸丙戌，王在周康宮夷宮，道入右

---

[6] 何炳棣、劉雨，〈懷疑真古，相信假古——夏商周斷代工程基本思路質疑〉，頁 137。
[7] 周言，〈夏商周斷代工程西周年代獻疑〉，《古史考》第 9 卷，頁 106-116。
[8] 陳夢家，《西周銅器斷代》，頁 500。

吳虎，王命善夫豐生、司空雍毅，申剌王命。……

《報告（簡本）》解釋說：

「夷宮」為夷王廟，「剌王」即厲王，可知此器作於宣王（時），「惟十有八年」即宣王十八年（公元前810年）。該年十三月丁丑朔，丙戌為初十，與既生霸相合。此器與其他青銅器聯繫，可作為西周晚期年代的一個重要支點，證明《史記》的紀年可信。[9]

上引周言先生文已對此提出反駁：「且不說此論成立與否取決於許多假設——唐蘭先生『康宮說』正確、斷代工程月相說可靠、其餘銅器斷代全部準確，即便『夷宮』確為夷王死後所建之廟，也只能認定此器作於夷王之後，可厲可宣，因為『申剌王命』並不等於剌（厲）王已故。……若吳虎鼎是宣王器，那麼……銘文中這次『付吳虎疆』的命令也最少在33年以後才重申，效率如此低下似乎可能性不大。」[10] 其實，按工程的《報告（簡本）》所說，吳虎鼎的曆日本與同樣被定為宣王十八年器的克盨不相容，工程為使二者都合於曆譜，遂改克盨的「庚寅」為「甲寅」。這樣的改動當然不能令人放心，所以由此排出的曆譜也難以落到實處。僅就吳虎鼎銘文而言，如果釋「剌王」為「厲王」，那麼定此器為厲王十八年之物就是很合適的。不過據筆者所考，共和期間的王室紀年仍用厲王之名，並未廢止，傳統所稱厲王在位的37年是應包括共和的14年在內的，工程所定的厲王年代並不可據，所以即使以吳虎鼎的曆日排入工程所定的厲王十八年，也一定不合。況且以「剌王」為「厲王」，也不是無可爭議的。金文中的「剌」字多可釋為「烈」，如班簋的「亡克競厥剌」，亦猶《詩・執競》的「無競維烈」；

---

[9] 夏商周斷代工程專家組，《報告（簡本）》，頁22。
[10] 周言，〈夏商周斷代工程西周年代獻疑〉，《古史考》第9卷，頁120。

克鐘的「周康剌宮」，亦當釋為「周康烈宮」，而不能釋「剌宮」為「厲宮」，以為指厲王廟。[11] 以此言之，吳虎鼎的「剌王」實當讀為「烈王」，指已故的前王。如是，則此「剌王」當指夷王，與「夷宮」對舉，尤可證吳虎鼎為厲王時器。坦率地講，銅器斷代本為編製曆譜的前提之一，假如銅器斷代不準，那麼用曆譜驗證王年的工作也便全歸於無效，因為紀日干支符號只有 60 個，要在錯誤的年代中找出合譜的干支並不困難。此外，《史記・周本紀》雖記載厲王在位 37 年，而又不包括共和的 14 年在內，本來就屬於誤記，工程欲以吳虎鼎的錯誤斷代證明《史記》中的西周晚期紀年可信，毋寧是以誤證誤。

厲王的年代下移，可使歷來令專家頭疼的一些高紀年銅器排入，有的可能雖不用共和年號，而實出於共和年間。不過共和前後各諸侯國的紀年可能是複雜多變的，並無統一的紀年法。工程列為推定西周王年第二個支點的晉侯蘇鐘，銘文稱「惟王三十又三年」，《報告（簡本）》定為厲王三十三年之物，且對晉侯墓地的木炭樣品及祭牲樣品作了常規法 14C 測定和 AMS 法測年；然又無法解釋其銘文何以稱為「晉侯蘇」——《史記・晉世家》明載晉獻侯籍（即蘇）即位於周宣王六年（前 822），在位 11 年而卒，此與考古測年的結果亦大略相吻合，當然與厲王的紀年也就全無關涉。李學勤先生的解決方案是將銘文中的記事上推到晉獻侯祖父時，即晉靖侯十三年（前 846），亦即工程所定的周厲王三十三年，以為「銘文的晉侯蘇係他即位後追稱」；又說：「猜想編鐘的一部分原是他隨厲王作戰的勝利品，因此將之配成全套，作為紀念。俘獲的鐘不會有鑄好的文字，於是加以鏨刻，稱號也依刻字時的身分改變。」[12] 這個解釋是很困難的：器物既是銘記戰功的，何以銘

---

[11] 王國維〈明堂廟寢通考〉注：「剌宮即烈宮，古金文皆假剌為烈。」見《觀堂集林》第 1 冊，頁 133。又，克組銅器，我們以為有可能是厲王時器，故其銘文中亦不應有「厲宮」之名。至於「康宮」，我們以為應是西周宗廟的總稱，因建在成周康地而得名。
[12] 李學勤，《夏商周年代學札記》，頁 10。

文要刻於二十多年後?而且當時無製作,又置時王的獎賞於何地?如果依筆者所考,把此器的時代退到共和十年(前832),即真實的厲王三十三年,或者會好處理一些,但問題依然如故。據今本《竹書紀年》:

(宣王)六年,召穆公帥師伐淮夷。
王帥師伐徐戎。皇父、休父從王伐徐戎,次于淮。
王歸自伐徐,錫召穆公命。……
七年,王錫申伯命。
王命樊侯仲山甫城齊。……
九年,王會諸侯于東都,遂狩于甫。

這些記錄應該還是古本《紀年》的原文。想來晉侯蘇鐘所銘記的必是此時事。宣王六年(前822)正當晉獻侯元年,故銘文謂「王親遹省東國、南國」,而晉侯蘇奉命分兵攻略今魯西南地區的東平、汶上、鄆城一帶,距當時的徐淮夷亦不遠。銘文中右蘇受賞的司空揚父,與見於《紀年》的太師皇父、司馬休父亦一時之三公。《詩・大雅・常武》說:

赫赫明明,王命卿士南仲大祖、大師皇父,整我六師,以修我戎。既敬既戒,惠此南國。
王謂尹氏,命程伯休父,左右陳行,戒我師旅,率彼淮浦,省此徐土。不留不處,三事就緒。
赫赫業業,有嚴天子。王舒保作,匪紹匪游,徐方繹騷。震驚徐方,如雷如霆,徐方震驚。
……
王猶允塞,徐方既來。徐方既同,天子之功。四方既平,徐方來庭。徐方不回,王曰還歸。

附錄三

這無疑即是當時史詩，故可與《竹書紀年》及晉侯蘇鐘銘文對看。唯是銘文中的「三十三年」仍然令人費解。如果確定晉侯蘇鐘為宣王六年之物，則上溯33年為公元前854年，即下推14年之後的厲王十一年。一種可能的推測是，晉人的記錄用的是宣王的年齡，而不是後人所理解的宣王的紀年。假定宣王生於厲王十一年（是年厲王22歲），則下推33年即宣王六年。也就是說，晉獻侯元年相當於宣王六年，時宣王33歲，故蘇鐘銘文稱「惟王三十又三年」。此說尚不能成為定論，但在問題沒有解決之前，貿然把晉侯蘇鐘作為推求西周王年的支點是沒有道理可言的。總的看來，共和前後紀年的混亂皆由厲王在位年數的錯位而造成，工程對此既未詳考，而又將所作共和以下曆譜列為標誌性成果之一，實際這部分曆譜可能問題最多。

工程所定的其他幾個支點，如虎簋蓋與穆王三十年、鮮簋與穆王三十四年、靜方鼎與古本《竹書紀年》的昭王之年，可能接近或符合史實，但曆譜驗證也無多大說服力，因為曆譜本身並不令人放心。還有一個支點是〈召誥〉、〈畢命〉曆日與成、康之年，這點後面再談。只有「天再旦」與懿王元年，我們認為真正可以作為推定西周王年的支點。工程據古本《紀年》「懿王元年天再旦于鄭」的可靠記錄（今本同），用天文方法推定懿王元年為公元前899年，與我們由今本《紀年》推校古本《紀年》所得的結果完全一致。

三、西周曆法要點的預設問題

工程金文曆譜的構建以預設的西周曆法要點為基礎。《報告》載這類要點有四：

(1) 西周曆法採用「朔」或「朏」為月首。「朔」始見於《詩‧小雅‧十月之交》「朔日辛卯，日有食之」，其

運用當更早於此。認識朔以前,當以「朏」為月首,朏指新月初見,一般在初二、初三。
(2)西周曆法的歲首多為建子、建丑。建子指歲首在冬至所在之月,建丑在其次月。
(3)西周曆法一般採用年終置閏。
(4)西周改元的方法有兩種:逾年改元——即新王即位的次年改稱新王元年,當年改元——即新王即位的當年改稱新王元年。[13]

這些預設,只是「根據對《春秋》和《左傳》中數百條天文曆法資料的研究以及對西周有關文獻的分析」而「推知」的,恐怕連作者自己也不敢有十分的自信。

月首問題,首先是西周有無「朔」的概念,尚存疑問。即使肯定西周時已有「朔」的概念,那麼「朏」和「朔」的轉換在何時,當時能否認識到「平朔」與「實朔」的區別,也都需要有確實的考求及充分的說明材料。工程構建金文曆譜,事實上是以如下預設為前提的,即西周所實行的曆法皆以平朔為月首,大月全為 30 日,小月全為 29 日。但是「朔」的測定對於古人是不容易的,如果以「朏」為月首,便可能會出現至少 31 日的大月。這一問題是和對月相詞語的解釋牽連在一起的,而後者至今無定解,既不能在短期內達成共識,則工程的歸納和運用也是不得已的權宜之舉。進而言之,西周初年的月曆是否即是嚴整的大月 30 日、小月 29 日的朔望月體制,也未見必然。過去劉朝陽等先生曾主張商代曆法實行的是「一甲十癸」之制,即一年通常有 360 日,平分為 12 個月,每月 3 旬,每旬皆始於甲日而終於癸日;沒有固定的閏月,但有時因特種關係而附加 10 日或 30 日。[14] 自

---
[13] 夏商周斷代工程專家組,《報告(簡本)》,頁 19。
[14] 劉朝陽,〈再論殷曆〉,《燕京學報》,1933 年第 13 期。

胡厚宣先生對此提出反駁之後,[15] 學者即多不之信。然而商末連續八九個月的征夷方曆日,甲骨文的記載歷歷可見,僅按現有的認識,實際上非用「一甲十癸」之說便不能排順。肖良瓊先生曾將「賓組互相銜接的卜旬卜辭加以排比,發現殷曆可以連續 10 個月以上每月都是 30 天」,並說「這種記時制度相當古老」。[16] 李學勤先生也懷疑:「是否商代在一定情況下,真的實行過『一甲十癸』的『曆法』?特別是在像征夷方的戰爭中,為了便易,暫時用了這種簡單的『曆法』?」[17] 其實這種「曆法」未必簡單。商代曆法應該前後有變動,例如武丁卜辭中多有「十三月」的記錄,祖庚、祖甲以後卻不見再有「十三月」,[18] 可能即與曆法體制的變動有關,不一定是由年中置閏所致;或者如劉朝陽先生所說,商代干支紀日與實用的四季記時原是兩個系統,二者之間有一個磨合的過程。這些都涉及祀曆與農曆的統一問題。[19] 以此推測,周初

---

[15] 胡厚宣,〈「一甲十癸」辨〉,收入氏著,《甲骨學商史論叢初集》(石家莊:河北教育出版社,2002),頁 262-264。

[16] 肖良瓊,〈劉朝陽與殷商曆法研究〉,收入王宇信、宋鎮豪主編,《紀念殷墟甲骨文發現一百周年國際學術研討會論文集》,頁 66。

[17] 李學勤,《夏商周年代學札記》,頁 249。

[18] 陳夢家,《殷墟卜辭綜述》,頁 220。

[19] 商末征夷方,卜辭記錄最詳細的一次,在十祀九月甲午至十一祀五月癸丑之間,有關材料約 80 條(見陳夢家,《殷墟卜辭綜述》,頁 301-304)。假定所記日干支都是連續不斷且不重複的,那麼這次征伐前後共歷 260 日。據此可以推定十祀九月至十一祀五月的月曆如下:十祀九月,甲午 — 癸亥,30 日;十月,[甲子]— 甲午,31 日;十一月,[乙未]— 癸亥,29 日;十二月,[甲子]— 甲午,31 日;十一祀正月,[乙未]— 癸亥,29 日;二月,[甲子]— 甲午,31 日;三月,[乙未]— 癸亥,29 日;四月,[甲子]—[甲午],31 日;五月,[乙未]—[癸亥],29 日。(帶中括弧的日干支未見於卜辭,據干支表補。)按此種編排,除十祀九月為 30 日外,其餘 8 個月都是 31 日與 29 日相間的,可見祀曆(一甲十癸體制)與農曆(十二月份體制)尚不完全統一。假如全年 12 個月都是 31 日與 29 日相間的,那麼平均每月 30 日,一年即為 360 日。陳夢家先生認為,殷曆年可能在 360-370 之間(見《殷虛卜辭綜述》,頁 223);許進雄、常玉芝先生也認為,商末周祭有三十六旬型周期和三十七旬型周期,且兩種類型的週期基本上是交替安排的(見常玉芝,〈百年來的商殷曆法研究〉,頁 50)。如此,則商代曆法有短年,有長年,短年為 360 日,長年為 370 日,平均每年為 365 日。從中可以非常明顯地看出以祀曆與農曆、陽曆與殷曆相調停的傾向。這種混合型的曆法可能就是中國傳統陰陽曆的源頭:它在初還是非常粗略的,或者即以「朏」為月首,並採取大月 31 日、小月 29 日的體制,又每隔一年而加 10 日;後來隨著天文觀測的進步,才逐漸發展為較為細密的朔望月體制,以

紀時法可能仍承商人舊制，是以祀曆與農曆混用的，而在曆法上亦大致採取平均每月 30 日之制。周初銅器銘文，如著名的利簋、天亡簋、何尊等，均不見有月相紀時詞語，或由此故。

歲首問題，爭議亦多。自來學者大都深信「三正」之說，然如清人陳厚耀《春秋長曆》卷 7 所說：「考之往古，《詩》、《書》皆用夏正，其以建子為月正者，實始於東遷後時王之制，非文武之制也。」[20] 這雖然未必就是定論，卻是值得重視的看法。更為現實的反證是，自 20 世紀 80 年代以來，陸續有學者對「殷正建丑」提出了質疑，因而有殷正建辰、建巳、建午、建未、建申、建酉、建戌之說。[21] 見解如此歧互，則預設西周「多為建子、建丑」亦不能涵蓋完全；甚或以為同一王的紀年一時建子，一時又建丑，尤須慎重考慮，未可輕斷。岑仲勉先生說：「周人建子，當由周、商異族周人守其故俗而然。」[22] 此甚有理，然亦難說周人固有的曆法不論何時都與商人的曆法不相近。日本學者成家徹郎先生批評工程「曆不考慮三正之外」，強調要重視對上古「火曆」的研究。[23] 工程天文專家亦深知這一課題的重要，而沒有展開討論，因此相關研究仍以「三正」為前提。

閏月問題，工程忽視甲骨文、金文中並非僅見的「十四月」顯然是不妥當的。[24] 據現有認識，古人於年終置閏而稱「十三月」，「十四月」當由失閏所致，屬於補閏的性質。不考慮這種補閏的情況，金文曆譜的編制也將導致失閏或誤置閏，而使古代曆法的真實情況更其茫昧。

「朔」為月首，凡大月 30 日、小月 29 日，又每遇當閏之年而加一閏月。
[20]〔清〕陳厚耀，《春秋長曆》(《四庫全書》第 178 冊)，頁 547。
[21] 常玉芝，〈百年來的商殷曆法研究〉，頁 50。
[22] 岑仲勉，《兩周文史論叢》，頁 142。
[23] 成家徹郎，〈讀《夏商周斷代工程 1996-2000 年階段成果報告（簡本）》〉，《古史考》第 9 卷，頁 96-97。
[24] 商代「十四月」的記錄，常玉芝〈百年來的商殷曆法研究〉提到 3 條，分見《甲骨文合集》21897、22847 及《殷周金文集成》8.4138；西周「十四月」的記錄，何炳棣、劉雨〈懷疑真古，相信假古──夏商周斷代工程基本思路質疑〉亦提到 3 條，分見近年天馬曲村遺址晉侯墓地出土的叔　方鼎銘文及《殷周金文集成》5.2753、7.3858。

此外，商代及西周是否曾於年中置閏，各家意見也不一致。

改元問題，似乎與曆法關係不大，而與王年聯繫甚切。中國古代逾年改元是通例，工程為遷就曆譜，特設共王元年與共和元年為當年改元，而又未作舉證。上已指出，共和原不單獨紀年，故亦不存在改元問題；而據我們所考，史籍記載穆王在位 55 年亦不可據，穆王實際在位年數當為 39 年，故共王當年改元之說亦不能成立。

歸根結底，後人對商、周曆法的實際狀況與基本規則已難以搞清，至今更覺有許多隔膜，又不僅在「若干細節」不能掌握而已。年、月、日的編排及月相的理解等固成問題，就連最基本的干支紀日法也並非不存在任何疑問。研究中國古史年代的學者向來有一個自覺不自覺的假設，就是不管古人用什麼樣的曆法，也不管曆法怎麼變化，紀日干支都是一例連續排比下來的，從上古到今天既無調整也無間斷。李學勤先生說：「如果離開這一假設，也無法談中國的天文曆法推算了。如⋯⋯甲骨文日月食的惟一解，儘管不是這一假設的充足證明，仍能使我們相信紀日干支的連續能夠上溯到武丁這樣早的時期。」[25] 可是成家徹郎先生卻不承認這一「所有的中國人都將之作為不言自明的事實」，認為「在充分的可能性上周族使用的是獨自的干支」。[26] 這點似乎無關乎曆法體制，然一旦涉及曆日表，就會成為關係全局的大事項。金文中有些看上去似乎非改動不可的日干支，可能就是由此種原因造成的，而我們並不知道各自日干支系統的差異。蔣祖棣先生還有更深刻的提問：古代曆法研究和天文研究應該以「科學」為目的，還是以「歷史」為目的？「如果以『科學』為目的，張培瑜先生的成果（《中國先秦史曆表》）可以成為定論。可是周代曆法的實際情況仍然不清楚。如果以『歷史』為目的，就應該對周代疇人（準確地說是周代不同集團的疇

---

[25] 李學勤，《夏商周年代學札記》，頁 268。
[26] 成家徹郎，〈讀《夏商周斷代工程 1996-2000 年階段成果報告（簡本）》〉，《古史考》第 9 卷，頁 98。

人）的紀日規則加以研究。如果對當時的紀日規則沒有全面和深入的瞭解，用『科學』的曆表代替周代疇人的規則，或用一種規則去概括當時並行的不同規則，就會曲解周代天文和紀日行為的實際情況，並且增添在周代紀日資料認識上的混亂。」所以，對紀日金文也不能僅用一種曆法作規範，「由於青銅器在來源上多元化，紀日金文所代表的地域性十分明顯，紀日金文背後的曆法制度更有可能不一致」，這就需要「對紀日金文曆法背景進行逐一的和通盤的整理」。[27] 僅靠少量銅器的銘文制定曆譜，顯然無法用以推求古代王年，要使此種方法成立，還有數不清的繁重工作要做。

四、如何看待古文獻中的曆日資料

《漢書・律曆志》所存錄的《世經》中，引有古文《尚書・武成》篇的部分文字，保存了一些有關周初史事的曆日材料，一向受到研究西周年代學者的重視。斷代工程的《報告（簡本）》說：

> 該文與《逸周書・世俘》所記除個別文字歧異，幾乎全同，學術界多認為〈世俘〉即〈武成〉。郭沫若在《中國古代社會研究》中指出，〈世俘〉「除文字體例當屬周初以外，其中所記社會情形與習尚多與卜辭及古金中所載者相合」，「必非後人偽託」，「最為可信」。文中涉及伐商前後的月份、干支、月相，與〈召誥〉、〈洛誥〉、〈顧命〉、〈畢命〉記載有周公營洛、反政以及成王臨終等大事的月日干支及月相等前後呼應，是公認的檢驗克商年的主要依據。[28]

這話雖有理據，然亦不盡妥當。首先是古文〈武成〉篇的史料價值是

---

[27] 蔣祖棣，〈西周年代研究之疑問——對「夏商周斷代」工程方法論的批評〉，頁 80、82。
[28] 夏商周斷代工程專家組，《報告（簡本）》，頁 45。

一回事,所記曆日是否可靠又是另一回事,二者未可混為一談。其次,即使承認這類篇章的記事反映了商周之際的社會情形和習尚,甚至保存了當時的一些遺文斷簡,也並非是說現存的文字都成於周初。《報告(簡本)》以〈武成〉篇的曆日置於所作曆譜之首,可見是相信這些曆日流傳最早並且是可譜、合譜的。然如顧頡剛先生所說,「這是一篇斷爛的文章,錯簡、脫字、誤字不知凡幾」。[29] 將這類材料與第一手的金文資料同等看待,並編排在一起而總稱為「西周金文曆譜」,未見得妥當。

《世經》存錄的〈武成〉篇文字有幾個片斷,合起來如下:

> 惟一月壬辰旁死霸,若翌日癸巳,武王乃朝步自周,于征伐紂。粵若來三月既死霸,粵五日甲子,咸劉商王紂。惟四月既旁生霸,粵六日庚戌,武王燎于周廟。翌日辛亥,祀於天位。粵五日乙卯,乃以庶國祀馘于周廟。[30]

今存《逸周書・世俘》篇的內容甚為繁複,而有大致相同的文句:

> 惟一月丙辰旁生魄,若翼日丁巳,王乃步自于周,征伐商王紂。越若來二月既死魄,越五日甲子朝至,接于商,則咸劉商王紂。……時四月既旁生魄,越六日庚戌,武王朝至,燎于周。……若翼日辛亥,祀於位,用籥于天位。越五日乙卯,武王乃以庶祀馘于國周廟。[31]

二者文字上的差異,主要在首句的曆日。別本〈世俘〉篇或「丙辰」作「丙午」、「丁巳」作「丁未」,有學者又欲改作「壬辰」、「癸巳」,以求與〈武成〉篇的佚文相合,這是不可以的,也不必要。不過〈武

---

[29] 顧頡剛,〈逸周書世俘篇校注、寫定與評論〉,《文史》,1963 年第 2 期,頁 27。
[30] 《漢書》卷 21 下,頁 103。
[31] 《逸周書》,頁 28-29。

成〉佚文的「來三月」，從《世經》的解釋來看，可能原作「來二月」，與〈世俘〉同，王引之《經義述聞》卷4已指出其訛。[32] 大約《漢書・律曆志》轉錄《世經》時傳抄有誤，或後來傳抄者手誤。

《世經》的作者（一般認為是劉歆）據〈武成〉及其他文獻，試圖復原武王克商前後的曆日，其結果如下（下錄皆用周正，歲首早於殷正約一個月）：

十二月 戊子 二十八日 周師初發
正月 辛卯 朔日
　　　壬辰 二日 旁死霸
　　　癸巳 三日 武王步自周
　　　丙午 十六日 武王逮師
　　　戊午 二十八日 周師渡孟津
　　　己未 二十九日 冬至
二月 庚申 朔日 既死霸
　　　癸亥 四日 周師至牧野，夜陣
　　　甲子 五日 昧爽合陣
　　　己醜 晦日 大寒中
閏二月 庚寅 朔日
　　　戊午 晦日
三月 庚申 二日 驚蟄
四月 己醜 朔日 死霸
　　　甲辰 十六日 望
　　　乙巳 十七日 旁生霸
　　　庚戌 二十二日 既旁生霸

看這個曆日表就可以知道：（1）它是用《三統曆》推排得來的，合乎

---

[32]〔清〕王引之，《經義述聞》（南京：江蘇古籍出版社，2000），頁96-97。

以平朔為月首的曆法體制；（2）歲首用周正，以殷曆的十二月辛卯為正月朔日；（3）設置閏月，以協調文獻所見各月的曆日干支；（4）推排結果合乎《三統曆》的節氣次序；（5）對月相詞語有特定的理解，即以「霸」指月亮的無光面，「死霸」為朔，「旁死霸」為朔後一日，「生霸」為望，「旁生霸」為望後一日；（6）將〈世俘〉所記武王「步自于周」的丙辰或丙午日改為武王「逮師」之日，而將武王「步自于周」上提到當月癸巳日，且更以上月戊子日為周師初發之日——這顯然是為了照顧「孟津去周九百里，師（日）行三十里，故三十一日而度」的傳統說法。無須贅說，這些都絕不會是周初的實錄，而只是漢人的推排。

由於干支紀日是個迴環重複的系統，所以同樣的曆日材料可以有不同的編排。王國維先生曾就《世經》的記載批評說：

> 由舊說推之，既以一月二日為壬辰，二月五日為甲子，則四月中不得有庚戌。史遷蓋不得其說，於是移武王伐紂於十二月，移甲子誅紂於正月。（原注：今《史記・周本紀》作二月甲子昧爽，徐廣曰二月一作正。）劉歆不得其說，於是於二月後置閏。然商時置閏皆在歲末，故殷虛卜辭屢云十三月，武王伐紂之時，不容遽改閏法。此於制度上不可通者，不獨以既死霸為朔，旁死霸為二日，既旁生霸為十七日，為名之不正而已。若用今說，則一月戊辰朔，二十五日壬辰旁死霸，次日得癸巳，此武王伐紂興師之日也。二月戊戌朔，二十三日庚申既死霸，越五日至二十七日得甲子，是咸劉商王紂之日也。三月丁卯朔，四月丁酉朔，十日丙午既旁生霸，十四日得庚戌，是武王燎于周廟之日也。於是〈武成〉諸日月，不待改月置閏而可通。[33]

---

[33] 王國維，〈生霸死霸考〉，收入氏著，《觀堂集林》第 1 冊，頁 24-25。

這樣的編排，如果脫離了某種固定的曆法，又不確知歷史事件發生在哪一年，那麼總是會有法子可想的。但是反過來，用這種編排去推求歷史年代，又同樣會碰到紀日干支循環往復的困難。工程的曆譜依據科學測定的合朔表，以〈武成〉的「一月壬辰旁死霸」為正月二十日，「二月既死霸」為正月十八日，「粵五日甲子」為二十二日，「四月既旁生霸」為四月四日，「粵六日庚戌」為九日。這樣做仍與古人的推排方法毫無二致，並不能消除其法內在的困難；而且又使「既死霸」跑到了「旁死霸」的前頭，二者都侵入了工程所定「既望」的範圍之內，於月相詞語的解釋更造成幾分混亂。劉歆對月相詞語的解釋是不可靠的，但尚能自圓；如果既有新的解釋而不能自圓，那就無法賴以構建金文曆譜。

問題仍回歸到對於西周曆法尚不能考明的一系列關鍵環節上。

第一，假如周初的曆法並非是以平朔為月首的朔望月體制，甚至有可能曾採取商末推行的「一甲十癸」之制，那麼後人所有按朔望月體制編排的當時曆譜便都失效。即便假定周初以「朏」為月首，其曆日也不會與平朔之月都相同。

第二，周初民間農曆可能仍通行傳統的夏正，並未有嚴格的建子或建丑的規定。據杜預《春秋經傳集解後序》所說，古本《竹書紀年》「皆用夏正建寅之月為歲首」。此當出於古老的傳統，未必僅限於三晉地區。「三正」之說後來被賦予相當濃厚的政治意義，且與表示歲星或太歲紀年位次的十二地支相配合，應該相當晚起。

第三，周初金文多不用月相詞語，有些大概也須從夏正的體制上考慮。如利簋銘文只著甲子、辛未之日，不贅年份、月份，大約因當時武王紀元尚未有定，而武王克商的甲子日則盡人皆知，故不須詳記，並非是什麼「隆重的書法」。又如何尊銘文，從內容看必是成王五祀的記錄，若無充足而令人驚奇的理由，絕難否定這一點，否則這一價值連城的斷代標準器物將大為貶值。所錄「四月丙戌王誥宗小子于京室」

的事實，乍看似乎與今本《紀年》的「夏五月王至自奄」（又見《尚書・多方》）相矛盾，但後者或已轉換為周正，只要把何尊的「四月丙戌」仍理解為夏正，則二者月份正相銜接，並無衝突。工程曆譜的周初部分只用文獻而不用金文，想來對西周曆法的變化還關注不夠，未能究明。

第四，月相詞語，金文中常見者只有「既生霸」、「既望」、「既死霸」幾個，另外則「初吉」一詞使用特多。「生霸」、「死霸」而冠以「旁」（或「方」）字者，目前僅見於晉侯蘇鐘銘文，當出於西周晚期的習慣；而文獻中多有此類詞語，且多贅以「粵（越）幾日」之文，亦可見相關文獻晚出。

考慮到各方面的理由，對於〈武成〉或〈世俘〉篇的曆日是不可輕信的。武王克商的「甲子」之期今已無可懷疑，《尚書・牧誓》的記載由利簋的出土得到證實；至於〈武成〉篇排譜式的曆日記錄，則當是由戰國秦漢間人圍繞這一日期，根據特定的曆法推導出來的，不能都看作是周初遺文。戰國秦漢學者已有著相當豐富的天文曆法知識，但並無金文資料基礎，或偶見西周金文資料出土也不注意利用，[34] 所據唯傳世文獻。而文獻中所見武王伐商的曆日莫詳於《世經》，所引〈武成〉卻又與今本〈世俘〉篇的曆日有出入，這是不能不令人懷疑的。今本《逸周書》各篇的標題都有「解」字，如稱「克殷解」、「世俘解」等，原先當是經師的講章。經師解經務求其細，不厭其煩，於曆日亦必雜采所見，或自為推排，故知其與當時金文不合。〈武成〉篇的來歷不明，傳說為「孔壁古文」，至今仍是懸案，「壁中書」的故事也只是到劉向、劉歆父子才提出（現在最早見於劉歆的〈移太常博士書〉）。今本《尚書・武成》篇照抄劉歆所引〈武成〉的首句，其下又謂「厥四月哉生明」、「越三日庚戌」，歷來公認是晚出的偽作。

---

[34] 這點東漢時尚如此，許慎《說文解字》第十五標目序嘗言及之。史籍中多有此類例證，茲不贅舉。

現存《尚書・泰誓》篇的曆日「丙午王逮師」、「戊午王次於河朔」等為劉歆所引，而東漢學者亦已懷疑〈泰誓〉是晚出的偽品（見《尚書・泰誓上》孔疏引馬融〈書序〉）。同樣的曆日，〈武成〉、〈世俘〉及〈泰誓〉用周正，《史記・周本紀》用夏正，〈齊世家〉又用殷正，且伐紂之年有武王十一年與十三年之別，參差若是，可知原材料的構築最早不得超過戰國中葉。其實不獨〈武成〉、〈世俘〉如此，即〈召誥〉、〈洛誥〉、〈畢命〉等篇，公認是可靠的西周遺文者，其具體曆日亦未可盲從。《孟子・盡心下》有云：「盡信《書》則不如無《書》。吾于〈武成〉，取二三策而已矣。」[35] 對《尚書》中具體曆日的運用，尤當慎之又慎。

　　商、周古曆法不可確知的障礙幾乎難以逾越。近年王玉哲先生談到：「用後世密率以追溯上古曆數，即使確實合於往古天象，也未必盡合於當時周王所頒佈、實行的有差誤的朔策，這確實是今天研究古曆者不能解決之難題。」因此他提議：「若想解決這個西周開始年代問題，必須放棄運用曆法的途徑，而改以《古本竹書紀年》為主要的依據對象。其實西周開始年代在《古本竹書紀年》中記載得很明確，⋯⋯周幽王確死於公元前 771 年，『二百五十七年』指西周的總年數。771 加上 257 為 1028，那就是說武王滅商為公元前 1028 年。[36] 這樣簡單明瞭問題，何必搞得那樣複雜，使人人走入天算的迷宮，或者曲解史料，硬說『滅殷』不是指克商，而是指周公還政成王（董作賓），或者糾纏在古文〈武成〉與《逸周書・世俘解》中的干支紀日校勘問題上（莊述祖、王念孫父子），以及爭論至今尚未取得一致認識的分月法和月相

---

[35] 《孟子正義》，頁 565。
[36] 按：一般認為照古本《紀年》所記的西周總年數推算，武王克商應在公元前 1027 年。此言武王克商年為公元前 1028 年，未詳是否不計武王克商之年或西周滅亡之年。若以武王克商跨兩年而多加一年，則西周總年數為 258 年，武王、成王的在位年數也須相應加一年。

名詞的含義（從劉歆、孟康、許慎至王國維、黃盛璋）。」[37] 這個提議在一定程度上可以達成快刀斬亂麻之效，也有助於走出古史年代學研究的誤區。

（原載《山東大學學報》2006 年第 2 期，此錄有改動）

---

[37] 王玉哲，《中華遠古史》，頁 510。

主要參考文獻

一、史籍

（一）各本《竹書紀年》與相關研究

宋志英輯，《《竹書紀年》研究文獻輯刊》，北京：國家圖書館出版社，2010年。

楊家駱主編，《竹書紀年八種》，臺北：世界書局，1963年。

《竹書紀年》（《四部叢刊》影印明天一閣本），上海：商務印書館，1936年。

《竹書紀年》（題「梁沈約注，明鐘惺閱」，不分卷），美國史丹佛大學東亞圖書館藏抄本。

〔清〕朱右曾，《汲冢紀年存真》（《續修四庫全書》本），上海：上海古籍出版社，1995年。

〔清〕洪頤煊，《校正竹書紀年》（《四部備要》本），上海：中華書局，1936年。

〔清〕孫之騄，《考定竹書》（《四庫全書存目叢書》本），濟南：齊魯書社，1997年。

〔清〕徐文靖，《竹書統箋》（《四庫全書》文淵閣本影印本），臺北：商務印書館，1983年。

〔清〕張宗泰校補，《竹書紀年》（《四庫未收書輯刊》本），北京：北京出版社，1997年。

〔清〕陳逢衡，《竹書紀年集證》（《續修四庫全書》本），上海：上海古籍出版社，1995年。

〔清〕陳詩集注，《竹書紀年》（《四庫未收書輯刊》本），北京：北京

出版社，1997年。

〔清〕雷學淇校訂，《竹書紀年》（附《辨誤》、《考證》、《年表》、《圖》）（《四庫未收書輯刊》本），北京：北京出版社，1997年。

〔清〕趙紹祖校補，《竹書紀年》（《四庫未收書輯刊》本），北京：北京出版社，1997年。

〔清〕韓怡，《竹書紀年辯正》（《四庫未收書輯刊》本），北京：北京出版社，1997年。

王國維，《古本竹書紀年輯校》（《王國維遺書》本），上海：上海書店出版社，1983年。

范祥雍，《古本竹書紀年輯校訂補》，上海：上海人民出版社，1957年。

方詩銘、王修齡，《古本竹書紀年輯證》（修訂本），上海：上海古籍出版社，2005年。

王國維，《今本竹書紀年疏證》（《王國維遺書》本），上海：上海書店出版社，1983年。

陳夢家，《汲冢書考》，《尚書通論》附錄本，石家莊：河北教育出版社，2000年。

朱希祖，《汲冢書考》，北京：中華書局，1960年。

邵東方、倪德衛主編，《今本竹書紀年論集》，臺北：唐山出版社，2002年。

夏商周斷代工程專家組，《夏商周斷代工程1996-2000年階段成果報告（簡本）》，北京：世界圖書出版公司北京分公司，2000年。

北京師範大學國學研究所編，《武王克商之年研究》，北京：北京師範大學出版社，1997年。

（二）古籍

〔唐〕孔穎達等，《尚書正義》（《十三經注疏》本），北京：中華書局，1980年。

〔唐〕孔穎達等，《毛詩正義》（《十三經注疏》本），北京：中華書局，1980年。

〔晉〕杜預注、〔唐〕孔穎達等疏，《春秋左傳正義》（《十三經注疏》本），北京：中華書局，1980年。

〔唐〕孔穎達等，《禮記正義》（《十三經注疏》本），北京：中華書局，1980年。

〔清〕焦循，《孟子正義》（《諸子集成》本），北京：中華書局，1988年。

〔唐〕逢行珪注，《鬻子》（《四庫全書》文淵閣本影印本），臺北：商務印書館，1983年。

〔清〕秦嘉謨等輯，《世本八種》，北京：商務印書館，1957年。

〔三國〕韋昭注，《國語》（《四庫全書》文淵閣本影印本），臺北：商務印書館，1983年。

〔漢〕司馬遷，《史記》（《二十五史》影印本），上海：上海古籍出版社、上海書店，1986年。

〔漢〕班固，《漢書》（《二十五史》影印本），上海：上海古籍出版社、上海書店，1986年。

〔梁〕沈約，《宋書》（《二十五史》影印本），上海：上海古籍出版社、上海書店，1986年。

〔唐〕魏徵等，《隋書》（《二十五史》影印本），上海：上海古籍出版社、上海書店，1986年。

〔唐〕令狐德棻等，《晉書》（《二十五史》影印本），上海：上海古籍出版社、上海書店，1986年。

〔五代〕劉昫等，《舊唐書》（《二十五史》影印本），上海：上海古籍出版社、上海書店，1986年。

〔宋〕歐陽修、宋祁等，《新唐書》（《二十五史》影印本），上海：上海古籍出版社、上海書店，1986年。

〔元〕脫脫等，《宋史》，（《二十五史》影印本），上海：上海古籍出版社、上海書店，1986年。

〔明〕宋濂等，《元史》，（《二十五史》影印本），上海：上海古籍出版社、上海書店，1986年。

〔唐〕司馬貞，《史記索隱》（《四庫全書》文淵閣本影印本），臺北：商務印書館，1983年。

〔宋〕劉恕，《資治通鑑外紀》（《資治通鑑》附刊本），上海：上海古籍出版社，1987年。

〔宋〕李燾，《續資治通鑑長編》（附拾補），上海：上海古籍出版社，1985年。

〔宋〕王溥，《唐會要》，上海：上海古籍出版社，2006年。

〔元〕馬端臨，《文獻通考》，北京：中華書局，1986年。

〔唐〕虞世南，《北堂書鈔》（《四庫全書》文淵閣本影印本），臺北：商務印書館，1983年。

〔唐〕歐陽詢等，《藝文類聚》（《四庫全書》文淵閣本影印本），臺北：商務印書館，1983年。

〔宋〕李昉等，《太平御覽》（《四庫全書》文淵閣本影印本），臺北：商務印書館，1983年。

〔宋〕王應麟，《玉海》，南京：江蘇古籍出版社，1987年。

〔晉〕張華，《博物志》（《四庫全書》文淵閣本影印本），臺北：商務印書館，1983年。

〔明〕董斯張，《廣博物志》（《四庫全書》文淵閣本影印本），臺北：商務印書館，1983年。

〔晉〕葛洪，《抱樸子》（《諸子集成》本），北京：中華書局，1988 年。

〔晉〕干寶，《搜神記》（《四庫全書》文淵閣本影印本），臺北：商務印書館，1983 年。

〔梁〕陶弘景，《真誥》（《四庫全書》文淵閣本影印本），臺北：商務印書館，1983 年。

〔北魏〕酈道元，《水經注》（《四庫全書》文淵閣本影印本），臺北：商務印書館，1983 年。

〔唐〕劉知幾撰、〔清〕浦起龍通釋、呂思勉評，《史通》，上海：上海古籍出版社，2008 年。

〔唐〕陸淳，《春秋啖趙集傳纂例》（《叢書集成初編》本），上海：商務印書館，1936 年。

〔唐〕李善，《文選注》（《四庫全書》文淵閣本影印本），臺北：商務印書館，1983 年。

〔宋〕樂史，《太平寰宇記》（《四庫全書》文淵閣本影印本），臺北：商務印書館，1983 年。

〔宋〕王存等，《元豐九域志》（《四庫全書》文淵閣本影印本），臺北：商務印書館，1983 年。

〔宋〕黃伯思，《東觀餘論》（《四庫全書》文淵閣本影印本），臺北：商務印書館，1983 年。

〔宋〕趙明誠，《金石錄》（《四庫全書》文淵閣本影印本），臺北：商務印書館，1983 年。

〔宋〕董逌，《廣川書跋》（《四庫全書》文淵閣本影印本），臺北：商務印書館，1983 年。

〔宋〕羅泌，《路史》（《四庫全書》文淵閣本影印本），臺北：商務印書館，1983 年。

〔宋〕楊萬里，《誠齋集》（《四庫全書》文淵閣本影印本），臺北：商務印書館，1983 年。

〔宋〕朱熹，《晦庵集》（《四庫全書》文淵閣本影印本），臺北：商務印書館，1983年。

〔宋〕陸遊，《渭南文集》（《四庫全書》文淵閣本影印本），臺北：商務印書館，1983年。

〔宋〕晁公武，《郡齋讀書志》（《四庫全書》文淵閣本影印本），臺北：商務印書館，1983年。

〔宋〕尤袤，《遂初堂書目》（《四庫全書》文淵閣本影印本），臺北：商務印書館，1983年。

〔宋〕陳振孫，《直齋書錄解題》（《四庫全書》文淵閣本影印本），臺北：商務印書館，1983年。

〔宋〕陳騤等撰、張富祥點校，《南宋館閣錄、續錄》，北京：中華書局，1998年。

〔宋〕黎靖德等編，《朱子語類》，北京：中華書局，1986年。

〔明〕楊慎，《丹鉛錄》（《四庫全書》文淵閣本影印本），臺北：商務印書館，1983年。

〔明〕胡應麟，《少室山房筆叢》（《四庫全書》文淵閣本影印本），臺北：商務印書館，1983年。

〔明〕陳耀文，《天中紀》、《經典稽疑》、《正楊》（《四庫全書》文淵閣本影印本），臺北：商務印書館，1983年。

〔明〕方以智，《通雅》（《四庫全書》文淵閣本影印本），臺北：商務印書館，1983年。

〔清〕顧炎武著、黃汝成集釋，《日知錄集釋》，石家莊：花山文藝出版社，1991年。

〔清〕錢謙益，《絳雲樓書目》（《叢書集成初編》本），上海：商務印書館，1936年。

〔清〕王鳴盛，《十七史商榷》（《叢書集成新編》本），臺北：新文豐出版公司，1985年。

〔清〕錢大昕,《十駕齋養新錄》,上海:上海書店,1983 年

〔清〕王引之,《經義述聞》,南京:江蘇教育出版社,2000 年。

〔清〕姚振宗,《隋書經籍志考證》,上海:開明書店,1936 年。

〔清〕永瑢等,《四庫全書總目》,北京:中華書局,1965 年。

〔清〕段玉裁,《說文解字注》,上海:上海古籍出版社,1988 年。

(三)古文字集

郭沫若主編、胡厚宣總編輯、中國社會科學院歷史研究所編,《甲骨文合集》,北京:中華書局,1978-1982 年。

中國社會科學院考古研究所,《小屯南地甲骨》,北京:中華書局,1980-1983 年。

姚孝遂主編、肖丁副主編,《殷墟甲骨刻辭類纂》,北京:中華書局,1989 年。

中國社會科學院考古研究所,《殷周金文集成》,北京:中華書局,1984-1994 年。

二、研究成果

(一)專著

丁山,《商周史料考證》,北京:龍門聯合書局,1960 年。

王玉哲,《中華遠古史》,上海:上海人民出版社,2000 年。

王國維,《觀堂別集》,《觀堂集林》附刊本,北京:中華書局,1959 年。

王國維，《觀堂集林》，北京：中華書局，1959年。

王鍔，《〈禮記〉成書考》，北京：中華書局，2007年。

呂思勉，《先秦史》，《呂思勉史學論著》本，上海：上海古籍出版社，1982年。

岑仲勉，《兩周文史論叢》，北京：中華書局，2004年。

李學勤，《走出疑古時代・論古代文明》，瀋陽：遼寧大學出版社，1994年。

李學勤，《夏商周年代學箚記》，瀋陽：遼寧大學出版社，1999年。

邵東方，《文獻考釋與歷史探研》，桂林：廣西師範大學出版社，2005年。

胡厚宣，《古代研究的史料問題》，上海：商務印書館，1950年。

胡厚宣，《甲骨學商史論叢初集》，石家莊：河北教育出版社，2002年。

胡道靜，《中國古代的類書》，北京：中華書局，1982年。

張政烺，《張政烺文史論集》，北京：中華書局，2004年。

張富祥，《東夷文化通考》，上海：上海古籍出版社，2008年。

梁啟超，《中國近三百年學術史》，北京：北京市中國書店，1985年。

許倬雲，《西周史》，北京：三聯書店，2001年。

郭沫若，《兩周金文辭大系圖錄考釋》，北京：科學出版社，1957年。

郭沫若，《卜辭通纂》，《郭沫若全集》考古編第二卷，北京：科學出版社，1982年。

郭沫若，《甲骨文字研究》，《郭沫若全集》考古編第一卷，北京：科學出版社，1982年。

郭沫若，《中國古代社會研究》，石家莊：河北教育出版社，2000年。

陳夢家，《漢簡綴述》，北京：中華書局，1980年。

陳夢家，《殷虛卜辭綜述》，北京：中華書局，1988年。

陳夢家，《六國紀年》，《尚書通論》附編本，石家莊：河北教育出版社，2000年。

陳夢家，《尚書通論》，石家莊：河北教育出版社，2000年。

陳夢家，《西周年代考》，《西周銅器斷代》外編本，北京：中華書局，2004年。

陳夢家，《西周銅器斷代》，北京：中華書局，2004年。

楊寬，《西周史》，上海：上海人民出版社，1999年。

董作賓，《殷曆譜》，史語所專刊，1945年。

錢穆，《先秦諸子繫年》，石家莊：河北教育出版社，2002年。

顧實，《重考古今偽書考》，上海：大東書局，1928年。

顧頡剛，《古史辨自序》，石家莊：河北教育出版社，2000年。

顧頡剛，《中國上古史研究講義》（新1版），北京：中華書局，2002年。

顧頡剛、劉起釪，《尚書校釋譯論》，北京：中華書局，2005年。

〔日〕安居香山、中村璋八輯，《緯書集成》，石家莊：河北人民出版社，1994年。

（二）論文集

中國社會科學院考古研究所，《中國古代天文文物論集》，北京：文物出版社，1989年。

尹達等主編，《紀念顧頡剛學術論文集》，成都：巴蜀書社，1990年。

王宇信、宋鎮豪主編，《紀念殷墟甲骨文發現一百周年國際學術研討會論文集》，北京：社會科學文獻出版社，2003年。

何炳棣等著、劉翠溶主編，《四分溪論學集（上）：慶祝李遠哲先生七十壽辰》，臺北：允晨文化實業股份有限公司，2006年。

吳澤主編、袁英光選編，《王國維學術研究論集》，上海：華東師範大學出版社，1987年。

香港中文大學中文系編，《第二屆國際中國古文字學術討論會論文集》，香港：香港中文大學中文系，1993年。

彭振坤主編，《古史考》第九卷，海口：海南出版社，2003年。

國家圖書館出版品預行編目（CIP）資料

《竹書紀年》與夏商周年代研究/張富祥著. -- 新北市
: 華藝學術出版：華藝數位發行, 2014.08
　面；　公分
ISBN 978-986-5663-02-5（平裝）
1.竹書紀年 2.研究考訂
610.21　　　　　　　　　　　　　　103014983

《竹書紀年》與夏商周年代研究

作　　者／張富祥
總 編 輯／范雅竹
責任編輯／林韻柔、趙凰佑
美術編輯／林玫秀
版面編排／陳思政

發 行 人／鄭學淵
發　　行／陳水福
出　　版／華藝學術出版社（Airiti Press Inc.）
　　　　　地　　址：234 新北市永和區成功路一段 80 號 18 樓
　　　　　電　　話：(02)2926-6006　　傳真：(02)2923-5151
　　　　　服務信箱：press@airiti.com
發　　行／華藝數位股份有限公司
　　　　　戶　　名（郵局／銀行）：華藝數位股份有限公司
　　　　　郵政劃撥帳號：50027465
　　　　　銀行匯款帳號：045039022102（國泰世華銀行　中和分行）
法律顧問／立暘法律事務所　歐宇倫律師
ISBN ／ 978-986-5663-02-5
DOI ／ 10.6140/AP.9789865663025
出版日期／ 2014 年 8 月
定　　價／新台幣 420 元

版權所有・翻印必究　　Printed in Taiwan
（如有缺頁或破損，請寄回本社更換，謝謝）